Stefan Woltersdorff
Nordelsass für Leser

Morstadt-Führer
für Urlaub und Freizeit
Band 19

Die andere Reise

Stefan Woltersdorff

Nordelsass für Leser

Ein kurzweiliger Führer
zu historischen und literarischen
Schauplätzen
aus 12 Jahrhunderten

Morstadt

Bibliographische Information Der Deutschen Bibliothek
Die Deutsche Bibliothek verzeichnet diese Publikation
in der Deutschen Nationalbibliographie; detaillierte
bibliographische Daten sind im Internet unter
http://dnb.ddb.de abrufbar.

Die in diesem Führer beschriebenen Orte und Routen
wurden vom Autor selbst bereist, alle Informationen dazu
sorgfältig recherchiert und überprüft. Dennoch können
sich Irrtümer und nach Drucklegung auch Änderungen
ergeben, die bei Folgeauflagen selbstverständlich Berücksichtigung finden sollen. Entsprechende Hinweise nimmt
der Verlag jederzeit dankbar entgegen.

Verlagsprogramm und weitere Informationen unter
www.morstadt-verlag.de

© 2007 Morstadt Verlag Kehl
Karten: Bernd Matthes, Berlin
Gesamtherstellung: Westermann Druck Zwickau GmbH
Umschlagfoto: Morstadt Verlag
Fotos im Innenteil: Hermann Lersch und Morstadt Verlag
Umschlaggestaltung und Mettage: Tjalf Boris Prößdorf,
München
ISBN 978-3-88571-326-5

Meinen Eltern,
die meine Liebe zum Lesen und zum Reisen
geweckt und gefördert haben.

L'Alsace est une fenêtre ouverte à tous les courants d'air, il n'est donc pas étonnant qu'on y attrape de temps à autre une bronchite.
(Yvan Goll)

Eines Tages werden auch wir eine Nation sein, diesseits – jenseits des Rheins, im Norden, im Süden, eine Nation, die ein Wille auf den zerstreuten Pfaden des einen Weges vielartig lenkt, und das Elsass wird der symbolische Garten unsrer Temperamente sein [...]. „Elsässer" wird ein Charakteristikum, ein psychologischer Begriff für die Wesensart aller geistiger Kinder werden, die gallisches und deutsches Blut nährt. Rein geistig gedacht. Der Begriff „Elsässer" wird so wichtig werden.
(René Schickele)

Hang dini Wurzla an die Luft
Un klatter uff di Starna
Erscht dann bleksch du ewer di Granza
Ens andera Land ens andera Harz
Erscht dann bleksch du
Ens eigena Land ens eigena Harz.
(Martin Graff)

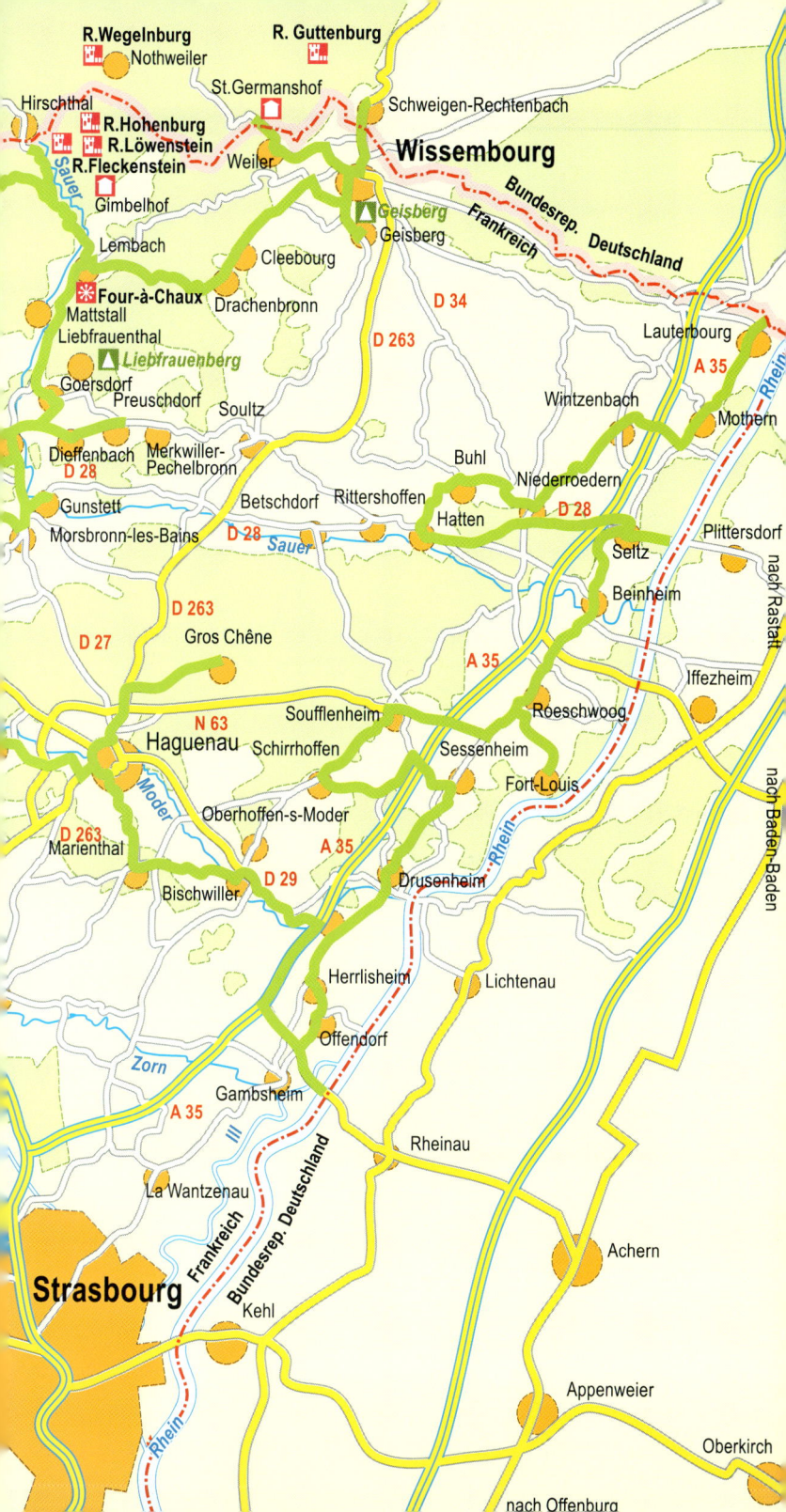

Die Felsenwohnungen von Graufthal dienten vom 18. Jahrhundert an den Familien einfacher Arbeiter als Unterkunft. Erckmann-Chatrian setzten ihnen in dem Roman „Histoire d'un paysan" (1869) ein literarisches Denkmal. (© Morstadt Verlag)

Inhalt

Vorwort 11

Zeittafel 14

1. Kriegsgebrüll und Liebesgeflüster:
       das nordelsässische Ried 17
Lauterbourg. 17
Mothern 25
Hatten und Umgebung. 31
Seltz und Umgebung. 34
Fort-Louis 38
Soufflenheim und Schirrhoffen 45
Sessenheim 48
Offendorf und Gambsheim 63

2. Im Schatten des Heiligen Forstes:
       das Hagenauer Land 66
Bischwiller 66
Oberhoffen-sur-Moder und Marienthal. 81
Hagenau 85
Gros Chêne 104

3. Im Land der Hexen und Geister:
       das Hanauerländel 107
Pfaffenhoffen 107
Obermodern und Kirrwiller 114
Bouxwiller. 115
Der Bastberg 131
Neuwiller-lès-Saverne 136
Die Hüneburg 139

4. Könige, Kaiser und Kardinäle:
       Saverne und Umgebung 150
St-Jean-Saverne und Mont St-Michel. 150
Steinbourg. 153
Saverne 156
Hohbarr und Geroldseck. 179
Marmoutier und Wuestenberg 183
Schlettenbach und Col de Saverne 188

5. Literarische Berg- und Talfahrt:
    die Nordvogesen. 192
Hammerweyer und Graufthal 192
La Petite-Pierre und Umgebung. 196
Durch den Gebirgswald 201
Ingwiller und Umgebung 206
Rothbach 209
Oberbronn. 213
Die Wasenburg 218
Niederbronn-les-Bains 222
Reichshoffen 228
Morsbronn und Gunstett. 231
Wœrth und Umgebung. 237

6. Weingeist und Schlossgespenster:
    Wasgau und Weißenburg. 250
Liebfrauenberg und Liebfrauenthal 250
Lembach 253
Der Wasigenstein. 258
Vier-Burgen-Weg 264
Cleebourg. 274
Geisberg. 276
Weißenburg 281
Pauliner Schlösschen und St. Germanshof. 298

Register 304
Orte. 304
Personen 308

Bibliographie 314

Dank. 319

Vorwort

Im Unterschied zum teilweise etwas überlaufenen Straßburg und den Orten entlang der elsässischen Weinstraße kann das Nordelsass bis heute als touristischer Geheimtipp gelten. Zwischen Lothringen, der Pfalz und Baden gelegen, ist das Gebiet in mehrfacher Hinsicht Grenzland – was Fluch und Segen zugleich bedeutet. Kaum zu zählen sind die Kriege, die hier ausgetragen wurden und viel Leid für die Bevölkerung brachten. Die ständig wechselnden Kultureinflüsse bescherten der Gegend aber auch eine einzigartige Vielfalt, was sich nicht zuletzt auf dem Gebiet der Literatur niedergeschlagen hat.

Beruflich und privat habe ich diese Gegend immer wieder erkundet – und letztlich in mein Herz geschlossen. Der vorliegende Band ist eine Frucht dieser mehrjährigen Erfahrung. Er will Sie dazu einladen, diesen vielfältigen und vielsprachigen Teil des Elsass neu zu entdecken, und zwar mit den Augen der Dichter. Die Reise führt durch die drei nordelsässischen „Arrondissements" von Weißenburg, Hagenau und Saverne – und durch 12 Jahrhunderte nordelsässischer Literaturgeschichte(n).

Wie im übrigen Elsass konkurrieren auch im Nordelsass verschiedene Sprachen und Literaturen miteinander: die lateinische, die deutsche, die französische und die elsässische. Die lateinische Sprache, mit der auch die lateinische Schrift eingeführt wurde, geht auf die Römerzeit zurück. Doch als Kirchen-, Gelehrten- und Literatursprache überlebte sie den Zusammenbruch des Reiches um viele Jahrhunderte. Das frühmittelalterliche „Walthari-Lied" – dessen Handlung teilweise am Wasigenstein angesiedelt ist –, aber auch die Werke frühneuzeitlicher Autoren – wie das von Michael Toxites aus Hagenau – zeugen von der Lebendigkeit der lateinischen Literatur im Nordelsass bis weit in die Neuzeit hinein.

Auch die deutsche Literatur kann im Nordelsass auf eine lange Geschichte zurückblicken. Sie begann im 9. Jahrhundert mit Otfrid von Weißenburg und erreichte im hohen Mittelalter mit den Minnesängern Ulrich von Gutenburg, Reinmar von Hagenau und Konrad Puller von Hohenburg eine erste Blüte. Der Verleger Diebold Lauber, der Chronist Bernhard Hertzog und der Satiriker Jakob Frey stehen für die anhaltende Lebendigkeit der deutschsprachigen Dichtung in der frühen Neuzeit. Auch nach der Angliederung des Nordelsass an Frankreich bleibt das Deutsche lange die dominierende Literatursprache. Zu nennen sind die Brüder Johann Michael und Quirinus Moscherosch für das 17. Jahrhundert, Johann Embser und David Seybold für das 18. Jahrhundert, August und Adolf Stoeber für das 19. Jahrhundert und Friedrich Lienhard, René Schickele und Paul Bertololy für das 20. Jahrhundert. Nicht vergessen werden sollten auch die „Besucher" aus dem nahen Deutschland, die die nordelsässische Literaturlandschaft wesentlich bereichert haben: Johann Wolfgang von Goethe, Jakob Reinhold Michael Lenz und Eulogius Schneider im 18., Ludwig Tieck, Ludwig Uhland und Theodor Fontane im 19., Otto Flake, Ernst Glaeser und Alfred Döblin im 20. Jahrhundert.

Durch die Einwanderung von Hugenotten und die französisch geprägte Adelskultur gewann mit Beginn der Neuzeit auch das Französische zunehmend an Boden. Schon im 17. Jahrhundert machte sich Abraham Exter um die französische Literatur verdient. Mit Henriette-Louise d'Oberkirch, Gottfried Schaller und Ludwig Bilderbeck wurde das Französische ab dem 18. Jahrhundert zu einer auch im Nordelsass beheimateten Literatursprache. Im 19. Jahrhundert schließlich entdeckten Prosper Mérimée, Edmond About und Alexandre Dumas diese Region und setzten sich mit ihr literarisch auseinander. Im 20. Jahrhundert folgten ihnen Maurice Barrès, Jean-Paul Sartre, Louis Aragon und René Char nach. Für die nach 1945 geborene Dichtergeneration ist das Französische endgültig zur dominierenden Literatursprache geworden. Die Arbeiten von Roland Reutenauer, François Ducher und Michel Stourm sind schöne Beispiele dafür.

Eingezwängt zwischen diesen beiden großen Nachbarsprachen hat es das Elsässische schwer, sich als Regionalsprache zu behaupten. Doch während es seit dem 19. Jahrhundert als Umgangssprache immer mehr außer Gebrauch kommt, gewinnt es gleichzeitig als Literatursprache an Bedeutung. Für das Nordelsass sind der Dramatiker August Stoeber, der Lyriker Adolf Stoeber und die Prosaistin Marie Hart zu erwähnen. Nach 1945 machten Henri Mertz, Claude Vigée und André Weckmann die Dialektliteratur weit über die Landesgrenzen hinaus bekannt.

Die in diesem Band vorgestellten Städtetouren und Landpartien wurden im Rahmen zahlreicher von mir konzipierter und geführter Literaturreisen praktisch erprobt und sind hier zu einer nordelsässischen Literaturstraße zusammengefügt worden. Die Streckenführung ist natürlich nur ein Vorschlag und kann beliebig variiert werden. Sie führt – teilweise weit abseits der üblichen Touristenrouten – zu Lebens- und Wirkungsstätten von über sechzig Schriftstellern des 9. bis 21. Jahrhunderts.

Dennoch handelt es sich hierbei um eine Auswahl, die auch persönliche Interessen widerspiegelt. Auch die Darstellung und Bewertung der einzelnen Autoren kann angesichts der gebotenen Kürze nicht erschöpfend sein und bleibt subjektiv gefärbt. Vorrangiges Ziel ist es, mit Anekdoten und Textbeispielen auf Persönlichkeit und Werk der erwähnten Schriftsteller neugierig zu machen. Im Vordergrund stehen biographische und literarische Bezüge zu den jeweiligen Orten und Landschaften.

Um die Vielsprachigkeit des Nordelsass zu veranschaulichen, habe ich zu Beginn der einzelnen Ortsrundgänge stets die deutschen, französischen und elsässischen Ortsbezeichnungen angegeben. Im fortlaufenden Text habe ich mich dann allerdings auf eine Bezeichnung beschränkt, i. d. R. auf die französiche, dort wo sie aber im Deutschen noch gebräuchlich ist, auf die deutsche.

Die Zitate sind Büchern, Zeitungen und Zeitschriften entnommen, die im Literaturverzeichnis am Ende des Bandes aufgeführt sind. Im laufenden Text wird nur der jeweilige Autor und – soweit erforderlich – der Kurztitel genannt. Literaturgeschichtliche Vorkenntnisse sind weder für die Lektüre noch für die vorgeschlagenen Ausflüge erforderlich, wohl aber die Lust, sich auf manchmal ungewohnte Sichtweisen einzulassen.

Ich wünsche allen Lesern und „Benutzern" dieses Buches „Bon voyage" und „Bonne lecture"!

Dr. Stefan Woltersdorff

Zeittafel

9. Jh.	Otfrid von Weißenburg überträgt die Evangelien ins Althochdeutsche.
10. Jh.	Burg Wasigenstein ist Schauplatz des (lateinischen) Walthari-Liedes.
11. Jh.	Odilo von Cluny erzählt das Leben der in Seltz bestatten Kaiserin Adelheid.
12. Jh.	Reinmar der Alte (Hagenau) und Ulrich von Gutenburg (St. Germanshof) feiern die Hohe Minne im Geiste der Staufischen Klassik.
13. Jh.	Mit Konrad von Hohenburg erlebt der Minnesang eine späte Blüte.
15. Jh.	Diebold Lauber (Hagenau) ist Verleger, Bernhard Hertzog (Wœrth) Geschichtsschreiber im Elsass der Renaissance.
16. Jh.	Der Reformator Martin Bucer (Weißenburg) lehrt die Katholiken das Fürchten, Jakob Frey (Marmoutier) die Protestanten das Lachen.
17. Jh.	Der Barockdichter Johann Michael Moscherosch polemisiert gegen die französische Lebensart, der Übersetzer Abraham Exter (Bischwiller) macht sie populär.
18. Jh.	Die Aufklärer David Seybold (Bouxwiller) und Johann Embser (Wœrth) studieren die Werke der Alten, Henriette-Louise d'Oberkirch schildert die Welt des „Ancien Regime".
1770-1772	Johann Wolfgang Goethe und Jakob R. M. Lenz verlieben sich in dasselbe Mädchen und begründen mit ihren Gedichten den „Sturm und Drang" (Sessenheim, Fort-Louis).
1789-1793	Eulogius Schneider (Oberbronn, Hagenau, Bouxwiller) und Friedrich Cotta (Weißenburg) leben und schreiben für die Französische Revolution.
1815-1860	Die Romantiker August und Adolf Stoeber entdecken alte Sagen (Oberbronn), Prosper Mérimée alte Kirchen (Neuwiller-lès-

	Saverne) und Ludwig Uhland alte Burgen (Wasigenstein).
1840-1842	Die Rheinkrise löst einen deutsch-französischen Dichterkrieg aus (Mothern).
1870/71	Edmond About und Emile Zola erleben und beschreiben den Krieg aus französischer, Friedrich Nietzsche und Theodor Fontane aus deutscher Sicht (Saverne, Wœrth, Geisberg).
1871-1914	Die Deutschen Otto Flake (Bastberg, Niederbronn) und Heinrich Hansjakob (Bouxwiller, Saverne) sowie die Franzosen Jean-Paul Sartre (Pfaffenhoffen) und Maurice Barrès (Niederbronn) erkunden das annektierte Land, doch auch die Elsässerin Marie Hart (Bouxwiller) und ihre Landsleute René Schickele (Saverne) und Friedrich Lienhard (Rothbach) verschaffen sich Gehör.
1913/14	Die Schriftsteller Carl von Ossietzky, Erich Mühsam und René Schickele nehmen zur Zabern-Affäre Stellung.
1914-1918	Louis Aragon (Fort-Louis) und André Maurois (Bischwiller) durchleben den Ersten Weltkrieg als französische Soldaten, Alfred Döblin (Hagenau) erlebt ihn als deutscher Soldat, der Elsässer Paul Acker (Saverne) fällt.
1919-1939	Vom wieder französischen Elsass erzählen Ernst Glaeser (Lauterbourg), Friedrich Spieser (Hüneburg), Bernd Isemann (La Petite-Pierre) und Paul Bertololy (Lembach).
1940-1949	Jean-Paul Sartre (Hagenau, Marmoutier, Morsbronn) und René Char (La Petite-Pierre) erleben den deutschen Angriff, Arno Schmidt (Hagenau) die Besatzungsjahre, Alfred Döblin (Seltz) die Nachkriegszeit.
Seit 1950	In- und ausländische Autoren bereichern die nordelsässische Literaturlandschaft: Eva Klingler (Sessenheim), Claude Vigée (Betschdorf, Bischwiller, Marienthal), André

Weckmann (Marienthal, Mont St-Michel, Steinseltz), Roland Reutenauer (Wingen-sur-Moder), François Ducher (Reichshoffen), Michel Stourm (Weißenburg).

1. Kriegsgebrüll und Liebesgeflüster: das nordelsässische Ried

Lauterbourg

Der erste Abschnitt unserer literarischen Rundreise durch das Nordelsass führt von der Pfälzer Grenze am linken Rheinufer entlang bis vor die Tore von Straßburg. Wir beginnen unsere Reise am östlichsten Punkt Frankreichs, dessen Bewohner aus elsässischer Perspektive hinter dem Hagenauer Forst und aus pfälzischer Perspektive hinter dem Bienwald, also in doppelter Hinsicht „hinter dem Wald" leben. Der alte Name dieses nördlichsten Zipfels des Elsass lautet „Unterland" bzw. „Unterwald", seit 1973 heißt er „Outre-Forêt" (jenseits des Waldes). Es handelt sich in zweifacher Hinsicht um ein Grenzland: Im Osten trennt der Rhein das Gebiet von Baden-Württemberg, das Flüsschen Lauter markiert die Nordgrenze zu Rheinland-Pfalz. Als die Pfalz noch zu Bayern gehörte, nannte man dieses Gebiet auch das „bayerische Elsass".

Am Zusammenfluss beider Wasserläufe liegt Lauterbourg (els. Lauterburri, dt. Lauterburg; 2.300 Einw.), dessen Geschichte bis in die Römerzeit zurückreicht. Das einstige Kastell „Tribuni" war im Mittelalter ein selbstständiger Fürstensitz. 1254 fiel es an das Bistum Speyer, seit dem 30-jährigen Krieg ist es französisch. Im Zweiten Weltkrieg wurde der Grenzort zu 90% zerstört, bietet aber dennoch interessante Reste historischer Bausubstanz aus allen Epochen der Stadtgeschichte.

Wir beginnen unseren Rundgang an der deutsch-französischen Grenze, deren heutiger Verlauf auf das Jahr 1815 zurückgeht. Nach der Niederlage Napoleons musste Frankreich seine Gebiete nördlich der Lauter an Bayern abtreten. Seitdem trennt die Grenze die französische Stadt Lauterbourg von dem (heute deutschen und zu Rheinland-Pfalz gehörenden) Weiler Neulauterburg, einem ehemaligen Ortsteil. 1991 wurden die Grenzkontrollen eingestellt. Geblieben sind zwei Grenzsteine beiderseits der Straße, einer aus dem 19. Jahrhundert mit der Aufschrift F (für Frankreich) und B (für Bayern) und einer aus dem 20. Jahrhundert mit der Aufschrift F und D. Über

Die Porte de Landau mit dem Emblem des „Sonnenkönigs" Ludwig XIV.

die Geschichte der Lautergrenze informiert ein kleines zweisprachiges Museum im ehemaligen deutschen Zollpavillon.

An die bayerische Vergangenheit des Ortes erinnert auch der Name des Gasthofs „Bayrischer Hof" gegenüber dem Zollpavillon. Ernst Glaeser (1902-1963) erwähnt ihn in seinem Roman „Das Gut im Elsass" (1932), einer deutsch-französischen Liebesgeschichte vor dem Hintergrund der Weltwirtschaftskrise. Bevor der Ich-Erzähler (der von Beruf ebenfalls Schriftsteller ist) die Grenze überquert, kehrt er in diesem Gasthof ein:

Zehn Minuten später stoppte ich den Wagen vor einem Schlagbaum aus Holz. Pfosten und Querstange waren in den leutseligen Farben der deutschen Republik bemalt.
Neben dem Schlagbaum standen ein gelbes Haus und ein grüner Mann.
   Um die Mütze trug er Gold, als sei er ein prämierter Jäger. Er nahm schweigend mein Carnet und ging zurück in das Haus. Ich benutzte den Aufenthalt, um eine Zündkerze zu reinigen [...].
   Ich sah auf meinem Carnet den Namen Lauterburg und fragte den Beamten, wo Lauterburg sei.
   „Vor dem Krieg gehörte das alles zusammen", antwortete er, „das Dorf da drüben und die paar Häuser hier. Jetzt läuft die Grenze dazwischen. Die paar Häuser hier heißen Lauterburg, und das Dorf da drüben heißt Lauterbourg, mit ou."
   „Danke", sagte ich, rollte den Wagen zur Seite und ging in die Kneipe, die dem Zollhaus gegenüberliegt. (Glaeser, S. 24-26)

Bei seinem Grenzübertritt erweckt der Ich-Erzähler das Misstrauen eines Zöllners, da er eine Schreibmaschine nach Frankreich einführen will. Das französische Zollhaus (Ancienne Douane), in dem diese Szene spielt, steht noch heute, hat aber seinen trennenden Charakter längst verloren. Heute beherbergt es Einrichtungen der Regio PAMINA, zu der sich die Südpfalz (PA=Palatinat), der Regionalverband Mittlerer Oberrhein (MI) auf badischer Seite und das Nordelsass (NA: Nord Alsace) zusammengeschlossen haben.

Der Schlagbaum an der französischen Grenze war auf. Der Zöllner dirigierte mich vor ein weißes Haus [...]. Er nahm mein Carnet und winkte mir zu. Ich stand bald vor einer Holzschranke im Innern des Hauses. Dahinter saß ein

Männchen, verhutzelt wie eine Motte zwischen Aktendeckeln. Es prüfte meine Papiere, stempelte sie ab und verlangte für Aufenthalt des Wagens im schönen Frankreich 10 Franken für den Tag. Dann stürzte er mit mir in den Wagen, warf höflich den Inhalt meines Koffers durcheinander, jauchzte, als er meine Schreibmaschine fand, und verließ den Koffer, der jetzt aussah, als hätte ich ihn gepackt und nicht meine Frau. Wir gingen ins weiße Haus zurück; dort wog das Männchen meine Maschine und schüttelte nur den Kopf, als ich ihm klarzumachen versuchte, daß ich ein Schriftsteller sei, der mit dieser Maschine keinerlei Handel treiben wolle. Das Männchen lachte mich höflich aus. Ich schwieg. Was sollte ich tun? Hier war die Grenze, draußen war ein neuer Schlagbaum, ein neuer Tarif, eine neue Uniform, ein neuer Vorgesetzter.

Nachdem das Männchen meine Maschine gewogen hatte, entließ es mich nach Zahlung einer größeren Summe ... (Glaeser, S. 32f.)

Wenige Monate nach Erscheinen von Glaesers Roman kam Hitler an die Macht, woraufhin der Autor Deutschland zunächst verließ. Doch 1939 kehrte er wieder zurück und stellte sich dem „Dritten Reich" zur Verfügung. Diese zwiespältige Position kennzeichnet auch den oben zitierten Roman, in dem zwar die Vision eines föderalen und friedlichen Europa entworfen wird, als deren Hoffnungsträger aber die elsässischen Autonomisten dargestellt werden. Ein fataler Irrtum: Im Zweiten Weltkrieg entpuppten sich etliche von ihnen als verkappte Nazis.

Zu den Elsässern, die mit den Nationalsozialisten zusammenarbeiteten, gehörte auch der Architekt Paul Schmitthenner (1884-1972), ein gebürtiger Lauterburger. Als das Elsass 1918 wieder französisch wurde, kehrte er seiner Heimat den Rücken und folgte einem Ruf an die Technische Hochschule von Stuttgart. Dort begründete er die „Stuttgarter Schule", eine Gegenbewegung zum Bauhaus-Stil. In den Zwanzigerjahren baute er u. a. die Wohnhäuser der befreundeten Schriftsteller Annette Kolb und René Schickele (s. Saverne) in Badenweiler. Nachdem seine Heimatstadt durch den deutschen Angriff im Frühjahr 1940 schwer beschädigt worden war, plante er deren Wiederaufbau als nationalsozialistische Modellstadt. Glücklicherweise ist es dazu nie gekommen.

Wir folgen der Hauptstraße Richtung Zentrum. Der Weg führt vorbei an baulichen Zeugnissen der deutschen und französischen Geschichte der Stadt. Die erste Abzweigung nach links führt über die „Route de la Chapelle" zur „Place Vauban". Der Platz ist nach dem Festungsbaumeister des französischen „Sonnenkönigs" Ludwig XIV. benannt, der Lauterbourg zu einer französischen Stadt umbauen ließ. Ein Relikt aus dieser Zeit ist hier zu sehen: das ehemalige Stadttor „Porte de Landau" (1708). Seine Südseite schmückt noch immer das Sonnenemblem des französischen Königs. Doch sonnig waren diese Zeiten beileibe nicht. 1702-1714 wütete in Europa der Spanische Erbfolgekrieg, in dessen Folge Marschall De Villars die Grenze zwischen Lauterbourg und Weißenburg militärisch befestigen ließ. Die Reste dieser „Lignes de la Lauter" (Lauterlinien) können bis heute besichtigt werden. Auch deutsche und französische Volkslieder erinnern an diesen Krieg, zum Beispiel „Straßburg, o du schöne Stadt" sowie „Marlborough s'en va-t-en guerre". Letzteres war ein Spottlied auf den englischen Feldherrn John Churchill, Herzog von Marlborough, das in ganz Europa Verbreitung fand. Johann Wolfgang Goethe (1749-1832) hörte es auf seiner italienischen Reise „auf allen Straßen". Noch bis ins 20. Jahrhundert wurde es immer wieder umgedichtet, zuletzt von dem lothringischen Dichter Yvan Goll (1891-1950), der daraus ein Antikriegslied machte.

1870 führte eine neuerliche Affäre um die Besetzung des spanischen Throns zu einem weiteren, noch weitaus schrecklicheren Krieg. Einer seiner ersten Schauplätze war Lauterbourg. Am 24. Juli, wenige Tage nach der französischen Kriegserklärung an Preußen, ritt ein Trupp von zwölf badischen und württembergischen Soldaten im gestreckten Galopp und mit gezückten Säbeln durch die „Porte de Landau", vorbei an den völlig überrumpelten Zöllnern. Anführer war Hauptmann Ferdinand von Zeppelin (1838-1917), der spätere Konstrukteur der nach ihm benannten Luftschiffe. Sein Auftrag: die französischen Stellungen im Nordelsass auszuspionieren. Dieser „Zeppelin-Ritt" endete mit einem Feuergefecht im nahen

Schirlenhof (s. Morsbronn), bei dem ein Deutscher und ein Franzose getötet wurden. Sie waren die ersten Toten in einem Krieg, der 420.000 Menschen das Leben kosten sollte.

Längst ist Graf Zeppelin auch in die Literatur eingegangen. Sein Ritt – ihm selbst gelang die Flucht in die Pfalz – wurde bereits von Carl Klein in seiner „Fröschweiler Chronik" von 1879 beschrieben (s. Wœrth). 1933 veröffentlichte Harald Bratt (1897-1967) unter dem Titel „Seine Exzellenz der Narr" eine Komödie über den berühmten Grafen. Der Jugendbuchautor Josef Reinhard (1875-1957) schließlich verfasste eine Romanbiographie. In jüngerer Zeit vollzog Karl Schnell – selbst ein berittener Offizier der deutschen Bundeswehr – den Zeppelin-Ritt nach und verfasste darüber ein Buch: „Zeppelins Fernpatrouille" (1984). Darin beschreibt er auch den historischen Ritt durch Lauterbourg:

Ein Lauterburger namens Adam unterhielt sich am Landauer Stadttor gerade mit einem Lieutenant de douanes Brun, der an diesem Sonntag in Zivil war, über die für alle unverständliche Kriegserklärung und über die letzten Tage, in denen man schon öfters deutsche Soldaten, manchmal auch einen Reiter, jenseits der Lauter gesehen hatte. In der Nähe der Zugbrücke, am Festungsgraben, saßen der Brigadier de douanes Michel und zwei weitere Zöllner Pfeife schmauchend und wahrscheinlich über den Sonntagsdienst schimpfend.

Plötzlich ertönte Hufschlag, die Zöllner griffen zu ihren Gewehren. Doch bevor sie geladen hatten, schrie Leutnant Brun ihnen zu, im Festungsgraben in Deckung zu gehen und nicht zu schießen. Dies hätte auch wenig Zweck gehabt, denn schon war die Reiterpatrouille mit gezogenem Säbel und laut „Hurra!" rufend, über die Bohlen der Brücke in die Stadt hineingaloppiert.

[...] Auch die Einwohner wurden völlig überrascht. Viele Leute waren nicht in den Straßen, da in der Kirche gerade das Hochamt gehalten wurde. Als ein junger Mann in die Kirche stürzte und „De Preisse sin do" schrie, brach eine kleine Panik unter den Gläubigen aus. (Schnell, S. 28f.)

Die erwähnte Kirche heißt „Eglise de la Sainte Trinité" (Dreifaltigkeitskirche). Wir erreichen sie, indem wir der Hauptstraße stadteinwärts folgen, bis rechts die „Rue de l'Eglise" abzweigt. In einer für das Elsass typischen Weise vereint die Kirche Bauelemente aus deutscher (der gotische Chor von 1467) und französischer Zeit (das Schiff von 1716, die Orgel von 1777). Anstatt der im Krieg zerstörten Glasfenster schmücken seit 1950 Arbeiten des französischen Künstlers Jean Gaudin den Chorraum.

Eine Querstraße weiter befindet sich die evangelische Kirche von Lauterbourg, die recht wehrhaft wirkt. Es handelt sich dabei um das einstige Pulvermagazin der Vauban-Festung (1708), das 1888 zu einem friedlichen Gotteshaus umgebaut wurde.

Unweit der beiden Kirchen stand bis zu ihrer Zerstörung im Jahr 1940 die Synagoge von Lauterbourg (1852). Zu den aktivsten Mitgliedern der früheren jüdischen Gemeinde gehörte Hermann Picard (1860-1939), ein Rabbinersohn aus Randegg am Bodensee. Er hatte sich nach seinem Medizinstudium 1887 im damals deutschen „Lauterburg" niedergelassen und blieb hier bis zu seinem Tode. Er kämpfte nicht nur engagiert gegen die Diphterie (zwei seiner vier Söhne fielen der Seuche zum Opfer), sondern erlernte auch den fränkisch geprägten Dialekt des elsässischen „Unterlandes". In dieser Sprache (aber auch auf Hochdeutsch) verfasste er 73 Gedichte, die er vor allem in der elsässischen Zeitschrift „Erwinia" veröffentlichte. Wegen seiner zahlreichen Verdienste wurde der allseits beliebte „Juddedokter" 1919 nicht wie die meisten anderen „Altdeutschen" aus dem nun wieder französischen Elsass ausgewiesen, sondern durfte im Land bleiben. Seine Söhne dagegen mussten nach Deutschland ziehen, wo sie 1933 wegen ihrer jüdischen Abstammung erneut vertrieben wurden. Die Zerstörung seines geliebten Lauterbourg erlebte Hermann Picard nicht mehr, er starb kurz vor Ausbruch der Feindseligkeiten im Sommer 1939. Sein Grab befindet sich auf dem jüdischen Friedhof (Route de la Chapelle/Ecke Rue des Quatre Vents). Als Arzt, als gläubiger Jude und als Dichter war ihm der Tod nie fremd, was auch in dem Gedicht „Vum Sensemann" zu spüren ist:

Vor em Sterwe sich zu hiete
Wann dr Doot hausire geht,
Odder 's Haus em ze verbiete,
Isch e Kunscht wu käns versteht.

Am e scheene Daach d'hut's klopfe,
A emol an deinre Dheer, ...
Dhusch vielleicht grad 's Pfeifel stopfe
Odder lansch dr Schlappe her.
Hasch kaum Zeit recht, „'rein" ze saache
Un ze frooche, was 'r will,
Bautsch – un kaansch en nohrt verklaache! –
Har 'r dich schun kalt un still.

Mit seim derre Knochefinger
Drickt 'r dr noch d' Aache zu,
Nohrt verschwind mein Hippeschwinger
Un dein armi Seel hat Ruh.

(Wackenheim, Bd. 3, S. 152)

Wir folgen der Hauptstraße weiter bis zum „Hôtel de Ville" (Rathaus) von 1731. Gegenüber zweigt eine Straße ab, die sich zur „Place du Château" weitet. Der Platz ist nach dem ehemaligen Bischofspalast von 1716 benannt (heute Gymnasium), der daran erinnert, dass die Stadt von 1252 bis zur Französischen Revolution zum Bistum Speyer gehörte – auch wenn sich der Bischof kaum hier aufgehalten hat. Die Amtsgeschäfte führte ein fürstbischöflicher Oberamtmann. In dessen ehemaliger Residenz gegenüber dem Schloss ist heute die Grundschule untergebracht, die von 1918 bis 1926 der gebürtige Lauterburger Georges Holderith (1912-1978) besuchte. 1932-1939 war er Direktor der Schule. Nach 1945 war er wesentlich am Wiederaufbau des französischen Schulsystems im Elsass beteiligt. Gleichzeitig bemühte er sich sehr um den Erhalt der Zweisprachigkeit im Elsass. Als „Inspecteur Général" führte er ab 1962 den Deutschunterricht an elsässischen Grundschulen wieder ein und reformierte den Deutschunterricht im Sekundarbereich (sog. Réformes Holderith). Außerdem gab er eine Anthologie elsässischer Literatur heraus. Sein Grab befindet sich auf dem christlichen Friedhof von Lauterbourg (gegenüber vom jüdischen).

Instance PAMINA / PAMINA-Büro
Ancienne Douane
F-67630 Lauterbourg
Tel. +49 (0)7227-97200

Museum Zollpavillon
im Restaurant Monti Take Away
76768 Berg (Ortsteil Neulauterburg)
Tel. +49 (0)7277-919200

Mothern

Wir verlassen Lauterbourg in südlicher Richtung über die D 248. Sie führt durch das nördliche „Ried" (mhd. „rieth" = Sumpf), das zusammen mit den Rheinauen auf der deutschen Seite heute den deutsch-französischen PAMINA-Rheinpark bildet. Bis zur Französischen Revolution hatte hier fast jede Ortschaft einen anderen Souverän: Speyerische, badische, pfälzische, hanau-lichtenbergische und Straßburger Besitztümer wechselten miteinander ab. Der Ich-Erzähler aus Ernst Glaesers Roman „Das Gut im Elsass" fährt auf derselben Straße Richtung Straßburg – und denkt dabei über die wechselvolle Geschichte dieser Landschaft nach:

Die kleinen Dörfer kurz hinter Lauterburg sind an die Straße gereiht wie bunte Kugeln an eine graue Schnur. Durch ihre behagliche Rundung bohrt sich die Route jenes Verkehrs, dessen Fluktuation seit Beginn der abendländischen Geschichte niemals aussetzte. Die historische Strömung durch das Rheintal, von Basel nach Köln, und über Basel hinaus nach Rom und über Köln hinaus nach London – dieser Golfstrom Europas, der heute Gefahr läuft, sich zu verlagern oder gar zu versanden, gab diesen Dörfern, dieser Landschaft und diesen Menschen ein Gesicht, das trotz nationalistischer Querfalten und Krähenfüße jene Einheit bewahrte, die Europa groß machte, bevor der im-

perialistische Kapitalismus ihre ethischen Werte zersetzte. (Glaeser, S. 34f.)

Einige Jahre nach Veröffentlichung von Ernst Glaesers Text schlugen die Wogen der „historischen Strömung" höher als es manchem Bewohner des Riedes lieb war: Viele Dörfer entlang der Grenze wurden noch in den letzten Wochen des Zweiten Weltkriegs zerstört. Vielleicht träumt deshalb der elsässische Schriftsteller Henri Adrian in seinem Gedicht „Im Ried" nicht mehr von einem „Golfstrom Europas", sondern beschwört stattdessen die Weltvergessenheit des Rieds:

> *Sonntagsfrieden überm Ried.*
> *Kirchgeläute. Sonnenweben.*
> *Wolkenhoch ein Vogellied.*
> *Stille. Wohl umhegtes Leben.*
>
> *Müde hängt das Laub am Baum.*
> *Schatten gleiten aus den Zweigen.*
> *Weißes Licht spinnt seinen Traum*
> *Durch das seelenvolle Schweigen.*
>
> *Fern im Blau der Wälder Flut,*
> *Schöpfungsweiten, ungemessen.*
> *Hier im Grund der Stille ruht*
> *Weltvergessen, Weltvergessen.*
>
> *(aus: Stille Wege, Colmar 1968;*
> *zitiert nach: Finck, S. 268)*

Nach wenigen Kilometern erreichen wir das hübsche Fachwerkdorf Mothern (els. Modere; 2.000 Einw.), dessen Geschichte eng mit dem Rhein verbunden ist. Infolge der Rheinbegradigung im 19. Jahrhundert besitzt die Gemeinde heute ca. 200 ha Fläche auf der rechten Rheinseite. Umgekehrt haben etliche Deutsche das grenznahe Dorf als Wohnort gewählt. In einem ehemaligen Wachthäuschen in der Ortsmitte (Maison de la Wacht) befindet sich ein Museum des PAMINA-Rheinparks, das den verschiedenen Rheinmythen gewidmet ist.

Zur Einstimmung hängt im Erdgeschoss eine Reproduktion des Gemäldes „Vater Rhein" (1842) von Moritz von Schwind (1804-1871). Ursprünglich als Schmuck der Trinkhalle von Baden-Baden gedacht (sie ist am unteren Bildrand abgebildet), inszeniert es die auf die Römerzeit zurückgehende Gestalt des alten Rheingottes (els. „Babbe Rhin") als antik-heidnischen Mythen-Mix: Seine Nacktheit erinnert an Poseidon, der Kranz aus Weinlaub an Dionysos, die Leier in seiner Hand an den Musengott Apoll. Um ihn herum tollen in mehr oder weniger unschuldiger Nacktheit die Rheintöchter (die meisten Nebenflüsse des Rheins sind weiblich) und zeigen ihrem Vater (Geliebten?) die mittelalterlichen Kirchenbauten rheinischer Städte (alle anderen Stilepochen bleiben ausgeblendet).

Aber auch die Literatur wird nicht vergessen: In der linken, unteren Bildecke ist eine Ausgabe der „Alemannischen Gedichte" (1803) des badischen Schriftstellers Johann Peter Hebel (1760-1826) zu sehen. Elsässische Dichter fehlen dagegen. Dabei verlieh Hebel der elsässischen Dialektdichtung wesentliche Impulse: Ehrenfried Stoeber (s. Oberbronn), der im 19. Jahrhundert erstmals Gedichte auf Elsässisch verfasste, war mit Hebel befreundet. Noch im 20. Jahrhundert berief sich Nathan Katz (1892-1981) auf den badischen Dichterkollegen.

Vater Rhein als Sänger und Hebel als Schriftsteller versinnbildlichen die doppelte (mündliche und schriftliche) Tradition der Rheindichtung, deren Geschichte im oberen Stockwerk des Museums erzählt wird. Verschiedene Schautafeln zeigen, dass schon seit dem 17. Jahrhundert die „Grand Tour" durch Europa zum Bildungsprogramm junger Adliger, der sogenannten „Tour-Isten", gehörte. Doch erst mit der (Wieder-)Entdeckung der Natur durch den Franzosen Jean-Jacques Rousseau und der Rheinlegenden durch die deutschen Romantiker wurde der Rhein zum Ziel für Bildungsreisende und damit auch zum Gegenstand der Literatur. Das Aufkommen der Dampfschifffahrt und des Massentourismus (1835 erschien der erste „Baedeker") taten ihr Übriges, um Autoren aus Deutschland (z. B. Bettine und Clemens Brentano sowie Joachim von Arnim 1802), England (z. B. Mary Shelley und Lord George N. G. Byron 1816) und

Frankreich (z. B. Gerard de Nerval und Alexandre Dumas 1838) an den Rhein zu locken.

Parallel zu diesem versöhnlich-romantischen Rheinmythos entstand im 19. Jahrhundert auch ein aggressiv-politischer, und wieder haben deutsche und französische Dichter großen Anteil daran. Unter anderem weist die Ausstellung auf die Flugschrift „Der Rhein" (1813) von Ernst Moritz Arndt (1769-1860) hin, die den Kampf um den Rhein literarisch adelt und lange Zeit als Lieferant nationalistischer Parolen ge- und missbraucht wurde. Nicht vergessen werden sollte dabei, dass Arndts Vision eines nach außen (von französischer Besatzung) befreiten und nach innen geeinten Deutschland ohne die Ideen der Französischen Revolution nicht denkbar ist.

Die nationalistische Deutung des Rheins kulminierte in dem deutsch-französischen „Sängerkrieg" von 1840, der auf Schautafeln im Erdgeschoss dokumentiert wird. Am 11. Januar jenen Jahres forderte der französische Abgeordnete und Schriftsteller Alphonse Lamartine (1790-1869) den Wiederanschluss aller linksrheinischen Gebiete an Frankreich. Die Empörung in Deutschland war groß. Nikolaus Becker (1809-1845) polterte mit dem Gedicht „Der deutsche Rhein" zurück, das mit den Versen beginnt: „Sie sollen ihn nicht haben, den freien deutschen Rhein". Für seine „Anti-Marseillaise" wurde Becker umgehend mit Staatspreisen aus Berlin und München belohnt. Zirka 200 verschiedene Vertonungen soll es geben – u. a. von so namhaften Komponisten wie Robert Schumann und Carl Loewe.

Die Antwort aus Frankreich ließ nicht lange auf sich warten. Unter dem Titel „Le Rhin allemand" verfasste Alfred de Musset (1810-1857) einen Text, der unmittelbar auf Becker Bezug nimmt und mit den Worten beginnt: „Nous l'avons eu, votre Rhin allemand ..." (Wir haben ihn gehabt, euren deutschen Rhein ...). Doch noch war die deutsche Volksseele nicht beruhigt: Im Dezember 1840 veröffentlichte Matthias Schneckenburger (1804-1848) den Text „Die Wacht am Rhein". 1854 von Carl Wilhelm mit einer schmissigen Melodie versehen, wurde das Lied schon bald zur inoffiziellen deutschen Nationalhymne und entlarvte den Sängerkrieg als literarisches Vorspiel zu den Kriegen von 1870/71, 1914-1918 und 1939-1945. Den hinlänglich bekannten Text unterzog Wolfgang Minaty 1997 einer ironischen Analyse:

Es braust und hallt, es klirrt und prallt, und es ruft jemand. Und zwar ziemlich laut [...]. Wer da ruft, wird uns nicht mitgeteilt. Wir sollen nur schnellstens zum Rhein. Es ist dringend. Denn die Aufforderung erfolgt dreimal bekräftigend. Was wir da sollen, wir wissen es nicht. Dafür stellt der Autor, als schaute er in die Runde, eine Frage: „Wer will des Stromes Hüter sein?" Man hätte meinen können, die Frage sei geklärt. Muß sie ja wohl, denn die daheim dürfen beruhigt sein: Wie strapaziös der Streß mit dem Strom auch sein mag, die Wache steht auf dem Posten. Aber schon sind wir vom Schwung mitgerissen. Es zuckt und blitzt.
  „Durch Hunderttausend zuckt es schnell.
  Und aller Augen blitzen hell."
  Auftritt der deutschen Jünglinge. Er [sic] ist „fromm und stark". Das sind seine hervorstechenden Merkmale. Es wird dabei bleiben. Es sind seine einzigen. Ob er wirklich fromm ist, darüber sind füglich Zweifel angebracht. Denn als er nach oben in den Himmel schaut, sozusagen in die Transzendenz, da schaut nicht Gott Vater herunter, sondern „Vater Hermann". Den hatte man dort nicht erwartet. Aber Hermann, der Cheruskerfürst, ist längst in den numinosen Bezirk aufgerückt. Das Profane, hier wird es heilig. Krieg ist Gottesdienst. Im übrigen „ist Deutschland ja (reich) an Heldenblut". Auch wenn „mein Herz im Tode bricht" – das sagt der junge Mann von vorhin –, so werden des Rheins Flut und Strand doch nie französisch werden. Das schwört er. Dazu flattern die Fahnen; „die Woge rinnt". (Können Wogen rinnen?)
  (Süddeutsche Zeitung 25./26.01.1997, S. V2/III)

Vielleicht wird in einer überarbeiteten und erweiterten Ausstellung eines Tages die Geschichte der deutsch-französischen Literaturbeziehungen am Rhein bis in die Gegenwart fortgeschrieben. Dabei sollte auch der Dichter gedacht werden, die nicht als Polarisierer, sondern als Brückenbauer gewirkt haben. Deutsche und französische Anhänger der großen Revolution von 1789 kämen darin zur Sprache, die den „freigeborenen Rhein" (Friedrich Hölderlin) als „Friedensband" (Gottlieb Conrad Pfeffel) feierten, der Deutsche und Franzosen zu einem „unzertrennlichen Volk" (Georg Forster) vereinen sollte. Auch die Vorkämpfer eines geeinten Europa fänden darin ihren Platz, allen voran Heinrich Heine (1797-1856) und Victor Hugo (1802-1885), die schon im 19. Jahrhundert die Vereinigten Staaten von Europa einforderten. Und natürlich René Schickele (1883-1940), der in seinem Essay „Wir wollen nicht sterben!" (1922) das Rheintal mit einem aufgeschlagenen Buch verglichen hat, in dem wir gerade blättern:

Das Land der Vogesen und das Land des Schwarzwaldes waren wie die zwei Seiten eines aufgeschlagenen Buches – ich sah deutlich vor mir, wie der Rhein sie nicht trennte, sondern vereinte, indem er sie mit seinem festen Falz zusammenhielt. Die eine der beiden Seiten wies nach Osten, die andre nach Westen, auf jeder stand der Anfang eines verschiedenen und doch verwandten Liedes. Von Süden kam der Strom und ging nach Norden, und er sammelte in sich die Wasser aus dem Osten und die Wasser aus dem Westen, um sie als Einziges, Ganzes ins Meer zu tragen ... Und dieses Meer umschloß die große, von den jüngsten, unersättlichen Söhnen des Menschengeschlechts bewohnte Halbinsel, in die das zu gewaltige Asien deutlich endet ... Europa. (Schickele, Bd. III, S. 532)

Maison de la Wacht
F-67470 Mothern
Tel. +33 (0)3 88 94 86 67

PAMINA Rheinpark
Kirchplatz 6/8
Rastatt-Ottersdorf
Tel. +49 (0)7222-25509

Hatten und Umgebung

Wir folgen der D 248 in südlicher Richtung und biegen auf Höhe von Munchhausen (els. Minikhause bzw. Mínchhüse; hat nichts mit dem berühmten Lügenbaron aus Gottfried August Bürgers Roman zu tun hat) links in die D 80 ein. Sie führt über die Autobahn nach Wintzenbach (els. Winzebach), das im Zweiten Weltkrieg durch englische Bomben schwer gelitten hat. Acht abgeschossene englische Flieger liegen auf dem protestantischen Friedhof begraben. Unterhalb des katholischen Friedhofs befindet sich ein ungewöhnliches Denkmal. Es zeigt einen französischen und einen deutschen Soldaten, vereint in den Armen ihrer elsässischen Mutter.

Über die D 247 fahren wir weiter nach Niederrœdern (els. Niderreddere; 860 Einw.). Der Ortsfriedhof ist eine ökumenische Besonderheit, da hier Katholiken, Protestanten und Juden gemeinsam beigesetzt werden. Auch die Ortskirche ist eine sogenannte Simultankirche: Seit dem 17. Jahrhundert wird sie von Katholiken und Protestanten gemeinsam genutzt. Die evangelische

Geburtshaus von Friederike Brion in Niederrœdern

Gemeinde betreute einst der Pfarrer Johann Jacob Brion (s. Sessenheim). Das Pfarrhaus, ein schönes Fachwerkhaus aus dem 18. Jahrhundert, ist erhalten und befindet sich in der „Rue de la Haute Vienne" Nr. 26. Hier kam im Jahr 1752 die Pfarrerstochter Friederike Brion zur Welt, in die sich Johann Wolfgang Goethe 19 Jahre später verlieben sollte (s. Sessenheim).

Wir verlassen das Dorf über die D 34 und fahren weiter nach Buhl (els. Bihl; 520 Einw.). Im Chor der evangelischen Ortskirche werden die Grabsteine der letzten Herren von Burg Fleckenstein aufbewahrt: Friedrich Jakob, Heinrich Jakob und Friedrich Wolfgang von Fleckenstein (s. Vier-Burgen-Weg). Von hier fahren wir über die D 104 weiter nach Hatten (els. Hàtte; 1.800 Einw.), wo im Sommer 1913 eine Affäre ihren Anfang nahm, die als „Zabern-Affäre" in die Geschichte eingehen sollte (s. Saverne). Ein damaliger Redakteur der Tageszeitung „Straßburger Post" schilderte in einem 1963 in der FAZ erschienenen Artikel die näheren Umstände:

Der Leutnant Freiherr von Forstner, frisch von der Kadettenschule in das Zaberner Infanterie-Regiment 99 entlassen, war im Manöver in Hatten dem von seinem Quartierwirt reichlich gespendeten Elsässer Wein zum Opfer gefallen und hatte im Rausch sein Bett verunreinigt, wie sonst nur Säuglinge mit ihren Windeln tun. Nur war das bei dem immerhin schon etwas erwachsenen Leutnant quantitativ nicht so leicht zu nehmen und menschlich nicht so entschuldbar. Das Dienstmädchen des Quartierhauses, dem die peinliche Wäsche der Leintücher zufiel und dem der verkaterte Leutnant beim Abschied nicht einmal durch ein Trinkgeld die Arbeit angenehmer gemacht hatte, stammte aus Zabern, hatte die Regimentsnummer natürlich sofort erkannt und ließ ihr Plappermaul nach Herzenslust spazieren gehen. [...] Weil „Messti" war, hörten die Geschichte alle, die da tanzten und tranken. Von da an liefen die Gassenbuben dem Leutnant auf der Straße nach, riefen – weil sie eben Gassenbuben und in diesen Dingen der umschreibenden Redeweise nicht kundig sind – ihm „Bettschisser" nach und rannten davon. Das war die einfache, in ein Wort kondensierte Beschreibung des Tatbestandes, wurde aber vom Regimentskommandeur als Beleidigung – nicht etwa der Hattener Familie und ihres Gastbettes, sondern des Leutnants – gedeutet. (Fröba, S. 16f.)

Der genaue Ort, wo den Leutnant jene „körperliche Unpässlichkeit" ereilte, ist nicht mehr auszumachen, denn das alte Dorf wurde im Januar 1945 im Rahmen der „Operation Nordwind" fast vollständig zerstört. Ziel dieser letzten deutschen Offensive des Zweiten Weltkriegs war die Rückeroberung Straßburgs, doch der Angriff blieb in Hatten stecken. Vom 7. bis zum 21. Januar tobte hier und im benachbarten Rittershoffen (els. Ritterschoffe, dt. Rittershofen; 910 Einw.) eine Panzerschlacht, in deren Folge beide Dörfer dem Erdboden gleichgemacht wurden. Unter den ca. 3.000 Toten waren auch zahlreiche Zivilisten. Heute erinnert ein Museum an diese Ereignisse. Literarische Erinnerungsarbeit leistete Anne Franck-Neumann (1910-2001) mit ihrem Roman „Dorf im Nordwind" (1994). Sie hatte die Kämpfe als Augenzeugin miterlebt:

Schritte über uns in der Küche. Die Kellertüre ächzte und wurde vorsichtig geöffnet. Wir vernahmen tappende Schritte auf der Kellertreppe. Durch die Luken fiel fahl der Tag, aber die offene Kellertür ließ etwas Helle hinein. Wir erblickten einen jungen deutschen Soldaten, ein Sturmgewehr in der Hand. Auf seiner Brust baumelten dunkle, längliche Kugeln. Ich hatte bis dahin nie in meinem Leben solche Anhängsel gesehen, wußte aber sofort, daß dies Handgranaten waren. Wird er sie werfen? Ich war der Ohnmacht nahe. Der Soldat erblickte uns nun auch. Wir wagten kaum zu schnaufen. Er rief aufgeregt: „Sind Amerikaner hier unten?" Blöde Frage. Wären hier unten Amerikaner gewesen, so wäre er bestimmt nicht halbwegs auf die Treppe gekommen.

„Nein", sagte Emil laut [...]. Wir krochen wieder ins Stroh, und wieder hörten wir Stimmen. Deutlich erkannten wir jetzt die englische Sprache. Die Kellertüre ächzte wieder. Zwei amerikanische Soldaten, ebenfalls mit Granaten verziert, die Maschinenpistole im Arm, kamen vorsichtig auf die Kellertreppe und zischten den Strahl ihrer Taschenlampe auf uns.

„*Are the Germans here?*"
„*No, here are only civilians, one man, a child and a woman.*" *(Guntz, S. 106-108)*

Die Relikte des Krieges werden heute auf Flohmärkten verscherbelt. Der elsässische Schriftsteller André Weckmann (s. Steinbourg, Marienthal) deutet sie als eine Metapher für die Sinnlosigkeit aller Kriege:

> *Drei Helme*
> *hab' ich daheim.*
> *Aus dem französischen*
> *saufen die Hunde,*
> *aus dem deutschen*
> *saufen die Katzen,*
> *aus dem amerikanischen*
> *die Hühner.*
> *Alle drei haben ein kleines Loch*
> *drei Zentimeter unterm Rand.*
> *Was zuviel ist,*
> *läuft daraus ab.*

(Gunz, S. 87)

Musée de l'Abri-Hatten
Rue de l'Abri
F-67690 Hatten
Tel. +33 (0)3 88 80 14 90

Seltz und Umgebung

Von Hatten fahren wir über die D 28 durch den Wald von Hesselbusch Richtung Seltz. Schon in der Bronzezeit, also vor über 3.000 Jahren, diente er den hier lebenden Menschen als kultisches Zentrum. Zahlreiche Hügelgräber (sog. Heidenbuckel) zeugen davon. Um mehr darüber zu erfahren, biegen wir kurz vor der Autobahnüberführung nach links in einen Waldweg ein, der nach wenigen Metern zum „Sentier des tumuli" führt. Es ist ein historischer Lehrpfad, der sechs gut erhaltene Hügelgräber erschließt. Auf zweisprachigen Tafeln werden ihre Funktion, ihr Aufbau und ihre Geschichte erläutert.

Neuere Forschungen belegen eindrücklich, dass die Menschen der Bronzezeit bereits über umfangreiche astronomische, technische und künstlerische Fähigkeiten verfügten. Da sie jedoch die Schrift nicht kannten (oder ablehnten?), sind leider keine literarischen Zeugnisse dieser Epoche erhalten. Einzige Quelle sind mündlich tradierte Sagen und Legenden, die als spätes Echo einer alten Naturreligion gewertet werden können. Goethe und Herder waren die Ersten, die dem ihre Aufmerksamkeit schenkten und 1770/71 einige Volkslieder aufzeichneten (s. Vier-Burgen-Weg). Nach dem Vorbild der Gebrüder Grimm machten sich im 19. Jahrhundert die Brüder August Stoeber (1808-1884) und Adolf Stoeber (1810-1892) daran, elsässische Märchen und Sagen zu sammeln (s. Oberbronn). Der von August herausgegebene Band „Die Sagen des Elsasses" (1851) gilt heute als klassisch.

Wir folgen der D 28 bis ins Ortszentrum von Seltz (els. bzw. dt. Selz; 3.000 Einw.), so benannt nach dem (salzhaltigen) Seltzbach. Vor der Kirche stellen wir das Auto ab. Rechts vor dem Kirchenportal erinnert eine Stele aus der Hallstatt-Zeit (750-450 v. Chr.) daran, dass der Ort bereits in keltischer Zeit unter dem Namen „Saliso" existierte und mit seinen bis zu 10.000 Einwohnern für damalige Verhältnisse eine „Großstadt" bildete. Zahlreiche Funde aus römischer Zeit – damals hieß der Ort „Saletio" – befinden sich heute im Historischen Museum von Hagenau (s. dort).

Ebenfalls vor der Kirche befindet sich eine Statue der Kaiserin Adelheid (931-999). Sie war die Gattin Kaiser Ottos I. und diesem an Bildung weit überlegen – Otto, von seinen Zeitgenossen „der Große" genannt, konnte kaum lesen und schreiben. Sie war auch die Mutter Ottos II., dem sie den Thron sicherte, und die Großmutter Ottos III., für den sie etliche Jahre die Regentschaft ausübte. Vor allem aber war sie die erste Frau, die in Rom – zusammen mit ihrem Gemahl Otto I. – im Jahr 962 die Kaiserwürde empfing! Als romanisch-germanisches Herrscherpaar – Adelheid war die Tochter des Königs von Burgund und in Italien aufgewachsen – verkörperten die beiden die völkerverbindende Reichsidee Karls des Großen.

In diesem Zusammenhang ist es bezeichnend, dass Adelheid ausgerechnet im elsässischen Seltz – also an der Nahtstelle deutscher und französischer Kultur – ein Benediktinerkloster stiftete, in dem sie ihre letzten Lebensjahre verbrachte und schließlich auch beigesetzt wurde. Da sich an ihrem Grab schon bald Wunder ereignet haben sollen, wurde sie 1097 heilig gesprochen. Leider wurde die Anlage und mit ihr Adelheids Grab durch ein Rheinhochwasser im Jahr 1307 so gründlich zerstört, dass deren einstige Lage nicht mehr bekannt ist. Nur alte Urkunden erinnern noch an das Kloster, sie befinden sich heute im Generallandesarchiv in Karlsruhe. Johann Wolfgang Goethe (1749-1832) irrte demnach, wenn er annahm, auf seiner Reise durch die Schweiz in Einsiedeln am Grab von Adelheid zu stehen:

Unter diesen Gerippen fand sich die heilige Adelheid, Gemahlin jenes ersten Kaisers Otto, der das Heilige Römische Reich Deutscher Nation begründet hat, auf ihrer Brust war ein Türchen angebracht, das man öffnen und alsdann in das Innerste der Heiligen hineinschauen konnte. (Lindemann, S. 181)

Schon zu ihren Lebzeiten wurde Adelheid zu einer literarischen Gestalt. Odilo de Cluny (961/62-1049), der mit der Kaiserin befreundete Abt des Klosters Cluny in Burgund, schrieb unter dem Titel „Epitaphium" ihre Lebensgeschichte auf. 1517 gab Nicolaus Keibs in Durlach die von einem anonymen Autor verfasste lateinische „Vita Sanctae Adelhaydis" heraus. 1936 veröffentlichte Gertrud Bäumer (1873-1954), eine bedeutende Vertreterin der deutschen Frauenbewegung, eine Romanbiographie, in der sie Adelheids Herrschaftsstil als weiblichen Gegenentwurf zu den männlichen Machtphantasien der NS-Zeit deutete:

Dieser Auftrag geht auf ein sinngebundenes Machtgebilde. Nicht auf irgendein Imperium, so groß wie möglich, so reich wie möglich, so waffenstarrend wie möglich, sondern auf ein Reich mit der Bestimmung, dem kostbarsten Gut der Menschheit, dem Evangelium, auf Erden die Stätte zu bereiten. (Lindemann, S. 12)

Heute würdigt Seltz Adelheid mit einer Dauerausstellung im städtischen Museum „Maison Krumacker" (2 Avenue du Général Schneider), das dem PAMINA-Rheinpark angeschlossen ist.

Es gibt jedoch auch noch einen authentischen Ort, der an Adelheid erinnert: Im rechten Seitenschiff der Kirche befindet sich die sogenannte „Adelheid-Kapelle". In ihrem Gewölbe ist ein spätgotischer Schlussstein von 1481 zu sehen, der die Kaiserin mit dem Reichsapfel in der einen und einem Kirchenmodell in der anderen Hand darstellt.

Wie durch ein Wunder haben die Kapelle und Teile des Chores die Zerstörung der Kirche durch deutsche Bomben im Jahr 1940 überlebt. Beim Wiederaufbau (1964) wurden die erhaltenen Reste in den modernen Neubau integriert. 1946 hatte Alfred Döblin (1878-1957) die Kirche noch als Ruine gesehen und in seinem autobiographischen Bericht „Schicksalsreise" beschrieben:

Das Dorf drüben hieß Seltz. Seine Kirche bekamen wir sofort zu Gesicht, sie stand nämlich offen, wie ein Mensch offen steht, dem man die Brust aufgerissen hat. Die Kirche war durch Bomben halbiert und nur die Turmpartie stand. Da, wo die andere Hälfte sein mußte, wucherte das Gras und pflanzte sich in das Kircheninnere fort; ja, es wallfahrte unschuldig hinein, und der Raum, immer noch heilig und seines Amtes bewußt, empfing die zarten Geschöpfe mit franziskanischem Wohlwollen. (Döblin: Schicksalsreise, S. 327)

Döblin floh 1933 als Deutscher aus dem nationalsozialistischen Deutschland und kehrte 1945 als Franzose zurück. Von Baden-Baden aus, wo er im Dienst der französischen Besatzungsbehörde am kulturellen Wiederaufbau mitwirkte, fuhr er an jenem Tag nach Mainz, wo er an der Einweihung der neuen Universität teilnehmen sollte.

Den Rhein überquerte er mit der Seilfähre, die zwischen Plittersdorf (D) und Seltz (F) pendelt. Man erreicht sie, wenn man der D 28 bis zum Rheinufer folgt. Im ehemaligen Zollhaus ist eine Informationsstelle des PAMINA-Rheinparks untergebracht. In der „Auberge du

Rhin" gleich gegenüber musste Döblin seinerzeit eine mehrstündige unfreiwillige Rast einlegen:

Es lohnt sich schon, so dicht am Rhein zu halten und weiter zu können. Seine Oberfläche liegt glatt, sie ist ein fließendes, laufendes Band, ein fließendes Land. Eine Fähre nähert [sic] sich, auf ihr standen Männer, sie sahen gefährlich aus in ihren Schwimmwesten. [...] Und wie das Auto auf der Fähre stand und schwamm, zeigte sich erst, was das für ein gewaltiger Strom war. Ihm machte unser schweres Gewicht nichts aus, wir ritzten seine Haut gerade, wir trieben, Fähre und Auto und Menschen, und trieben schräg über sein Wasser, wie es die Strömung wollte. Schlau wie der Mensch ist, bemerkten wir, hatte er dieses mächtige Wesen beobachtet und wußte, wie es sich benahm. Und darum hatte man ein eisernes Kabel über den Strom gespannt, ein eisernes Leitseil führte zu unserer Fähre herunter, es rollte um eine Winde, an der die Fährleute drehten. So trieb uns zwar die gewaltige Strömung, aber wir Menschen hatten auch unseren Willen und kamen ans andere Ufer auf dem Rücken des fließendes Wesens, der von uns und unserer List keine Notiz nahm.

[...] Wir setzten uns in das Gasthaus nebenan und dachten, wir machen eine Pause. Tatsächlich hatten wir eine Panne. Unser Auto hatte sich krank gemeldet, mehrere Ärzte bemühten sich draußen um das lahme Vieh. Sie sprachen ihm zu, eine Stunde lang und noch eine halbe Stunde und dann hat man es überredet, und es meinte, es könne nun laufen. Es ist aber nichts daraus geworden, wir warteten bis acht ... (Döblin: Schicksalsreise, S. 326f.)

Musée Krumacker d'Archéologie
Office de Tourisme
2 Avenue du Général Schneider
F-67470 Seltz
Tel. +33 (0)3 88 05 59 79

Fort-Louis

Wir kehren ins Ortszentrum von Seltz zurück und fahren von dort auf der D 468 Richtung Süden. In der Nachbargemeinde Beinheim (els. Bainem; 1.800 Einw.) kann neben der Post ein Garten im napoleonischen Stil (Jardin Napoléonien) und neben der „Eglise de Ste-Croix" (1760) das Grabmal von Jean-Adam Schramm besucht werden. Schramm war gebürtiger Beinheimer und General von Napoleon Bonaparte. Nach dessen Sturz kehrte er als Bürgermeister in sein Heimatdorf zurück. Er gehört zu den 28 Generälen, deren Namen am „Arc de Triomphe" von Paris eingemeißelt sind.

Wir folgen der D 468 weiter bis Rœschwoog (els. Reschwuch; 1.900 Einw.), wo wir in die D 319 nach Fort-Louis (dt. Ludwigsfeste; 240 Einw.), einem Ort am Zusammenfluss von Rhein und Moder, abbiegen. Bereits vor dem Ortseingang sieht man in den umliegenden Feldern die überwachsenen Gräben und Mauern des einstigen „Fort d'Alsace". Es bildete das westliche Vorwerk der Festung Fort-Louis. Diese wurde 1786 nach Plänen von Sébastien Le Prestre de Vauban und im Auftrag des französischen Königs Ludwig XIV. – nach dem sie auch benannt ist – auf einer ehemaligen Rheininsel errichtet. Das Baumaterial dazu lieferte die zerstörte Kaiserpfalz von Hagenau (s. dort).

Vor der Begradigung des Rheins im 19. Jahrhundert gab es zahlreiche solcher Rheininseln. Zu einer davon machten der 21-jährige Johann Wolfgang Goethe und seine 19-jährige Freundin Friederike Brion (s. Sessenheim) ihre „schönste Lustpartie", die allerdings ein ungeplant rasches Ende fand. Sittenstrenge Rheinschnaken zwangen die beiden zur vorzeitigen Rückkehr und brachten den enttäuschten Liebhaber für einen Moment von dem Gedanken ab, „als habe ein guter und weiser Gott die Welt erschaffen":

Man ließ uns unbeobachtet, wie es überhaupt dort und damals Sitte war, und es hing von uns ab, in kleinerer oder größerer Gesellschaft, die Gegend zu durchstreifen und die Freunde der Nachbarschaft zu besuchen. [...] Die Rheininseln waren denn auch öfters ein Ziel unserer Wasserfahrten. Dort brachten wir ohne Barmherzigkeit die kühlen Bewohner des klaren Rheines in den Kessel, auf den Rost, in das siedende Fett, und hätten uns hier, in den

Die überwucherten Mauern der Festungsanlagen von Fort-Louis lassen ihre einstige Ausdehnung noch gut erkennen

traulichen Fischerhütten, vielleicht mehr als billig angesiedelt, hätten uns nicht die entsetzlichen Rheinschnaken nach einigen Stunden weggetrieben. (Goethe, Bd. 9, S. 464f.)

Wir überqueren die Moder – einst floss hier ein Seitenarm des Rheins – und parken auf einem Parkplatz links von der Straße. Ein Fußweg führt von dort zum erhaltenen Tor des einstigen „Fort Carré", dem zentralen Teil der ehemaligen Festung. Dahinter erahnt man einen ehemaligen Appellplatz. Am 10. Juni 1772 klopfte Johann Jacob Brion an das Festungstor, der Vater von Friederike und Pfarrer im benachbarten Sessenheim. Er besuchte den Hofmeister der beiden Barone und Offiziersanwärter Ernst Nikolaus und Friedrich Georg von Kleist, den damals 21-jährigen Dichter Jakob Michael Reinhold Lenz (1751-1792). Nachdem sich Lenz bei einem Aufenthalt in Sessenheim in Friederike verliebt hatte, wollte sich deren Vater vermutlich ein Bild von dessen Lebensumständen machen. Was er zu sehen bekam, schildert Sigrid Damm (geb. 1940) in ihrer Roman-Biographie „Vögel, die verkünden Land":

Er teilt mit ihnen die Behausungen. Er teilt mit ihnen die Kasernen und die Militärobjekte außerhalb von Straßburg, in die die Offiziere verschlagen werden, die Feldlager des Sommers, staubig und trist, die Winterquartiere, abgelegen und einsam. [...] Er ist verantwortlich für alles, vom Zimmer aufräumen, Essen und Wein herbeischaffen, Uniformen ausbürsten, schmutzige Wäsche wegbringen bis zum Stiefelputzen vermutlich.

[...] Lenz lebt mit den Offizieren in der Festung. Nach der äußerst intensiven Arbeit am „Hofmeister"-Entwurf und der Fülle der neuen Eindrücke in Straßburg nun die Abgeschiedenheit dieses Außenlagers, der „kleine ungesunde Ort, ohne Umgang, ohne Verbindung". Die Einsamkeit inmitten der Kommandorufe, die Schindereien, der Lärm der Truppenübungen.

[...] Manchmal vielleicht durchstreift er die Gegend. Vor ihm die breiten Arme des Rheins, nicht eingedämmt, mit den zahlreichen Inseln. Im Sommer, wenn der Wasserstand sinkt, werden sie sichtbar. Ihr Bewuchs ist spärliches Gestrüpp. Etwas weiter Niederungswälder. Hitze, Dasselfliegen, Schnaken. (Damm, S. 93 u. 100)

In Straßburg hatte der aus dem Baltikum stammende junge Mann im Jahr zuvor Herder und Goethe kennengelernt. Das reservierte Urteil, das Goethe über den einstigen Freund in seiner Autobiographie „Dichtung und Wahrheit" fällt, hat lange Zeit das Bild von Lenz geprägt und den Blick auf die Originalität seines Werks verstellt:

Ich lernte ihn erst gegen das Ende meines Straßburger Aufenthalts kennen. Wir sahen uns selten; seine Gesellschaft war nicht die meine [...]. Klein, aber nett von Gestalt, ein allerliebstes Köpfchen, dessen zierlicher Form niedliche, etwas abgestumpfte Züge vollkommen entsprachen; blaue Augen, blonde Haare, kurz, ein Persönchen, wie mir unter nordischen Jünglingen von Zeit zu Zeit eins begegnet ist; einen sanften, gleichsam vorsichtigen Schritt, eine angenehme, nicht ganz fließende Sprache, und ein Betragen, das, zwischen Zurückhaltung und Schüchternheit sich bewegend, einem jungen Manne gar wohl anstand. Für seine Sinnesart wüßte ich nur das englische Wort whimsical, welches, wie das Wörterbuch ausweist, gar manche Seltsamkeiten in einem Begriff zusammenfaßt. Niemand war vielleicht eben deswegen fähiger als er, die Ausschweifungen und Auswüchse des Shakespeareschen Genies zu empfinden und nachzubilden. (Goethe, Bd. 9, S. 495)

Goethes Aussage, die beiden hätten sich selten gesehen, ist schlicht falsch. Die beiden verbrachten so viel Zeit zusammen, dass Lenz seine Freundschaft mit Goethe in einem Aufsatz von 1793 sogar als „unsere Ehe" bezeichnete – woran Goethe damals nichts auszusetzen fand. 1794 bezeichnete Johann Gottfried Herder (1744-1803) die beiden in einem Brief an Hamann als „Nebenbuhler" und stellte sie damit literarisch auf eine Stufe. Und tatsächlich schien Lenz am Anfang einer vielversprechenden Laufbahn als Schriftsteller zu stehen.

Bereits in Straßburg hatte Lenz mit der Niederschrift seines ersten Theaterstücks „Der Hofmeister oder Vorteile der Privaterziehung" begonnen. In der Einsamkeit von Fort-Louis schrieb er das Stück zu Ende. Es ist eine wütende Abrechnung mit dem „jämmerlichen Kastratenjahrhundert" im Stil des „Sturm und Drang". Auf Vermittlung Goethes wurde das Stück 1776 anonym gedruckt – und zunächst Goethe selbst zugeschrieben. Es wurde Lenz' erster literarischer Erfolg. Sigrid Damm beschreibt das Neue daran:

Es ist die Welt, in der Jakob gelebt hat. Ihre grausige Zurschaustellung: so sind die Beziehungen der Menschen zueinander, und so werden sie bleiben, wenn man die Welt nicht verändert. Einander beherrschend und demütigend, entfremdet, abnorm einsam leben die Menschen, verdammt und sich selbst verdammend in zerstörerischer Frustration und Täuschung, Vorurteilen und falschen Hoffnungen [...]. Lenz schafft in seinem ersten Drama eine Kunstwirklichkeit, in der die Gestalten auf beklemmende Weise Ausgelieferte sind, herrschen wollen und doch beherrscht werden; von ihrem Milieu, ihrer Umwelt, den Abgründen in sich selbst, den Normen und Vorurteilen ihres Standes. Deformierte Menschen, Karikaturen sind es. (Damm, S. 97)

1773 quittierte Lenz seinen Dienst bei den Brüdern Kleist und ließ sich als „freier Autor" in Straßburg nieder. Im selben Jahr wie der „Hofmeister" erschienen dort in der Zeitschrift „Der Bürgerfreund" Auszüge aus seinem Drama „Die Soldaten", in dem er Erlebnisse aus seiner Militärzeit verarbeitet. Doch keine zwei Jahre später hatten sich häufende psychische Zusammenbrüche das frühe Ende seiner Karriere zur Folge. 1792 fand man seine Leiche auf einer Moskauer Straße. Sein Grab ist unbekannt.

Ein Jahr nach Lenz' Tod wurde Fort-Louis, wo Lenz seine vielleicht fruchtbarste Zeit verbracht hatte, von kaiserlichen Truppen zerstört und seitdem nie wieder aufgebaut. Seit der Begradigung des Rheins durch Tulla liegt Fort-Louis auch auf keiner Insel mehr. Der Fluss, der den Ort einst in seine Arme nahm, liegt nun hinter einem hohen Damm verborgen, von dem aus man auf das badische Ufer blicken kann. Die Schriftstellerin Elisabeth Langgässer (1899-1950) hat in ihrer posthum im Jahr 1964 erschienenen Erzählung „Die Prophezeiung" die katastrophalen ökologischen Folgen der Rheinbegradigung beschrieben:

... eine Handvoll Jahre war wohl dahin und viel Wasser den Rhein hinuntergeflossen, als die Schiffskapitäne allmählich begannen, sich hinter den Ohren zu kratzen. Ei, warum? Ei, darum: mit jedem Durchstich verstärkte sich das Gefälle und damit die Strömung des Rheins. Wer mit lachendem Auge hinunterfuhr und das andere zukniff, weil er gerade eine tüchtige Schnurre erzählte, dem tränten sie alle beide, wenn der Dampfer sich aufwärts mühte; schon legten die nördlichen Uferstaaten Verwahrung gegen die Arbeit der Ingenieure ein, und die Bauern kratzten in ihrem Kalender voller Furcht die gefährlichen Tage an, wo das Hochwasser eintreten sollte. „Lasset ab!" rief der Schiffer. „Nein – baut weiter!" rief der Grubenbesitzer, die Kaufmannschaft und der Reeder am Niederrhein. Die am lautesten gegen das Werk der Stromregulierung schimpften, waren die Treidelmänner. Ihre Leinpfade, wo diese armen Schelme die Gäule den Berg hinan peitschten und sich oft selber, wenn Strömung und Steigung über die Kraft ihrer Tiere ging, das Seil um Brustkorb und Schultern legten, ver-

fielen mehr und mehr; mit den Pfaden aber verfiel die Zunft, mit der Zunft ihre Zukunft, und um zu wissen, daß sie bald nutzlos wie Treber im Trog und Spreu in dem Winde wären, brauchte man weder Elias noch Habakuk zu sein. (H. Schneider, S. 27f.)

Im Winter 1918/19 – das Elsass war gerade wieder französisch geworden – lernte der französische Dichter Louis Aragon (eigentlich Louis-Marie Andrieux, 1897-1982) das Dorf Fort-Louis kennen, das im 19. Jahrhundert auf den Ruinen der einstigen Festungsstadt errichtet worden war. Aragon war damals als Hilfsarzt der französischen Armee in Oberhoffen bei Bischwiller stationiert. Kurz vor seinem Abmarsch ins Elsass hatte er erfahren, dass seine vermeintliche Stiefschwester seine Mutter war und sein Name „Aragon" frei erfunden, um diese uneheliche Herkunft zu verschleiern. Vielleicht bewog ihn die eigene irrwitzige Geschichte mit dazu, nach seiner Rückkehr nach Paris mit André Breton (1896-1966) – den er während des Krieges kennengelernt hatte – den Surrealismus zu begründen. Übrigens haben elsässische (Jean Arp, Maxime Alexandre) und lothringische Schriftsteller (Yvan Goll) in dieser Bewegung eine zentrale und bis heute oft unterschätzte Rolle gespielt.

Auch in den folgenden Jahren hielt sich Aragon des Öfteren im Elsass auf, um den mit ihm befreundeten Schriftsteller Maxime Alexandre und vor allem seine Geliebte Denise Lévy zu besuchen. Doch erst mehr als 40 Jahre nach seiner ersten Begegnung mit dieser Region beschrieb er seine Nachkriegserlebnisse in der Novelle „Le Carnaval". Sich selbst spaltet er darin – Ausdruck seiner gebrochenen Identität – in zwei Personen auf, die lediglich die Liebe zur deutschen und französischen Literatur verbindet: in die Nebenfigur „Aragon" und den Ich-Erzähler Pierre Houdry. Dieser ist 21 Jahre alt und in eine Elsässerin verliebt – genau wie Jakob Lenz fast zwei Jahrhunderte zuvor. Das Mädchen heißt Bettina Knipperlé (genannt Betty) und ist eine junge Musikerin. Sie erzählt Pierre von den Ereignissen in Fort-Louis nach Abzug der deutschen und vor Ankunft der französischen Truppen:

In Ludwigsfeste – erklärte sie mir – kamen sofort unsere Leute [Elsässer aus dem deutschen Heer; Anm. d. Übers.] an, es gab davon jede Menge auf der anderen Rheinseite. Sie durchqueren den Rhein schwimmend. Entlassungspapiere waren nicht nötig. Es waren auch welche dabei, die nicht aus dem Dorf waren. Also, das war ein großes Freudenfest ...
  – Ein Karneval?
  – Wenn Sie meinen. Die Jungs veranstalteten überall Bälle, es gibt viele Musiker bei uns, kleine Orchester. Sie kamen, trotz der Kälte, nackt bis zum Gürtel, mit bemalten Oberkörpern, manche einfach tätowiert. Die Eigentümer aus der Gegend bekamen Angst. Alle Mädchen blieben von der Arbeit weg, sie schliefen so ziemlich überall mit den Heimkehrern. Die Franzosen haben die Männer festgenommen. Alle. Jetzt sind sie es, die mit den Mädchen schlafen.
(Aragon, S. 295f.; Ü: S. W.)

„Le Carnaval" erschien 1965 als Teil des Romans „La Mise à Mort" (dt. Ausgabe: „Spiegelbilder"). Vermutlich entstand er in Aragons Landhaus bei Paris, wo dieser mit seiner Frau, der russischen Jüdin und französischen Schriftstellerin Elsa Triolet, seit 1960 lebte. „La Mise à Mort" gilt als bedeutendes Spätwerk Aragons und kann auf verschiedenen Ebenen gelesen werden: als autobiographischer Roman (wobei der Erzähler sich in mehrere Teilfiguren aufspaltet, die sich am Ende gegenseitig töten!), als „Roman über den Roman" (nach dem Vorbild des damals in Frankreich populären „Nouveau Roman") und schließlich als kunstvoll-parodistisches Spiel mit diesen beiden Genres. Durch ständig wechselnde Zeit- und Handlungsebenen wird beim Leser ein Schwindelgefühl erzeugt, das die Fragwürdigkeit allen Wissens deutlich macht.

Soufflenheim und Schirrhoffen

Wir kehren nach Rœschwoog zurück und biegen dort Richtung Soufflenheim ab (els. Suuflum, dt. Sufflenheim; 4.500 Einw.). Neben Betschdorf (els. Batschedorf) ist dies das bekannteste Töpferdorf des Elsass. Während in Betschdorf traditionell blaues Steingut hergestellt wird, ist

Soufflenheim für seine bunt verzierte Keramik bekannt. Die Geschichte beider Dörfer und ihrer Töpfertradition werden im Museum von Betschdorf dokumentiert.

In seiner Jugend machte der aus dem benachbarten Bischwiller (s. dort) stammende Claude Vigée (geb. 1921) häufig Radausflüge hierher. Jahrzehnte später formte er aus seinen Erinnerungen ein französisches Gedicht, das er in die Sammlung „Pâque de la parole" (1983) aufnahm. In talmudischer Tradition – Vigée ist Jude – lässt er sich von dem Namen des Ortes zu einem „Midrash" anregen. Er verknüpft den Namen des Dorfes zuerst mit dem des Flusses „Souffel", dann mit dem französischen Wort „Souffle" (Atem) und macht so aus dem Töpferdorf die „Heimat des Hauches". Hier der Versuch einer Übertragung:

Ohne Bett, ohne Grund
fließt der Fluss des Hauches
unsichtbar, unter der Scheuer aus alten Ziegeln,
der Bleibe der Zeit.

Die im Urschlamm des Riedes Geborenen
fallen auf immer der doppelten Arbeit
des Töpfers und der des Poeten anheim:
die Erdmasse zu kneten, den unge-
   stalteten Ton zu formen
um im Morgenlicht zu keimen,
die rechten, atmenden Formen zu erfinden,
die Leere mit plötzlichem Hauch zu erfüllen,
im Herzen des fleischigen Torfs
in dieser Masse aus schweren und feuchten Limonen,
triefend von undurchdringlicher Schwärze.

(Finck, S. 202f.; Ü: S. W.)

Wir verlassen Soufflenheim und fahren in südlicher Richtung über die D 37 in das Nachbardorf Schirrhoffen (els. Schirroft, dt. Schirrhofen; 640 Einw.), wo im 19. Jahrhundert eine bedeutende jüdische Gemeinde lebte. Von 1815 bis 1905 war Schirrhoffen Rabinatssitz, mit Salomon Kahn (1832-1907) hatte es zeitweise sogar einen jüdischen

Bürgermeister. Einziges sichtbares Relikt aus dieser Zeit ist der jüdische Friedhof. Die Synagoge (7 Rue des Huttes) brannte 1945 aus und wurde 1959 abgerissen.

Bedeutendster Vertreter der jüdischen Gemeinde von Schirrhoffen war der Journalist und Schriftsteller Alexandre Weill (1811-1899), ein bedeutender „Brückenbauer" zwischen Deutschen und Franzosen, Juden und Nicht-Juden. Der Sohn eines jüdischen Viehhändlers war in dem kleinen Ried-Dorf zusammen mit acht Geschwistern aufgewachsen. Bereits im Alter von 13 Jahren verließ er sein Heimatdorf, zunächst mit dem Ziel, Rabbiner zu werden. Sein Weg führte ihn über Metz, Nancy und Marmoutier zunächst nach Frankfurt am Main, wo er sich 1828 niederließ. Beeinflusst von den Ideen des „Jungen Deutschland" begann er dort eine Karriere als demokratischer Journalist. 1838 ließ er sich in Paris nieder, wo er sich mit dem deutschen Dichter Heinrich Heine und dessen französischem Kollegen, Freund und Übersetzer Gerard de Nerval anfreundete. Darüber hinaus verkehrte er in den romantischen Literatenzirkeln der französischen Hauptstadt und lernte so auch Honoré de Balzac, Théophile Gautier, Victor Hugo, Alphonse de Lamartine und Georges Sand kennen.

130 Bücher in deutscher und vor allem französischer Sprache sind von Alexandre Weill überliefert, darunter politische und philosophische Essays, pädagogische und historische Schriften, aber auch Dramen, Romane und Gedichte. Anhand dieser Texte lässt sich sein geistiger Weg nachvollziehen, der ihn aus dem elsässischen Landjudentum zunächst in den Atheismus, dann über den Pantheismus, den Sozialismus und das Christentum zurück in ein weltoffenes Reformjudentum führte. Die Auseinandersetzung mit seinen jüdisch-elsässischen Wurzeln zieht sich wie ein roter Faden durch sein Werk, nicht zuletzt in seinem autobiographischen Band „Ma Jeunesse" (1870), in dem er ausführlich von seiner Kindheit und Jugend in Schirrhoffen berichtet.

Musée de la Poterie
2 Rue de Kuhlendorf
F-67660 Betschdorf
Tel. +33 (0) 3 88 54 48 07

Sessenheim

Über die D 137 fahren wir ostwärts nach Sessenheim (els. Säsene, dt. Sesenheim; 1.200 Einw.), heute ein international bekannter literarischer „Pilgerort". Den „Zuckerguss auf dem Deutsch-Examen" hat der französische Schriftsteller Louis Aragon (1897-1982; s. Fort-Louis) das Dorf am nordelsässischen Ried genannt. Der ungarische Komponist Franz Lehár (1870-1948) hat sogar eine Operette darüber geschrieben: „Friederike" (1928). Der Name bezieht sich auf Friederika Elisabetha Brion (1752-1813), auch Friedrike, Riekchen oder Riekel genannt, die Tochter des Dorfpfarrers (s. Niederrœdern).

Ihre Berühmtheit verdankt Friederike zwei befreundeten Dichtern, die sich einst in sie verliebt hatten: Johann Wolfgang von Goethe (1749-1832) und Jakob Michael Reinhold Lenz (1751-1792). Die beiden widmeten ihr eine Reihe von Gedichten, die Friederikes Schwester Sophia aufbewahrte und der Philologe Heinrich Kruse 1835 unter dem Titel „Sesenheimer Liederbuch" veröffentlichte. Bis heute ist teilweise nicht erwiesen, welche dieser Texte von Goethe und welche von Lenz stammen. Dem ersten der beiden Dichter hat Sessenheim eine Goethe-Straße, einen Goethe-Weg, eine Goethe-Linde, ein Goethe-Museum, eine Goethe-Gedenkstätte, eine Goethe-Scheune, einen Goethe-Hügel und ein Goethe-Fresko gewidmet. An Lenz dagegen erinnert nichts.

Begeben wir uns also auf doppelte Spurensuche: nach einem vermarkteten und nach einem vergessenen Dichter. Es ist eine Reise zurück in die zweite Hälfte des 18. Jahrhunderts, als Sessenheim etwa halb so viele Einwohner zählte wie heute. Damals wie heute nannten bzw. nennen die Einheimischen ihren Ort „Säsem", die Straßburger „Säsene". Vermutlich hat diese Aussprache Goethe dazu verleitet, Sessenheim in seiner Autobiographie „Dichtung und Wahrheit" nur mit einem S zu schreiben (1870-1918 ist diese Schreibung amtlich). In seinen Briefen an Johann Salzmann und Charlotte von Stein dagegen schrieb auch er den Ort mit Doppel-S.

Da Sessenheim im Zweiten Weltkrieg schwer gelitten hat, wirkt das Dorfzentrum mit seinen Nachkriegsbauten

Die Begegnung des jungen Goethe mit der Pfarrerstochter Friederike Brion ließ Sessenheim zum literarischen Pilgerort werden.

auf den ersten Blick wenig anheimelnd. Diesen Eindruck hat auch Hanna, Hauptfigur in dem Kriminalroman „Warte nur, balde ruhest du auch" (1997/2004) von Eva Klingler (geb. 1955). Auf ihrer Suche nach dem Dorfzentrum findet sie schließlich das moderne Rathaus, dessen Fassade ein eigentümliches Fresko schmückt (2 Place de la Mairie):

Gegen elf an diesem Morgen ging sie das erste Mal in den Ort. Um nicht aufzufallen in der Idylle, zog sie sich einen Rock mit Folkloremuster an, darüber ein braves Blüschen und eine taubenblaue Strickjacke, denn es wehte ein frisches Lüftchen.

Langsam schlenderte sie über die Seitenstraßen, die sie vorgestern Abend hereingefahren waren. Sie passierte viele Hoftore, aber es waren keine Menschen zu sehen. Dafür aber mindestens zwanzig bellende Hunde. Manche standen hinter ihren Gartentoren, wobei sie mühelos darüber gucken konnten, andere waren angekettet, bellten dafür umso wütender. Es waren fast ausnahmslos Schäferhunde. [...]

Hanna schritt also die bellende Front ab, immer auf der Suche nach dem Zentrum des Ortes. Irgendwann stand

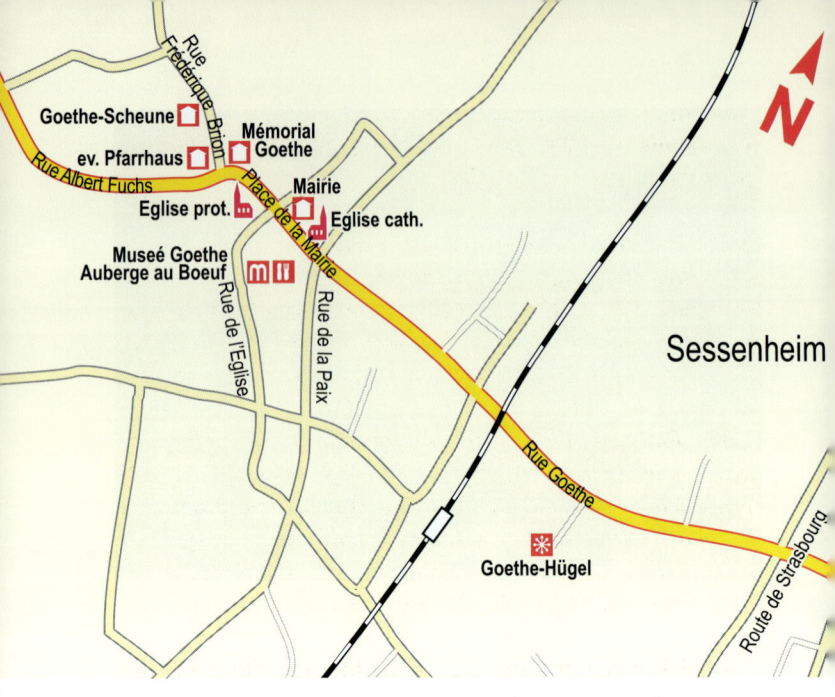

sie an einem Platz mit zwei Kirchen und zwei Restaurants sowie einem Gebäude mit der Aufschrift „Mairie", einer Telefonzelle und einem Postgebäude und entschied: Dies muss das Zentrum sein.

Die zwei Kirchen standen nah beieinander, eine mit schlankem Turm und die andere mit einer Kuppel, die beinahe ein wenig osteuropäisch anmutete.

[...]

Hanna sah sich ratlos um. Hinter sich, an der Wand der Laubenvorhalle der Mairie, entdeckte sie ein paar Figuren. Einige waren bei idyllischer Feldarbeit, ein eleganter Mann war vom Pferd abgestiegen und stand dabei, ein Mägdelein lächelte ihm und seinem Gaul lockend zu. Ein zweiter wartete daneben. Im Hintergrund war ein Ort zu sehen. Der erste Mann kam Hanna vage bekannt vor. (Klingler, S. 50ff.)

Der Mann ist natürlich niemand anderes als Goethe. Im Oktober 1770 beschlossen der 21-jährige Jurastudent aus Straßburg und sein elsässischer Freund Friedrich Leopold Weyland (1750-1785), Student der Medizin und wie Goethe Teil der Tischgesellschaft um Professor Salzmann, die Familie Brion in Sessenheim zu besuchen – entfernte Verwandte von Weyland. Goethe schildert die Anreise folgendermaßen:

Mein Tischgenosse Weyland [...] leistete mir auf meinen kleinen Exkursionen manchen Dienst, indem er mich in verschiedenen Ortschaften und Familien teils persönlich, teils durch Empfehlungen einführte. Dieser hatte mir öfters von einem Landgeistlichen gesprochen, der nahe bei Drusenheim, sechs Stunden von Straßburg, im Besitz einer guten Pfarre mit einer verständigen Frau und ein paar liebenswürdigen Töchtern lebe. [...] Also entschlossen wir uns auch zu dieser Partie [...]. Wir ritten einen anmutigen Fußpfad über Wiesen, gelangten bald nach Sesenheim, ließen unsere Pferde im Wirtshause und gingen gelassen nach dem Pfarrhofe. (Goethe, Bd. 9, S. 430f.)

Zwei Jahre später kam auch Lenz hierher, nicht aus der Großstadt Straßburg und hoch zu Ross wie Goethe, sondern aus dem kleinen Fort-Louis (s. dort) und zu Fuß. Dass dies nicht völlig vergessen wurde, verdanken wir u. a. dem elsässischen Dichter August Stoeber (s. Oberbronn) und seiner Monographie „Der Dichter Lenz und Friederike von Sesenheim" (1831). In jüngerer Zeit hat Siegrid Damm sich des Sujets angenommen. Lenz' Wanderung nach Sessenheim stellt sie sich so vor:

Von Fort Louis westwärts gehend, kommt er an den Fischerhütten des Filialdorfes Dalhunden vorbei. Nach einer halben Stunde erreichte er das nächste größere Dorf, eine Pfarrgemeinde mit tausend Seelen, zur Grundherrschaft des Kardinals und Prinzen Rohan-Soubise in Zabern gehörend. Bis dicht heran Waldungen, vor den ersten Häusern sieht er einen Hügel, bewachsen mit Buchen. (Damm, S. 100f.)

Wir gehen die „Rue Goethe" westwärts bis zur „Alten Wache", in der sich seit 1962 das „Mémorial Goethe" befindet. Es ist eine Würdigung des deutschen Dichters durch den französischen Staat. In der vorderen „Ehrenhalle" ist eine Goethe-Büste des Bildhauers Philippe d'Angers aufgestellt, ein Ausstellungsraum informiert über Goethes Aufenthalt im Elsass und sein Verhältnis zur französischen Kultur. Die Gestaltung dieses Mémorials geht auf den elsässischen Germanisten Albert Fuchs (1896-1983) zurück, die Finanzierung übernahm das Pariser Kulturministerium. Verantwortlicher Minister war damals der Schriftsteller und Politiker André Malraux (1901-1976), der dem Elsass eng verbunden war – sein letzter Roman „Les Noyers d'Altenburg" (1943) spielt im Elsass.

Gleich gegenüber steht das Pfarrhaus (8 Rue Albert Fuchs), das leider nicht mehr mit dem identisch ist, in dem einst Goethe und Lenz verkehrten. Schon zu ihrer Zeit war dieses in einem beklagenswerten Zustand und wurde daher 1835 durch einen Neubau ersetzt. Eine Zeichnung Goethes und seine Beschreibung in „Dichtung und Wahrheit" erlauben jedoch, sich eine ungefähre Vorstellung davon zu machen:

„Laß dich", sagte Weyland, indem er mir das Haus von weitem zeigte, „nicht irren, daß es einem alten und schlechten Bauernhause ähnlich sieht, inwendig ist es desto jünger." – Wir traten in den Hof; das Ganze gefiel mir wohl: denn es hatte gerade das, was man malerisch nennt, und was mich in der niederländischen Kunst so zauberisch angesprochen hatte. Jene Wirkung war gewaltig sichtbar, welche die Zeit über alles Menschenwerk ausübt. Haus und Scheune und Stall befanden sich in dem Zustande des Verfalls gerade auf dem Punkte, wo man unschlüssig, zwischen Erhalten und Neuaufrichten zweifelhaft, das eine unterläßt, ohne zu dem andern gelangen zu können. (Goethe, Bd. 9, S. 431)

Im Unterschied zu Goethe hat Lenz keine Beschreibung des Pfarrhauses hinterlassen, wohl aber der Frühromantiker Ludwig Tieck (1773-1853), dem wir auch die erste Gesamtausgabe von Lenz' Werken verdanken (1828). Als er auf den Spuren der beiden Dichter im 19. Jahrhundert Sessenheim besuchte, fand er das alte Pfarrhaus noch vor. In seiner Novelle „Der Mondsüchtige" (1827) beschreibt er es folgendermaßen:

Blick ins Innere der berühmten „Goethe-Scheune".

Dicht an der Schenke, gegenüber vom Kirchhof, der ohne Mauer, flach und traurig mit seinen Kreuzen daliegt, ein kleines unansehnliches, gelb angestrichenes Haus. – Ich fragte einen langgewachsenen alten Mann, der dort ging, und er sagte mir, er sei der zeitige Prediger des Orts und bewohne das nämliche Haus, welches noch ganz dasselbe, unverbessert und unausgebaut sei, wie es jene Predigerfamilie in Goethe's Jugendzeit bewohnt habe.

Ich war erstaunt. Die Revolution, die Kriege, der Befreiungskrieg, Kosaken, die unten die Wand eingeschlagen und aus dem Studierzimmer einen Stall gemacht hatten; – dies war wiederhergestellt worden, aber das Haus selbst noch so wie damals, mit allen Wänden, Zimmern, und kein Plan von Goethe oder einem andern zur Erweiterung der Wohnung ausgeführt. (Matzen, S. 100)

Im heutigen Pfarrhaus werden zwei Erinnerungsstücke an Friederike Brion aufbewahrt: ein Brief von ihr aus Rothau (29.12.1798) und ihr Nähtischchen. An den früheren Pfarrhof erinnert noch dessen alte Scheune in der „Rue Frédérique Brion", die nun „Goethe-Scheune" heißt. Bereits mehrmals wurde sie vor dem Verfall gerettet: 1927 (der heutige Dachstuhl stammt aus dieser Zeit) und 1957 (wegen eines Granateneinschlags im letzten Krieg drohte der völlige Einsturz). Die Jasminbüsche davor sollen Ableger jener Laube sein, unter der Lenz seine erste Predigt vorbereitete und Goethe den Dorfmädchen beim „Welschkornbasten" (Aufhängen der Maiskolben) zusah. Die Lieder, die sie sangen, schrieb Goethe auf Anregung Herders auf. Zwei Original-Abschriften von seiner Hand sind erhalten. Eine davon liegt in Weimar, die andere in Straßburg. Außerdem will Goethe hier das Märchen „Die neue Melusine" erstmals vorgetragen haben. In Wirklichkeit hat er den Text aber erst 1807 diktiert, 37 Jahre später!

Doch es wird Zeit, dass wir uns der Familie Brion zuwenden, deren Ahnen Ende des 16. Jahrhunderts vermutlich aus Flandern (Antwerpen) ins Elsass eingewandert waren. Deren Sessenheimer Nachfahren erinnerten Goethe an die Figuren aus einem englischen Roman: die Familie Primerose aus „The Vicar of Wakefield" (Der Landpriester von Wakefield) von Oliver Goldsmith (1728-1774). In Straßburg hatte Herder dieses damals sehr beliebte Buch Goethe vorgelesen, und dieser las es der Familie Brion in Sessenheim vor. Vierzig Jahre später, als Goethe an seinen Lebenserinnerungen schrieb, verschmolz der Dichter die Wakefield'sche und die Brion'sche Familie zu einer literarischen Mischung aus „Dichtung und Wahrheit". Der 53-jährige Johann Jacob Brion (1717-1787) und seine 46-jährige Gattin Magdalena Salomea (1724-1786) hatten zusammen vier Töchter und einen Sohn. Die älteste (bereits verheiratete) und die jüngste (damals 14-jährige) Tochter werden von Goethe gar nicht erwähnt, um so die Familie Brion ihrem literarischen Vorbild anzugleichen (Primerose hat nur zwei Töchter und einen Sohn). Der 17-jährige Sohn Christian erinnert Goethe an die Romanfigur „Moses", seine 21-jährige Schwester Maria Salomea an „Olivie". Allein die 19-jährige Friederika Elisabetha Brion (1752-1813) erhält den Status einer eigenständigen Person. Die erste

Begegnung mit ihr beschreibt Goethe im 10. Buch von „Dichtung und Wahrheit":

In diesem Augenblick trat sie wirklich in die Türe; und da ging fürwahr an diesem ländlichen Himmel ein allerliebster Stern auf [...]. Ein kurzes weißes rundes Röckchen [...]; ein knappes weißes Mieder und eine schwarze Taffetschürze – so stand sie auf der Grenze zwischen Bäuerin und Städterin. Schlank und leicht, als wenn sie nichts an sich zu tragen hätte, schritt sie, und beinahe schien für die gewaltigen Zöpfe des niedlichen Köpfchens der Hals zu zart. Aus heiteren blauen Augen blickte sie sehr deutlich umher und das artige Stumpfnäschen forschte so frei in die Luft, als wenn es in der Welt keine Sorge geben könnte ... (Goethe, Bd. 9, S. 433)

Auch Friederike scheint der Straßburger Student von Anfang an gefallen zu haben. Zu Beginn ihrer Bekanntschaft trat er ihr in unterschiedlichen Verkleidungen entgegen: am ersten Tag als armer Kandidat der Theologie, am zweiten als reicher Wirtssohn aus Drusenheim (vermutlich meinte Goethe das näher gelegene Dengolsheim). Bei gemeinsamen Ausflügen kamen sich die beiden dann rasch näher, wie sehr, wird wohl für immer ein Geheimnis bleiben. Goethes Phantasie freilich waren keine Grenzen gesetzt. Wir verdanken ihr einige der schönsten Liebesgedichte der deutschen Literatur, zum Beispiel folgendes Tagelied, zu singen nach einer erfüllten Liebesnacht:

> *Erwache, Friederike,*
> *Vertreib die Nacht,*
> *Die einer deiner Blicke*
> *Zum Tage macht.*
> *Der Vögel sanft Geflüster*
> *Ruft liebevoll,*
> *Daß mein geliebt Geschwister*
> *Erwachen soll.*
> *[...]*
> *Ich seh dich schlummern, Schöne,*
> *Vom Auge rinnt*

Mir eine Träne
Und macht mich blind.

(Goethe, Bd. 1, S. 29)

Nicht Friederike selbst, vielmehr ihr Vater dürfte einer solchen Erfüllung im Wege gestanden haben. Er war ein Lutheraner alten Schlages, kein einziges schöngeistiges Buch stand in seiner Bibliothek. Wie wenig er den schönen Seiten des Lebens abgewinnen konnte, zeigte ja auch der Zustand seines Hauses. Eben hier setzte Goethe an, wohl wissend, dass der Weg zu Friederike letztlich über den Vater führte. Nicht als Schöngeist, sondern als Mann der Tat wollte er sich empfehlen. Das Wohnhaus sei schon in einem beklagenswerten Zustand, fing er an, und Vater Brion musste wohl oder übel beipflichten. Glücklicherweise sei er ja ein Fachmann, hakte Goethe nach, und traue es sich durchaus zu, einen Neubau zu planen. Und so geschah es: Doch Goethes Entwurf wurde kritisiert, was diesen zutiefst kränkte. Stattdessen versuchte er nun, seine Fähigkeiten als Restaurator an der Kutsche des Pfarrers unter Beweis zu stellen. Mit Feuereifer machte er sich ans Werk, verwendete jedoch den falschen Firnis, der den nächsten Regen nicht überstand. Auf weitere Hilfeleistungen Goethes verzichtete Pfarrer Brion.

Auch Lenz wurde im Haus der Familie Brion freundlich empfangen. Doch als er damit begann, Friederike zu umschwärmen, reagierte diese eher reserviert – zu frisch war noch die Erinnerung an ihren Freund Goethe. In einem Gedicht hat Lenz diese heikle Situation beschrieben:

Ein wohlgenährter Kandidat
Der nie noch einen Fehltritt tat,
Und den verbotnen Liebestrieb
In lauter Predigten verschrieb,
Kehrt einst bei einem Pfarrer ein,
Den Sonntag sein Gehülf zu sein.
Der hatt' ein Kind, zwar still und bleich,
Von Kummer krank, doch Engeln gleich.
[...]
Ach, immer, immer, immer doch

Schwebt ihr das Bild an Wänden noch
Von einem Menschen, welcher kam
Und ihr als Kind das Herze nahm.
Fast ausgelöscht ist sein Gesicht,
Doch seiner Worte Kraft noch nicht
Und jener Stunden Seligkeit,
Ach, jener Träume Wirklichkeit,
Die, angeboren jedermann,
Kein Mensch sich wirklich machen kann.

(Lenz, Bd. 3, S. 97)

Wir überqueren die „Rue Albert Fuchs" und betreten den alten Kirchhof. Seit dem Schillerjahr 1905 (100. Todestag) steht hier das sparsamste Goethe-Denkmal von Sessenheim: die „Goethe-Friederike-Linde", gestiftet „von einem Schwaben", so die Inschrift auf dem Stein zu Füßen des Baumes. Leider erinnert die dahinterliegende Kirche nur noch entfernt an die (katholisch-evangelische) Simultankirche, die einst Goethe und Lenz besuchten. 1912 wurde der zu klein gewordene Bau zur evangelischen Pfarrkirche von Sessenheim um- und ausgebaut. Dennoch blieben Teile des Vorgängerbaus erhalten: An der südlichen Außenwand wurden die Grabsteine von Pfarrer Brion und seiner Frau eingemauert. Letzterer ist zu stark verwittert, um noch entziffert werden zu können. Die Inschrift auf dem anderen Stein lautet: „Hier schläft in seinem Erlöser der hochehrwürdige und hochgelehrte Herr Johann Jakob Brion, treueifriger Lehrer hiesigen Kirchspiels. Seines Alters 70 Jahr 6 Monath."

Wir betreten die Kirche durch das wilhelminische Portal an der Ostseite. Im Boden des Mittelgangs markiert ein einfaches Kreuz den Ort, an dem das Ehepaar Brion begraben liegt. Auch die Kanzel ist ein Relikt der alten Simultankirche. Zu ihren Füßen saßen 1770/71 Goethe und Friederike und lauschten den berüchtigten (mehrstündigen) Predigten des Vaters, die Goethe dennoch „nie zu lang" wurden. 1772 versuchte sich Lenz hier als Prediger. Schließlich wusste auch er, dass er – um Friederike zu erreichen – vor allem den Vater überzeugen musste. Als Pfarrerssohn wird er sich vorgestellt haben, vielleicht als angehender Kandidat der Theologie, und angeboten haben, eine Predigt zu halten. Zu seinem Entsetzen willigte Vater Brion ein. So saß Lenz denn schwitzend über der Bibel, um eine Predigt vorzubereiten, von der er in seinem Tagebuch berichtet:

Bis vier Uhr in der Laube gesessen; mich von meinen Fatiguen erholt; eingeschlafen, den Morgen eine Bibel und eine Concordanz zur Hand genommen und um 9 Uhr vor einer zahlreichen Gemeinde, vor vier artigen Mädchen, einem Baron und einem Pfarrer gepredigt. (Damm, S. 105)

Auch dem eigenen Vater erzählt Lenz davon in einem Brief, jedoch auf eine Weise, die diesem deutlich machen sollte, dass er eben nicht fürs Predigerfach geschaffen war:

Ich habe an diesem Orte kurz vor meiner Abreise eine Predigt, fast aus dem Stegreif gehalten. Sie fiel für den ersten Versuch und für ein Impromptu gut aus, allein ich entdeckte einen wesentlichen Fehler fürs Predigtamt an mir, die Stimme. Ich ward heiser und fast krank, und jedermann beschuldigte mich doch, zu leise geredet zu haben, da überdem die Kirche eine der kleinsten war. (Lenz, Bd. 3, S. 268)

Weder auf Vater Brion noch auf Friederike machte die Predigt den gewünschten Eindruck. Lenz' Gedichte aus dieser Zeit klingen daher begreiflicherweise sehr anders als die des glücklicheren Goethe:

O warum wandtest du die holden Blicke
Beim Abschied immer von ihm ab?
O warum ließest Du ihm nichts, ihm nichts zurücke
Als die Verzweiflung und das Grab?
[...]
O laß Dich doch, o laß Dich doch erflehen
Und schreib ihm einmal nur ... ob Du ihn liebst!
Ach, oder laß ihn nie Dich wieder sehen,
Wenn Du ihm diesen Trost nicht gibst.

Wie? Nie Dich wieder sehen? Entsetzlicher Gedanke!

Ström' alle deine Qual auf mich!
Ich fühl', ich fühl' ihn ganz ... es ist zu viel ...
Ich wanke ...
ich sterbe, Grausame, für Dich!

(Lenz, Bd. 3, S. 96f.)

Gegenüber der Kirche, in der „Rue de l'Eglise" Nr. 1, lädt ein privates Goethe-Museum zum Besuch ein. Es wurde 1895 auf Initiative des deutschen Archäologen und Schriftstellers Gustav Adolf Müller und des Sessenheimer Schreinermeisters und Gastwirts Wilhelm Gillig gegründet und ist seit 1899 im Restaurant „Au Boeuf" untergebracht, dessen damaliger Besitzer Gillig war. Goethe selbst hat sich allerdings nie hier aufgehalten.

Wir kehren zur „Mairie" zurück, gehen an der katholischen Kirche (1912) vorbei und folgen der Hauptstraße – sie heißt natürlich „Rue Goethe" – bis über die Bahngleise. Kurz danach weist ein Schild nach rechts auf einen alten Tumulus aus vorchristlicher Zeit. Sein ursprünglicher Name lautet „Ebershügel", Goethe nannte ihn „Friederikens Ruhe", heute heißt er „Goethe-Hügel". Die „Gloriette" auf dem Gipfel – die fünfte ihrer Art – markiert einen wahrhaft historischen Ort. Hier könnte Goethe Friederike zum ersten Mal geküsst haben:

Ich lenkte deshalb nach einem Wäldchen, das ganz nah eine Erderhöhung bekrönte, um mich darin bis zur bestimmten Zeit zu verbergen. Doch wie wunderlich ward mir zu Mute, als ich hineintrat: denn es zeigte sich mir ein reinlicher Platz mit Bänken, von deren jeder man eine hübsche Aussicht in die Gegend gewann. Hier war das Dorf und der Kirchturm, hier Drusenheim und dahinter die waldigen Rheininseln, gegenüber die Vogesischen Gebirge und zuletzt der [sic] Straßburger Münster. Diese verschiedenen himmelhellen Gemälde waren durch buschige Rahmen eingefaßt, so daß man nichts Erfreulicheres und Angenehmeres sehen konnte. Ich setzte mich auf eine der Bänke und bemerkte an dem stärksten Baum ein kleines längliches Brett mit der Inschrift: Friederikens Ruhe [...].

Kaum hatte ich Zeit gehabt mich umzusehen, und verlor mich eben in süße Träumereien, als ich jemand kommen hörte; es war Friedrike selbst. (Goethe, Bd. 9, S. 441f.)

An diesem Text ist mehr Dichtung als Wahrheit. Die beschriebene Aussicht war auch zu Goethes Zeit so nicht möglich. Auch den Namen „Friederikens Ruhe" dürfte Goethe frei erfunden haben. Wahr ist aber, dass dieser Ort für die beiden Liebenden eine wichtige Bedeutung hatte. Bei ihrer letzten Begegnung acht Jahre später – auf seiner Reise in die Schweiz machte Goethe einen Abstecher nach Sessenheim – führte ihn Friederike vermutlich auch hierher. Goethe war davon so berührt, dass er seiner neuen, etwas spröden Freundin Charlotte von Stein umgehend davon berichtete, nicht ohne ein paar vergiftete Pfeile an sie abzuschießen:

Abends ritt ich etwas seitwärts nach Sessenheim indem die andern ihre Reise grad fortsetzten, und fand daselbst eine Familie wie ich sie vor acht Jahren verlassen hatte beysammen, und wurde gar freundlich und gut aufgenommen. Da ich ietzt so rein und still bin wie die Luft so ist mir der Athem guter und stiller Menschen sehr willkommen. Die zweite Tochter vom Hause hatte mich ehmals geliebt schöner als ichs verdiente, und mehr als andre an die ich viel Leidenschafft und Treue verwendet habe, und ich musste sie in einem Augenblick verlassen, wo es ihr fast das Leben kostete, sie ging leise drüber weg mir zu sagen was ihr von einer Kranckheit iener Zeit noch überbliebe, betrug sich allerliebst mit soviel herzlicher Freundschafft vom ersten Augenblick da ich ihr unerwartet auf der Schwelle ins Gesicht tratt, und wir mit den Nasen aneinander stiesen dass mir's ganz wohl wurde. Nachsagen muss ich ihr dass sie auch nicht durch die leiseste Berührung irgendein altes Gefühl in meiner Seele zu wecken unternahm. Sie führte mich in iede Laube, und da musst ich sizzen und so wars gut. (Matzen, S. 69)

Gegenüber von der „Mairie" zweigt die „Rue de la Paix" Richtung Drusenheim ab. Etwa eine Viertelstunde vom Dorf entfernt befindet sich dort eine letzte Goethe-Stätte:

die „Chêne Goethe" bzw. „Goethe-Eiche". Ungefähr an dieser Stelle dürfte Goethe auf seinem Weg von Straßburg nach Sessenheim vorbeigeritten sein. Wer will, kann in dem Baum die Eiche erkennen, die in dem Gedicht „Willkommen und Abschied" erwähnt wird (aber sie ist nicht so alt). Interessanterweise lässt der Text anfangs offen, ob der Reiter auf dem Weg zu seiner Geliebten oder auf der Flucht vor ihr ist:

> *Es schlug mein Herz, geschwind zu Pferde!*
> *Es war getan fast eh gedacht.*
> *Der Abend wiegte schon die Erde,*
> *Und an den Bergen hing die Nacht;*
> *Schon stand im Nebelkleid die Eiche,*
> *Ein aufgetürmter Riese, da,*
> *Wo Finsternis aus dem Gesträuche*
> *Mit hundert schwarzen Augen sah.*
>
> *Der Mond von einem Wolkenhügel*
> *Sah kläglich aus dem Duft hervor,*
> *Die Winde schwangen leise Flügel,*
> *Umsausten schauerlich mein Ohr;*
> *Die Nacht schuf tausend Ungeheuer,*
> *Doch frisch und fröhlich war mein Mut:*
> *In meinen Adern, welches Feuer!*
> *In meinem Herzen welche Glut!*
>
> *Dich sah ich, und die milde Freude*
> *Floß von dem süßen Blick auf mich;*
> *Ganz war mein Herz an deiner Seite*
> *Und jeder Atemzug für dich.*
> *Ein rosenfarbnes Frühlingswetter*
> *Umgab das liebliche Gesicht,*
> *Und Zärtlichkeit für mich – ihr Götter!*
> *Ich hofft es, ich verdient es nicht!*
>
> *Doch ach, schon mit der Morgensonne*
> *Verengt der Abschied mir das Herz:*
> *In deinen Küssen welche Wonne!*
> *In deinem Auge welcher Schmerz!*
> *Ich ging, du standst und sahst zur Erden,*

Und sahst mir nach mit nassem Blick:
Und doch, welch Glück, geliebt zu werden!
Und lieben, Götter, welch ein Glück!

(Goethe, Bd. 1, S. 28)

Im August 1771 trennte sich Goethe von Friederike. Nach dem Tod ihres Vaters zog sie mit ihrer jüngsten Schwester Jacobea Sophia nach Rothau in den Vogesen, wo ihr Bruder Johann Christian als Pfarrer tätig war. Dort soll sie einen kleinen Handel mit Töpfer- und Webwaren sowie eine Pension für junge Mädchen betrieben haben. Später folgte sie ihrer Schwester Maria Salomea und deren Mann auf die badische Rheinseite nach Diersburg und Meißenheim, wo sie – da ihre Schwester schwer erkrankt war – bis zu ihrem Tod de facto als Pfarrfrau tätig war.

1866 wurde auf ihrem Grab in Meißenheim ein Gedenkstein errichtet, den zwei Verse von Ludwig Eckardt zieren: „Ein Strahl der Dichtersonne fiel auf sie / So reich, daß er Unsterblichkeit ihr lieh." So wird an Friederikens Grab nicht an sie selbst, sondern an die „Dichtersonne" Goethe erinnert. Auch die heutige „Rue Brion" in Straßburg ist nicht etwa nach Friederike, sondern nach ihrem Großneffen Gustave Brion (1824-1877) benannt, einem von Goethe und Victor Hugo gleichermaßen geschätzten romantischen Maler. Als kleine Genugtuung für Friederike soll daher abschließend von einer alten Sesenheimerin die Rede sein, die sich sehr wohl an „Mamsel Rikel", aber kaum an Goethe erinnert:

Um die Mitte des vorigen Jahrhunderts wollte ein deutscher Literaturhistoriker an Ort und Stelle erfahren, ob noch Spuren vom weltbekannten Liebesidyll vorhanden wären. Er ging zur Dorfältesten und fragte sie, ob sie Friederike Brion gekannt habe oder sich noch an sie erinnern könne. „Ja", sagte die nahezu Hundertjährige, „das Rikel ging mit mir in die Schule und wurde mit mir konfirmiert ... Ein hübsches, liebes Mädel! ... Wir Alten können uns noch gut an sie erinnern."

„Erinnern Sie sich auch noch an den Herrn Goethe?", fragte sodann der Gelehrte. [...] Nachdem die ehrwürdige

Greisin ein wenig nachgedacht hatte, sagte sie mit zittern-
der Stimme: „Doch! ... Das Rikel war damals achtzehn-
jährig ... Ein ganzes Jahr schwirrte ein Student um sie he-
rum und schwärmte für sie ..., der hieß tatsächlich Goethe
... Eines Tages aber ist der Lump verschwunden und hat das
arme Rikchen sitzengelassen ... Seitdem hat niemand mehr
was von diesem Goethe gehört!" (Matzen, S. 109f.)

Musée Goethe
Auberge Au Boeuf
1 Rue de l'Eglise
F-67770 Sessenheim
Tel. +33 (0)3 88 86 97 14

Offendorf und Gambsheim

Von Sessenheim fahren wir auf der Landstraße D 468 nach Drusenheim (els. Druesem; 4.700 Einw.). Der Ort geht auf ein Kastell zurück, das der römische General Drusus im Jahr 12 v. Chr. an dieser Stelle errichten ließ. Goethe hat den Ort, den er zwischen Straßburg und Sessenheim pendelnd des Öfteren durchquerte, in „Dichtung und Wahrheit" verschiedentlich erwähnt. Doch von der großen Geschichte ist nur noch wenig zu spüren – im Zweiten Weltkrieg wurde Drusenheim zu 80 Prozent zerstört.

Wir folgen der Straße weiter bis Herrlisheim (els. Hàrelse; 4.200 Einw.) und biegen dort nach links in die D 29 Richtung Offendorf (els. Offedorf; 1.900 Einw.) ab. Von 1481 bis 1736 gehörte das Rieddorf zur Grafschaft Hanau-Lichtenberg (s. Pfaffenhofen). Wie die meisten Dörfer entlang des Rheins wurde auch Offendorf im 30-jährigen Krieg dem Erdboden gleich gemacht. 1648, im Jahr des Friedensschlusses, trat Quirinus Moscherosch (1623-1675) hier seine erste (lutherische) Pfarrstelle an. Da auch die Kirche zerstört war, hielt er seinen Gottesdienst in der Bürgerstube ab. Gegen Ende seines Lebens musste Quirin erleben, wie der Krieg in seine Heimat zurückkehrte. Zusammen mit seiner Frau flüchtete er nach Straßburg, wo beide kurz darauf an der „hitzigen Krankheit" starben.

Quirin veröffentlichte drei Gedichtsammlungen und eine Vielzahl von Gelegenheitsgedichten zu Universitätsexamen, Hochzeiten, Trauerfällen etc. Von seinen zahlreichen Predigten ist nur eine einzige erhalten, die Handschrift wird im Generallandesarchiv Karlsruhe aufbewahrt.

Literarisch weitaus fruchtbarer war sein Bruder Johann Michael Moscherosch (1601-1669), damals der meistgelesene deutsche Schriftsteller überhaupt (Geroldseck, Liebfrauenberg). Seine Schriften veröffentlichte er unter dem Pseudonym „Philander von Sittewald". In seinem bekanntesten Roman „Wunderliche und Wahrhafftige Gesichte Philanders von Sittewald" (1640) porträtiert er seinen Bruder Quirin als „Reiner von Sittewald". Sittewald ist ein Anagramm, das auf den gemeinsamen Geburtsort Willstätt (Baden) verweist.

Heute erinnert in Offendorf nichts mehr an das turbulente 17., wohl aber an das 19. Jahrhundert. Durch die Schiffbarmachung des Oberrheins und den Bau des Rhein-Marne- sowie des Rhein-Rhône-Kanals entwickelte sich Offendorf damals zu dem größten Schifferdorf ganz Ostfrankreichs. An die einstige Bedeutung der Binnenschifffahrt und an den früheren Alltag eines elsässischen Binnenschiffers erinnert seit 2001 ein kleines, aber originelles Museum, das in dem ehemaligen Frachtschiff „Cabro" untergebracht ist.

Südlich von Offendorf liegt Gambsheim (els. Gambse; 4.000 Einw.). Von hier sind es nur noch wenige Kilometer bis Straßburg (s. Woltersdorff: Straßburg für Leser, Morstadt Verlag). Alternativ kann der Reisende auch über die D2 und die 1974 in Betrieb genommene Staustufe nach Deutschland zurückkehren. Die nahe der Grenze aufgestellte Kupferskulptur „Les Mains – die Hände", geschaffen von dem französischen Künstler Rayomd Couvègnes, erinnert daran, dass es sich bei diesem Flusskraftwerk – seine Schleusen gelten neben denen von Iffezheim als die größten Europas – um ein deutsch-französisches Gemeinschaftsprojekt handelt. Eine 2006 eingeweihte Fischtreppe erlaubt selbst Lachsen, diese Barriere zu überwinden.

Der heutige Grenzübergang bei Gambsheim entstand am Ort einer 1875 errichteten und im Zweiten Weltkrieg zerstörten Schiffsbrücke. Anlässlich deren

Einweihung verfasste der Arzt und Dichter Gustav Mühl (1819-1880) aus Schiltigheim (els. Schilike; 31.000 Einw.) – damals gerade frisch ernannter Kurator der Straßburger Universitätsbibliothek – das Gedicht „Vum Babbe Rhin sine Noochbre", in dem er ihren völkerverbindenden Charakter feiert:

> 'S isch doch kurios! – kum isch e
>   Feschd am Wasser g'kumme
> Se will mer nitt ellein Musik mit Pfife, Drumme;
> Do soll nooch alter Art, der Kukuk weiss worum,
> E sadder Vers derzue. – Villicht isch's nitt so dumm.
>
> Der aldi Babbe Rhin abbard isch druff versesse;
> Er hett, weiss Gott! noch nie d'vergange Zit vergesse,
> Wo er manch lustis Lied an sine Ufre g'heert;
> Der hiti Daa zuedem isch was sin Herz begehrt ...
> [...]
> Unn beffert au noch hit emol e finschdrer Bandel,
> Mer loosse lewe jtz de freije Handel, Wandel;
> Mer henn es uff der Bruck greichd die Bruederhand;
> Hoch Elsass, Bade hoch! – E jed's e brächdi's Land! –
>
> Unn jed's vun Johr zue Johr soll herrlicher floriere;
> Die Bruck, die soll zueglich au zue de Herze fiehre! –
> Jetz Musik, Pfiff unn Drumm, jetz stimm-n-alli in,
> De Noochbre gilt diss Glas! – diss
>   frait de Babbe Rhin!
>
> *(Wackenheim, Bd. 2, S. 241-244)*

Cercle Amical des Bateliers Réunis d'Offendorf
3 Rue Saint-Nicolas
F-67850 Offendorf
Tel. +33 (0)3 88 96 74 92

2. Im Schatten des Heiligen Forstes: das Hagenauer Land

Bischwiller

Der folgende Abschnitt führt uns tief in die elsässische Ebene hinein, ins Hagenauer Land. Das Gebiet liegt südlich des Hagenauer Forstes und wird durch zwei urbane Zentren bestimmt: Hagenau und Bischwiller. Letzteres erreichen wir über die A 32 (für Reisende aus der Pfalz) bzw. die Rheinbrücke bei Gambsheim (für Reisende aus Baden). Nördlich von Herrlisheim folgen wir der D 29 in westlicher Richtung nach Bischwiller (dt. Bischweiler; 12.000 Einw.). Der ursprüngliche Name des Ortes lautet Bischofsweiler und erinnert daran, dass die Stadt im 12. Jahrhundert durch den Bischof von Straßburg gegründet wurde. In seiner Autobiographie „Un pannier de houblon" (1995), die unter dem Titel „Bischweiler oder Der große Lebold" ins Deutsche übersetzt wurde, stellt Claude Vigée (geb. 1921) eine andere Theorie vor:

Unser Städtchen hatte damals einen festen Ruf in der Region: es war nach Meinung selbst unvoreingenommener Leute das ausgestorbenste aller niederelsässischen Nester [...]. Wenn unsere großen Geister literarischen Humor beweisen wollten, behaupteten sie, Bischweiler hätte schon den richtigen Namen, seine Bedeutung im elsässischen Dialekt sei völlig realistisch: Bisch wie leer. (Vigée, Bd. 1, S. 8of.)

Wir parken im Ortszentrum in der Nähe der „Maison de la Laub" (1664), auf Elsässisch „Mairerie" genannt. Heute ist darin das städtische Museum untergebracht, ein Teil der Ausstellung ist Claude Vigée gewidmet. Früher war das Gebäude Sitz der städtischen Verwaltung. Unter seinen Arkaden und auf der dahinterliegenden „Place de la Mairie" fand einst der Markt und an jedem 15. August, dem sogenannten „Pfifferdaa", ein Treffen fahrender Spielleute statt (els. „Pfiffer"). In gewisser Weise können sie als die ersten Berufsdichter gelten, da sie sich für ihre Darbietungen bezahlen ließen. Da sie bisweilen jedoch zu „unzüchtigen" Tänzen aufspielten, galt ihr Gewerbe

als ehrlos – sogar von den Sakramenten blieben sie lange ausgeschlossen. Um ihre soziale Stellung zu verbessern, schlossen sich die elsässischen „Pfiffer" daher zu Bruderschaften zusammen, die ihren Mitgliedern einen strengen Sittenkodex auferlegten. Während der Französischen Revolution wurden sie aufgelöst, doch bis heute feiert Bischwiller alle zwei Jahre am 19. und 20. August den „Pfifferdaa". An die früheren Festumzüge erinnert sich Claude Vigée:

Die Herzöge von Zweibrücken waren die Schirmherren und Festkönige der mittelalterlichen Gilde fahrender Sänger im Ober- und Niederelsaß. Abwechselnd in Bischweiler und

Rappoltsweiler residierend, bestätigten sie von Zeit zu Zeit ihre Vasallen in den Privilegien ihrer Ämter. Das Fest, das dazu den Rahmen lieferte, lebte bei uns nach dem Sturz des Ancien régime fort, auch als die enteignete pfälzische Fürstenfamilie seit zwei Jahrhunderten aufgehört hatte, über ihre elsässische Lehensherrlichkeit zu regieren. Die feierliche Huldigung vor dem pfälzischen Grafen wurde einfach durch Tänze, Zechgelage, einen Markt und vor allem einen langen Umzug in historischen Kostümen ersetzt. [...] Es war ein atemberaubender Anblick! Auf asthmatischen Gäulen oder in Kutschen, die von den Karnevalsfesten der Vorkriegszeit übrig geblieben waren, zogen goldbehelmte Ritter, wie einem Rembrandtbild entstiegen, Herren in Perücke und reichbestickter, bändergeschmückter Brokatkniehose, Damen in wallendem Kleid mit langer Schleppe, keusch bedeckt von einem mittelalterlichen Hennin, für mehr als eine Stunde durch die fahnengeschmückten Straßen von Bischweiler. (Vigée, Bd. 2, S. 60f.)

Vigée, der so liebevoll-kritisch über seine Heimat schreibt, wurde am 3. Januar 1921 in der „Rue du Général Rampont" Nr. 8 als Sohn des jüdischen Tuchfabrikanten Strauss geboren. In diesem Haus verbrachte er die ersten fünf Jahre seines Lebens und erlernte seine erste Sprache, den Elsässer Dialekt:

Ich kam in der Nacht von Sonntag auf Montag, den 3. Januar, zur Welt, gegen sechs Uhr morgens, daheim, ohne Hilfe eines Arztes oder auch nur einer Hebamme, die zu spät, erst am Ende dieser langen Winternacht, gerufen worden war, denn sie wohnte am Waldrand außerhalb der Ortschaft, um die sich das verschneite Land schloß. „Ich ganz allein hab' dich herausgezogen", erzählte mein Vater stolz an die dreißig Jahre später, „dann habe ich dich in der himmelblau emaillierten Blechwanne mit warmem Wasser gebadet." (Vigée, Bd. 2, S. 236)

Bis 1937 lebte Claude Vigée in Bischwiller, dann wechselte er an das Lycée „Fustel de Coulanges" in Straßburg, wo er seine ersten Gedichte (in französischer Sprache) schrieb. Während des Zweiten Weltkrieges schloss er sich

Das Museum in der Maison de la Laub erinnert u. a. an Claude Vigée, den berühmten Sohn der Stadt.

einer jüdischen Widerstandsgruppe in Südwestfrankreich an. In Anlehnung an die biblische Formel „Hai Ani" nannte er sich von diesem Zeitpunkt an „Vigée" (Vie j'ai = Leben habe ich).

Als auch Südfrankreich von deutschen Truppen besetzt wurde, setzte er seine Flucht in die USA fort, wo er nach Beendigung seines Studiums Professor für Frankreich-

Studien wurde. 1950 übersiedelte er nach Jerusalem und leitete an der dortigen Universität den Lehrstuhl für Französische und Vergleichende Literatur. Sein mit zahlreichen internationalen Preisen ausgezeichnetes Œuvre umfasst Gedichte und Prosa auf Französisch, Elsässisch und Hebräisch. Anlässlich der Verleihung des Hebelpreises 1984 äußerte er sich zu seiner Mehrsprachigkeit:

Wenn ich Worte benutze, nicht nur wenn ich Gedichte schreibe, auch im Umgang so viel wie möglich, möchte ich eine lebendige Sprache pflegen, und in dem Sinn wurden mir zwei Sprachen zur großen Hilfe: die elsässische Mundart aus frühester Kindheit, mit ihrer urwüchsigen realistischen Substanz, – wo die Worte wirklich noch Dinge bedeuten und auf Dinge zudeuten wie mit einem Finger [...]. Die andere Sprache ist die hebräische Sprache, aber die habe ich erst sehr viel später, in den 40er Jahren meines Lebens gelernt, nachdem ich 1960 nach Jerusalem gegangen bin. – Die hebräische Sprache war für mich wie eine Art Erleuchtung. (Guntz, S. 74f.)

Wenige Häuser weiter, in der „Rue du Général Rampont" Nr. 34, wohnte Claude Vigées Tante Hélène. Bis 1871 war in dem Gebäude die Leinenmanufaktur Fraenckel-Herzog untergebracht. Zusammen mit 11.000 anderen Bürgern Bischwillers (ein Drittel der Bevölkerung!) übersiedelten die jüdischen Besitzer nach der Annexion des Elsass durch das Deutsche Reich ins „innere" Frankreich, um Franzosen bleiben zu können. In Elbeuf in der Normandie gründeten sie die Fabrik neu. 1885 kam dort Emile Salomon Wilhelm Herzog zur Welt, der unter dem Autorennamen André Maurois (1885-1967) in die französische Literaturgeschichte einging. Auch an ihn erinnert die Dauerausstellung in der „Maison de la Laub".

Bis zum Ersten Weltkrieg leitete Maurois den Familienbetrieb in Elbeuf. 1912 besuchte er erstmals die Heimatstadt seines Vaters, die damals noch zu Deutschland gehörte. Unmittelbar nach dem Ersten Weltkrieg und der Rückgabe Bischwillers an Frankreich, kehrte er hierher zurück. Seine Eindrücke hielt er in dem kleinen Roman

„Les bourgeois de Witzheim" (1920) fest. Die Städte Hagenau und Bischwiller streiten sich bis heute um die Ehre, für das fiktive Witzheim Modell gestanden zu haben. Maurois' Ausführungen über den lokalen Akzent und den Elsässer Dialekt charakterisieren die Bewohner beider Orte gleichermaßen:

Ich liebe das Französisch, so wie es in Witzheim gesprochen wird, mit einem schweren und köstlichen Akzent, wie die Küche der Gegend, aber auch der elsässische Dialekt hat seinen bärbeißigen Charme.

Es ist eine ehrliche und solide Sprache, erfüllt von einer Art rustikalem Humor. An die Stelle des feierlichen deutschen Satzbaus mit seinem strengen Gerüst tritt ein gutmütiges, familiäres Gebrummel. Der Deutsche sagt: Ja; der Elsässer sagt: Jô. Ja ist sauber, schneidend, bejahend; Jô ist schleppend, ironisch, zögerlich. Genau da liegt der Unterschied, und sie kommen von Bischwiller bis nach Mulhouse, wenn sie Jô so aussprechen, wie es sich gehört.

Die französischen Worte, die in den elsässischen Satz eingestreut werden wie die Trüffel in die Pastete, entfalten oft in diesem neuen Umfeld ein zartes Parfum: „Nom d'une pipe" ist kraftlos, das „Nundepip" meines Freundes Deck ist noch ein herrliches Schimpfwort. (Maurois, S. 5f.; Ü: S. W.)

Wir biegen links in die „Rue du Houblon" in das ehemals „welsche" Viertel von Bischwiller ein, genannt „Owerechel". Nachdem sich Bischwiller 1525 der Reformation nach Zwingli angeschlossen hatte, ließen sich ab etwa 1620 calvinistische Glaubensflüchtlinge aus Frankreich hier nieder, sogenannte Hugenotten. Da der (lutherische) Souverän von Bischwiller die neuen Bürger – viele von ihnen waren Textilfabrikanten – von allen Steuern befreite, stellten sie schon bald die Oberschicht. Der einst von ihnen bewohnte Ortsteil hebt sich bis heute durch seine geraden, sich rechtwinklig kreuzenden Straßen vom alten Ortskern (genannt „Unterechel") ab.

Wir verlassen den Platz über die „Rue Française", die in die „Rue de la République" übergeht. Im Haus Nr. 7 befindet sich die „Ecole Maternelle" (Vorschule). In dem Vorgängerbau, der einstigen „Evangelischen Knabenschule", war von 1837 bis 1871 der in Rountzenheim (els. Runzene, dt. Runzenheim) geborene Friedrich Oschmann (1816-1879) als Lehrer tätig. Nach dem Vorbild seines Freundes August Stoeber (s. Oberbronn) verfasste er zahlreiche Gedichte in elsässischer Sprache. Sein Grab befindet sich auf dem Friedhof von Bischwiller, sein Nachlass in der Bibliothek von Straßburg.

Nach dem Ersten Weltkrieg wuchs in demselben Gebäude die Lehrertochter und spätere Germanistin Marie-Louise Roth-Zimmermann (geb. 1926) heran. Da sich ihr Vater während der deutschen Besatzung im Zweiten Weltkrieg weigerte, auf der rechten Rheinseite zu unterrichten, wurde die Familie 1942 nach Schelklingen (Württemberg) in ein „Umerziehungslager" deportiert. Erst nach Kriegsende konnte sie wieder zurückkehren. Den Tag der „Absiedlung" aus dem Elsass hat Marie-Louise Zimmermann in ihren Erinnerungen so beschrieben:

Es war an einem nebligen Herbsttag, dem 27. Oktober 1942, gegen sechs Uhr morgens. Auf der Treppe zu unserer Wohnung in der Knabenschule von Bischwiller knarren Stiefel; dann stehen drei Männer vor der Tür. Mit lautem Klopfen verlangen sie Einlaß: „Schutzpolizei! Aufmachen!" Das war die Benachrichtigung, daß wir nach Deutschland deportiert werden sollten. Dreißig Kilo Handgepäck!

Ich sehe mich noch in aller Eile Wäsche, Kleider, etwas Proviant zusammenraffen und alles in einen Rucksack und einen Koffer stopfen. Meine Mutter weinte still vor sich hin, im fahlen Morgenlicht schienen ihre Haare plötzlich ergraut [...].Völlig gefaßt suchte mein Vater am Schreibtisch die Papiere zusammen und packte langsam seine Sachen. Er wirkte über all das erhaben, sein gütiges Gesicht zeigte keinerlei Regung. Nur ein leises Zittern des Schnauzbarts verriet seine innere Erregung [...]. Mit Maschinenpistolen bewaffnet, überwachten die drei Männer unsere Vorbereitungen. Auffällig war, daß unser Dackel Négus nicht bellte. Mit angelegten Ohren hatte er sich in den letzten Winkel des Korridors, der zu meinem Zimmer führte, verkrochen. (Zimmermann, S. 21)

Nach ihrem Studium in Straßburg und Nancy war Marie-Louise Roth-Zimmermann zunächst als Deutschlehrerin in Forbach (Lothringen) und schließlich als Professorin für Deutsche Sprache und Literatur an der Universität des Saarlandes in Saarbrücken tätig (1964-1992). International machte sie sich durch ihre Forschungen über den österreichischen Schriftsteller Robert Musil (1880-1942) einen Namen. 1974 wurde sie zur ersten Präsidentin der Robert-Musil-Gesellschaft gewählt, seit 2001 ist sie deren Ehrenpräsidentin.

Wir gehen die „Rue de la République" zurück und biegen rechts in die „Rue des Rames" ein. Sie führt zu einem Plätzchen, das einst von einem Teich geziert wurde und daher „Entenloch" hieß. Davor erhebt sich das einstige Wohnhaus von Léopold Meyer, Vigées Großvater mütterlicherseits (17 Rue des Rames). Von seinem Haus aus überblickte er seine Lumpenfabrik, an deren Stelle sich heute die nach seinem Enkel Claude Vigée benannte Mediathek befindet. Auch Claude Vigée und seine Mutter lebten nach der Trennung seiner Eltern in diesem Haus, dessen „archaische, schlichte, wenn nicht sogar grobe oder rohe Erscheinung" ihn beeindruckte.

Léopold Meyer, genannt „der große Lebold", war ein stadtbekanntes Original. Er beherrschte noch die alte Sprache der Elsässer Juden, das Elsässer Jiddisch (Judéo-Alsacien), was ihm fast zum Verhängnis wurde: Einst beschimpfte er einen Mitbürger als „Krawatzerle", woraufhin dieser Anzeige erstattete. So kam es zum Prozess vor dem Kreisgericht (heute „Tribunal Cantonal"), einem protzigen Bau, gleich gegenüber von Léopold Meyers Wohnhaus (4 Rue du Houblon). Auf die Frage des Richters, was das Wort eigentlich bedeute, antwortete der Angeklagte:

„Ei, Herr Richter, e Krawatzerle, dass iss e ganz klaans unseligs Dingele."

Als Richter Eisemann diese bewundernswerte Definition hörte, vorgebracht im reinsten Elsässer-Jiddisch, dessen ganz besonderen Reiz keine Übersetzung wiederzugeben vermag, konnte er nicht länger an sich halten. Ein unbändiges Gelächter erfaßte ihn, das sofort auf das Publikum der Witzbolde übersprang, die sich zu diesem Anlaß im Gerichtssaal versammelt hatten. Die vom Angeklagten abgegebene Beschreibung des Opfers paßte so perfekt auf dessen undankbare Erscheinung, daß keine gesetzliche Strafe in einem so gelagerten Fall möglich war. Der gute Richter zog es vor, den Fehler zu verzeihen und das Delikt zu vergessen. (Vigée, Bd. 1, S. 97f.)

Wir gehen weiter über die „Rue Georges Clemenceau" und die „Rue des Menuisiers" bis an die Ecke „Rue du Général Leclerc", wo seit 1998 ein Denkmal an die 1858 eingeweihte und 1941 von den Nazis zerstörte Synagoge erinnert. In seiner Autobiographie erzählt Claude Vigée, wie er hier als Kind die Gottesdienste besuchte und dabei erstmals der hebräischen Sprache begegnete. Aber er berichtet auch von der als Volksfest inszenierten Einäscherung des Gebäudes:

Im Jahr 1941 wurden die beiden schönen gedrechselten Eichensäulen mit ihren korinthischen Kapitellen und den darauf hockenden Löwen Jerusalems in Asche gelegt, die Torarollen zerrissen, entweiht, in den Schmutz gezerrt, schließlich öffentlich verbrannt, zusammen mit den Mappot der Kinder unserer Gemeinde, die sie bis zum letzten Tag umhüllten. Augenzeugen dieser Einäscherung bestätigten mir, daß ein Teil der Bevölkerung von Bischweiler sich all das nicht entgehen lassen wollte. Die Verbrennung des Mobiliars der örtlichen Synagoge fand als Volksbelustigung statt, begleitet von teutonischer Militärmusik, zu der Nazilieder erklangen, unter Applaus und begeisterten Heil-Hitler-Rufen. (Vigée, Bd. 1, S. 64)

Bereits 1348/49 war die erste jüdische Gemeinde von Bischwiller durch ein Pogrom ausgelöscht worden, doch im 19. Jahrhundert neu entstanden. Seit ihrer zweiten Vernichtung während des Zweiten Weltkrieges gibt es in Bischwiller keine jüdische Gemeinde mehr. Vigée, der durch den nationalsozialistischen Völkermord 43 (!) Angehörige verlor, verfasste 1982 das epische Gedicht „Schwärzi senggessle flàckere èm wènd" (Schwarze Brennnesseln flackern im Wind). Es ist ein Abgesang auf eine verlorene Welt, verfasst in der ebenfalls vom Verschwinden bedrohten Sprache seiner Kindheit, dem Elsässischen.

Wir gehen weiter bis zur „Avenue du Maréchal Foch". Links befindet sich die kleine neue Synagoge von Bischwiller. Sie wurde 1959 unter den Augen einiger Überlebender – die eigens dafür aus dem Exil zurückgekehrt waren – eingeweiht, für Vigée ein Akt der „Genugtuung gegenüber der mörderischen Geschichte Europas".

Wir folgen der „Avenue du Maréchal Foch", vorbei an dem lang gestreckten Bau einer ehemaligen Tuchmanufaktur, der seit 1885 als Schule genutzt wird. In den Zwanzigerjahren unterrichtete die Mutter von Marie-Louise Roth-Zimmermann (s. o.) in diesem „Petit Collège" den jungen Claude Vigée und brachte ihm die ersten französischen Worte bei:

Nach dem Schulbeginn im Oktober sprach man noch einen Monat lang freimütig in der Mundart mit uns, aber nach den mühsamen Übungen mit Stöckchen und Schlingen verkündete unsere neue Lehrerin, Madame Zimmermann, daß wir nun endlich Französisch lernen würden. Wir öffneten die bebilderte Fibel auf der Seite mit dem hübschen Hasen, und sie sagte zu uns: „E lapin isch e Haas." So lernte ich in der Schule mein erstes offizielles französisches Wort, zusammen mit etwa dreißig verblüfften Mitschülern, die losprusteten, als sie diese Neuigkeit vernahmen. (Guntz, S. 70f.)

Einige Schritte weiter zweigt links die „Rue des Charrons" ab. In dem Eckhaus ist heute das Kunstmuseum „Maison des Arts" untergebracht (19 Rue des Charrons), das an die beiden befreundeten Maler Paul Weiss (1896-1961) – ein Schulfreund Vigées – und Philippe Steinmetz (1900-1987) erinnert. Letzterer wohnte lange Jahre in diesem Haus, wo ihn Weiss regelmäßig besuchte.

Über die „Rue du Conseil" erreichen wir die „Rue de l'Eglise", der wir folgen, bis rechts ein kleiner Parkplatz erscheint. Dahinter erstreckt sich ein Park, an dessen Stelle sich einst das Renaissance-Schloss Tiefenthal befand. Bis nach dem 30-jährigen Krieg diente es den

Herzögen von Zweibrücken als Residenz, danach wurde diese nach Birkenfeld an die obere Nahe verlegt. Nach der Französischen Revolution wurde das Schloss als Steinbruch genutzt. Eine ungefähre Vorstellung von der Anlage vermitteln die Abbildungen auf einer Schautafel, die auf dem Parkplatz aufgestellt worden ist, sowie ein Modell in der „Maison de la Laub".

Der letzte Pfalzgraf, der in Bischwiller residierte, war Christian II. (1637-1710), der seit 1667 als Oberst des Regiments Royal-Alsace in den Diensten von Ludwig XIV. stand. Er beschäftigte in Bischwiller als Schaffner bzw. Kanzleirat Abraham Exter (1609-1687), der zuvor in Hagenau als Amtmann tätig gewesen war. Exter war ein Freund des Dichters Johann Michael Moscherosch und ein bedeutender Übersetzer aus dem Französischen. 1680 erschienen seine Romanübersetzungen „Compaß der Liebe" und „Liebs-Geschichte der Schönen Julia". Letzterer liegt der anonym erschienene Roman „Les amours de la belle Julie" (1676) zugrunde, ein typisches Beispiel für den galanten Roman im Stil von Madeleine de Scudéry. Damit kann Exter als bedeutender Vermittler gelten, der diese französische Romangattung auch in Deutschland einführte.

Hinter dem Parkplatz erhebt sich auf einem kleinen Hügel die protestantische Kirche von Bischwiller, ein ökumenisches Kuriosum. Um 1300 als katholische Wehrkirche errichtet (daher die Ortsrandlage), wurde sie nach Einführung der Reformation gemeinsam von den (deutschsprachigen) Zwinglianern und Lutheranern sowie von den (französischsprachigen) Calvinisten bzw. Hugenotten benutzt. In dem nüchternen Innenraum erinnert der „Herzogstuhl" an die lutherischen Herzöge von Zweibrücken (während der Französischen Revolution wurde die Fürstengruft geplündert). Die schöne Silbermann-Orgel von 1856 ist ein Geschenk der calvinistischen Gemeinde. Die Stimmung des umliegenden Friedhofs hat Claude Vigée in einem elsässischen Gedicht festgehalten:

Aepfel schdripse
nusse gràche

*d'kàtze hüpse
éwer d'làche*

*schdiff schdelze d'hund
uff de nàsse pfoode*

*én de gräwle glückse
gléckli d'grodde*

*nàchtlàng bàtscht's
uff de kérichthoftbodde*

*'s raajt lîsli éns müül
vun de junge doode*

(Finck, S. 215)

Gegenüber der Kirche stehen drei stattliche Pfarrhäuser: eines für den lutherischen, eines für den zwinglianischen und eines für den calvinistischen Pfarrer (Rue de l'Eglise Nr. 6, 8 und 10). Doch nicht immer verlief die Zusammenarbeit reibungslos (es gab nur einen Kirchenschlüssel!). Schon im 19. Jahrhundert fusionierten daher Zwinglianer und Calvinisten zur reformierten Gemeinde von Bischwiller. 1980 schlossen sich die Lutheraner dieser Einheitsgemeinde an, weshalb statt früher sechs heute nur noch ein gemeinsamer Sonntagsgottesdienst angeboten wird.

Im lutherischen Pfarrhaus wuchs der Pastorensohn Karl August Candidus (1817-1872) heran. Nach seinem Studium in Straßburg war er als Pfarrer an verschiedenen Orten im Elsass, in Lothringen und im fernen Odessa tätig. Daneben verfasste er drei Gedichtbände in deutscher Sprache, die ihn als Hegelianer und Anhänger eines deutschen Elsass ausweisen.

Ganz anders Charles Conrad (1863-1947), der von 1901 bis 1940 als lutherischer Pfarrer im selben Haus wohnte. Der gebürtige Straßburger erlebte das französische und das deutsche Kaiserreich, die französische Dritte Republik und das deutsche Dritte Reich. Obwohl er im Laufe seines Lebens viermal die Staatsangehörigkeit wechseln musste, blieb er in seinem Herzen immer Franzose. In den Zwanzigerjahren veröffentlichte er eine Reihe patriotischer Schriften in französischer Sprache, in denen er entschieden für ein französisches Elsass eintrat.

Wir folgen der „Rue de l'Eglise" weiter, bis rechts die „Impasse de la Blaiche" auf den Erlenberg hinaufführt. Dort befindet sich die „Ecole du Erlenberg", die unter Napoleon III. als „Collège" gegründet wurde. Zu den hier tätigen Lehrern gehörten Théophile Gontard (1833-1906) und Jean Valade (1841-1903), die seit 1862 bzw. 1863 in Bischwiller lebten. Nach ihrer Pensionierung veröffentlichten beide Gedichte in französischer Sprache und protestierten damit auf ihre Weise gegen die Annexion des Elsass durch das Deutsche Kaiserreich.

Schüler der „Ecole du Erlenberg" waren die beiden gebürtigen Bischweiler und späteren Dichter L. W. Voeltzel (1860-1928) und Claude Vigée. Voeltzel besuchte die Schule vor dem Krieg von 1870. Nach seinem Examen war er als Pastor im elsässischen Schiltigheim, im lothringischen Thionville (dt. Diedenhofen) und schließlich in der dänischen Hauptstadt Kopenhagen tätig. Daneben veröffentlichte er ein Theaterstück und zahlreiche Dialektgedichte, v. a. in der von René Schickele (s. Saverne) geleiteten „Straßburger Neuen Zeitung" und der von ihm selbst geleiteten „Kopenhagener Zeitung". In beiden Blättern bemühte er sich um eine Aussöhnung zwischen den Deutschen und ihren jeweiligen Nachbarn (Franzosen bzw. Dänen).

Nach dem Ersten Weltkrieg besuchte Claude Vigée die „Ecole du Erlenberg". Sein Schulweg führte ihn am ehemaligen Bürgerspital vorbei (Ecke „Rue du Moulin"), das heute als Seniorenheim genutzt wird. Täglich machte er dort die gleiche Begegnung:

Auf meinem Schulweg begegnete ich jeden Tag auf der Höhe des Bürgerspitals, nur wenige Minuten vom Schulhof entfernt, dem Karren des Milchmanns Omphalius, gezogen von einem alten Apfelschimmel namens Schambadiss (Jean-Baptiste). [...] Jeden Morgen um genau dieselbe Zeit, wenn es vom Turm der nahen evangelischen Kirche acht Uhr schlug, wandte sich Schambadiss mir zu, blickte mich gutmütig an und ließ dabei einen kolossalen, aber künstlerisch modulierten Furz fahren, wie um mich zu warnen, daß es höchste Zeit war für Bengel wie mich, um noch vor Schließung der großen Gittertore die Schule zu erreichen und den Strafpredigten des Direktors zu entgehen, der hinter der Pförtnerloge lauerte. (Vigée, Bd. 1, S. 79f.)

An der besagten Kreuzung führt die „Rue des Casernes" stadtauswärts ins ehemalige Kasernenviertel (von 1890 bis 1918 war Bischwiller Garnisonsstadt). In dem Roman „La mise à mort" berichtet der Dichter Louis Aragon (s. Fort-Louis) von dem freundlichen Empfang der französischen Soldaten durch die Bischweiler Mädchen am Ende des Ersten Weltkriegs:

Die Leutnants haben eine tägliche Ablenkung erfunden: Bei Einbruch der Dunkelheit, gegen halb fünf, sechs Uhr gehen sie zur Straße Richtung Bischwiller, von wo die Mädchen die Milch holen und wo wir sind. Man fasst sich am Arm, man ziert sich. Diese Fräuleins sind nicht schüchtern. Auf dem Hinweg, wenn ihre Töpfe leer sind, lassen sie sich gerne küssen. Unter verschiedenen Vorwänden gehen wir bis zur Stadt mit: Man braucht ja immer etwas für die Kantine ... Auf dem Rückweg begegnen wir unseren Milchmädchen wieder, die Milch, die sie mitbringen, stört jetzt bei unseren Späßen, aber die Angst, sie zu verschütten, zwingt sie schließlich dazu, sie abzusetzen; und da es völlig dunkel ist, kommt es schon vor, dass sich Pärchen verlaufen ... Die, die regelmäßig kommen, haben schon feste Bekannte, es ist kein Spiel mehr, es wird zum Rendezvous. Aber für mich, der ich spät zu diesem Karneval dazugestoßen bin, zu diesem nächtlichen Blinde-Kuh-Spiel, gibt es keine Auswahl mehr; mir fiel eine Kleine zu, etwas dick für ihr Alter, sie behauptet sechzehn zu sein, man sagt mir, sie sei erst fünfzehn. Sie muss blond und rosig sein, mit runden Grübchen. Sie spricht Französisch und hat gesagt, ich solle sie Leni nennen. (Aragon, S. 298; Ü: S. W.)

Über die „Rue du Moulin" kehren wir ins Ortszentrum zurück. Die Straße führt über das Rothbaechel, an dessen Ufer ein altes, überdachtes Waschhaus zu sehen ist.

Im letzten Haus links vor der Brücke wurde 1946 Sylvie Reff geboren, eine bekannte elsässische Liedermacherin. Neben ihrer Tätigkeit als Englischlehrerin am „Lycée" von Bouxwiller schrieb sie engagierte Lieder auf Französisch, Deutsch und Elsässisch. Für ihre Gedichtbände, Romane und Schallplatten wurde sie beiderseits des Rheins mit zahlreichen Preisen ausgezeichnet.

Alternativ kann man den Rundgang mit einem Besuch auf dem städtischen Friedhof beschließen, den wir über die „Rue des Cimetières" erreichen. Im christlichen Teil (rechts von der Straße) befindet sich das Grab des Dichters Friedrich Oschmann, der in Bischwiller lange Jahre als Lehrer gewirkt hat (s. o.). Auf der linken Seite befindet sich der (kleinere) jüdische Friedhof, den André Maurois' Großvater um 1850 der jüdischen Gemeinde von Bischwiller schenkte. Ein Denkmal erinnert an den Stifter. Unter anderem befindet sich hier das Grab von Claude Vigées Vater und das seines Urgroßvaters. Bis heute lassen sich weltweit verstreute Nachkommen der einstigen jüdischen Gemeinde von Bischwiller hier bestatten.

Zum Abschluss sei an dieser Stelle an Edouard Voeltzel (1894-1940) erinnert. Der Sohn eines Bischweiler Braumeisters und überzeugte Pazifist verfasste in deutscher Sprache zahlreiche Gedichte sowie das Epos „Hitleriade", in dem er seine Landsleute vor dem deutschen Diktator warnt. Eine seiner „poetischen Erzählungen" trägt den Titel „Totentanz" – das nächtliche Gegenstück zum „Pfifferdaa". Vielleicht hat ihn der Bischweiler Friedhof dazu inspiriert:

> *Der letzte Klang der Mitternacht*
> *Verflog in leeren Lüften ...*
> *Da regten sich die Geister sacht*
> *Und stiegen aus den Grüften!*
> *Sie tanzten ihren Ringelreihn*
> *Um mich im matten Mondenschein –*
> *Wie lächelten die Toten,*
> *Die Gute Nacht mir boten!*
> *[...]*
> *Da hob er an, der Totentanz,*
> *Auf Plätzen und auf Wegen;*

An manchem Steine schwankt' der Kranz
Und klirrte dürr dagegen.
Heissa! Jäh hielt der Spielmann ein –
Der Tanz, er muss geendet sein!
Wie rasselten die Knochen
So hässlich und zerbrochen!
[...]

(Voeltzel, S. 92f.)

Maison de la Laub
9 Place de la Mairie
F-67240 Bischwiller
Tel. +33 (0)3 88 53 99 53

Maison des Arts
19 Rue des Charrons
F-67240 Bischwiller
Tel. +33 (0)3 88 06 46 59

Oberhoffen-sur-Moder und Marienthal

Wir verlassen Bischwiller und fahren Richtung Hagenau (Haguenau). Zwei Routen bieten sich an: Der schnellste Weg geht über die D 29 an der Garnison von Oberhoffen-sur-Moder (els. Ewerhoffe; 3.000 Einw.) vorbei, wo Louis Aragon nach dem Ersten Weltkrieg kaserniert war. Das gleichnamige Dorf ist ein Nebenschauplatz des Romans „Les nuits de Strasbourg" (1999) von Assia Djebar. Eine der Romanfiguren ist François, der 1939 als kleiner Junge die Evakuierung der benachbarten Dörfer miterlebt hat. Eines Tages erzählt er seiner algerischen Geliebten Thelja davon:

Wir waren in Oberhoffen: Die Dörfer, die geräumt werden sollten, lagen nicht weit entfernt ... Plötzlich überfluteten verängstigte Bauern unsere Straßen, ihre Ochsengespanne und dahinter die Herden beginnen vorüberzuziehen ... Ich stehe neben Großvater am Eingang der Ortschaft, wir sind nur Zuschauer [...].

Ich erinnere mich an einen Greis, der noch älter war als Großvater. Er geht zu Fuß, mit schlenkernden Armen und ziellosem Blick. Er bleibt vor uns stehen, vielleicht waren ihm das ehrwürdige Gesicht und der imposante Bart von Großvater aufgefallen. Ein zwölfjähriges Mädchen kommt herbei und zieht ihn an der Hand, er solle weitergehen. Aber er bleibt stehen.

Hinter seinem Rücken nähert sich uns die Kleine und erklärt: „Er wollte sein Vieh und vor allem die Hunde nicht zurücklassen! Wir haben sie alle anbinden müssen, so, wie es befohlen worden war. Aber die Hunde haben gemerkt, dass wir ohne sie fortgehen wollten, und angefangen zu winseln ... Sie haben an den Ketten gerissen und richtig geheult! ... Opa hat sich geweigert zu gehen. Er wollte unbedingt bei ihnen bleiben. Man musste ihn regelrecht zwingen, mitzukommen!" (Djebar, S. 90f.)

Eine alternative Strecke führt über die Landstraße D 139 bzw. D 48 in den Wald von Weitbruch, einen Ableger des Heiligen Forstes von Hagenau (s. dort). Nach wenigen Kilometern erreichen wir den Wallfahrtsort Marienthal (els. Märjedaal; 2.000 Einw.), eine administrative Kuriosität: Der Ort zerfällt in drei Teilgemeinden, die den Nachbarorten Hagenau, Kaltenhouse (els. Kaltehüse, dt. Kaltenhausen) und Gries zugeordnet sind.

Marienthal geht auf ein 1225 gegründetes Nonnenkloster zurück, eines von sieben im Heiligen Forst. Im 18. Jahrhundert machte Maria Leszczynska (1703-1768), die Tochter des im Weißenburger Exil lebenden polnischen Königs Stanislas Leszczynski (1677-1766), eine Wallfahrt zu Ehren Marias hierher. Durch gnädige Vermittlung der Jungfrau wurde sie 1725 zur Gemahlin des französischen Königs Ludwig XV. (Regierungszeit: 1715-1774), dessen Sympathie allerdings eher seinen Mätressen Madame Pompadour und Madame Du Barry galt.

Der zweifelhafte Erfolg von Maria Leszczynska, die ihrem Gatten immerhin zehn Kinder schenkte, begründete die bis heute ungebrochene Tradition der Wallfahrten nach Marienthal, die allerdings nicht immer religiös motiviert sind. So berichtet Claude Vigée von gemeinsamen Ausflügen seiner jüdischen Familie und deren christlichen Freunden, die stets im „Gasthof zum Pflug" endeten, dem „wahren Ziel unserer Pilgerreise":

An jenen warmen Septembertagen gegen Ende der großen Ferien trafen sich meine Mutter, ihre besten Freundinnen, die Damen Bohler und Léopold, deren Kinder und Dienstboten – ein gutes Dutzend Leute – am Ausgang der kleinen Stadt zu einer langen Wanderung durch Wiesen und Wälder bis an den Weiler Marienthal, vier Kilometer von uns entfernt.

Das war ein im ganzen Niederelsaß berühmter Wallfahrtsort [...]. An der Mauer des Klosters vorbei, das seit Jahrhunderten den Ruf des abgelegenen Dörfleins im Heiligen Wald ausmacht, gelangten wir auf den runden Platz vor dem Gotteshaus, das der Jungfrau Maria geweiht ist. Die heutige ausladende Basilika im Stil teutonischer Neugotik erhebt sich an der Stelle einer mittelalterlichen Kapelle, die mehrmals erweitert und im letzten Jahrhundert abgerissen wurde, als die Pilgerströme den Bau einer stattlicheren Kirche notwendig machten. Das moderne Kirchenschiff aus rotem Vogesensandstein hat zum Glück ein paar Skulpturen aus der Vergangenheit behalten, vor allem eine bewundernswerte Himmelfahrt Mariens. (Vigée, Bd. 2, S. 195f.)

Die von Vigée beschriebene Marienkirche stammt aus dem Jahr 1866. Sie ist also kein Relikt des deutschen, sondern des französischen Kaiserreiches. „Teutonischen" Ursprungs ist dagegen ein dem heiligen Michael geweihter Brunnen. Er steht auf einem Plätzchen unweit der Basilika, gegenüber vom Altenheim „Saint François" (51 Route de Haguenau). Mit seiner Lanze stößt der Erzengel den Teufel zu Boden, der in der Erinnerung von Claude Vigée zu einem Drachen mutiert ist:

Auf dem Kirchplatz war, schon vor 1914, ein monumentaler Brunnen aufgestellt worden: dem Erzengel Michael geweiht. Eine große, vergoldete Bronzestatue zeigte ihn aus den Wolken fahrend, wie der Blitz des göttlichen Zorns, um den grün geschuppten Drachen, der sich feuerspeiend unter seinem Fuße wand, in den Schmutz zu treten [...].

Es versteht sich, daß nach langem Grübeln über den verborgenen Sinn dieses Kampfes meine Sympathie sich eher dem Marienthaler Drachen zuneigte. Er sah viel pfiffiger und lustiger als der Erzengel Michael aus. (Vigée, Bd. 2, S. 197f.)

Ein weiteres Relikt aus deutscher Zeit ist das benachbarte Kloster der Karmeliterinnen, eines der strengsten Orden der Christenheit. Auf Initiative der aus Hagenau stammenden Karmeliterin Joséphine Jenner wurde das Kloster 1887 gegründet und 1895 erweitert. Doch diverse Gerüchte nährten Zweifel am frommen Lebenswandel der Ordensschwester, was schließlich die zeitweise Schließung des Klosters zur Folge hatte. Vigée fasst die Ereignisse zusammen:

Um die Jahrhundertwende behaupteten böse Zungen, daß sich die frommen Mädchen in ihrer Marienthaler Klausur unter dem laxen Regime des letzten Kaisers Wilhelm allzu gut mit ihren ehrwürdigen Beichtvätern verstanden. Die Frucht der heimlichen Umarmungen zwischen brünstigen Nonnen und galanten jungen Geistlichen, die ganz ohne Zweifel vom anderen Rheinufer stammten, wäre klammheimlich auf der anderen Seite der Umfriedungsmauer in den Klostergärten verscharrt worden. Das Wichtigste sei gewesen, jedes Aufsehen zu vermeiden! [...]

Die allzu lang kreisenden Gerüchte vom Kindermord zwangen die deutschen Behörden, Nachforschungen anzustellen. Diese Hexenjagd, eine Erinnerung an den Bismarckschen Kulturkampf, schlug wie eine Bombe im ganzen Nieder- und Oberelsaß ein. Um 1900 wurde das Kloster auf Anordnung von oben geschlossen und seine Bewohnerinnen in die fernsten Provinzen Germaniens zerstreut. (Vigée, Bd. 2, S. 201f.)

In einem der Gasthäuser am Kirchenvorplatz mag unsere literarische Pilgerreise nach Marienthal ausklingen. Auch Claude Vigée kehrte hier gerne ein. Seine persönliche Empfehlung lautet: Zwetschgenkuchen mit Milchkaffee und einem selbst gebrannten Schnaps. Hier ist auch der richtige Ort, um an den elsässischen Dichter André

Weckmann (geb. 1924) zu erinnern (s. Steinbourg). Viel verbindet ihn mit Claude Vigée: Beide stammen aus dem Elsass, beide kamen kurz nach dem Ersten Weltkrieg zur Welt, beide schreiben auf Elsässisch, Französisch und einer dritten Sprache (Hebräisch bei Vigée, Deutsch bei Weckmann). Allerdings ist Weckmann kein Jude, sondern Katholik, wenn auch ein unkonventioneller. In seinem sehr persönlichen „Marienzyklus" versucht er, sich die Gottesmutter menschlich zu vergegenwärtigen, zum Beispiel in dem Gedicht „Din Gsicht":

> *Ich weiss nit, wie d' üs hesch gsahn*
> *bisch blund gsin odder brün*
> *dini Äuje wie d'Hàselnuss*
> *dini Äuje wie 's Meer?*
> *Ich weiss nit, wie d' üs hesch gsahn.*
> *Ich wills äu nit wisse.*
>
> *Oft àwer findi di*
> *pletzli, unverhofft*
> *im e Sifzer vun de Màmme*
> *im e Blick vun de Fräu*
> *im e Lachle vun de Schweschter.*
> *Un ich saa mr:*
> *Ja, so wurd se sin gsin.*
>
> (Weckmann, Bd. 1, S. 123f.)

Hagenau

Hagenau (frz. Haguenau, els. Hawenau; 34.000 Einw.) ist die viertgrößte Stadt des Elsass und das wirtschaftliche Zentrum des nördlichen Elsass. Von Marienthal kommend, fahren wir über den „Boulevard Nessel" zunächst zum Bahnhof, wo wir den Wagen abstellen. 1943 mussten sich hier junge Elsässer versammeln, die zwangsweise zur Wehrmacht eingezogen worden waren. Einer von ihnen war Fernand Bernecker aus Lembach (s. dort). In dem Buch „Die geopferte Generation" (1987) berichtet er davon:

Die Kolonne bewegte sich zum Bahnhof, links und rechts flankiert von Polizisten und Soldaten mit aufgepflanztem Bajonett. Alles erweckte den Eindruck, als führe man eine Verbrecherbande ab. Waren das die Elsässer, die bereit waren am großen Kampf teilzunehmen, so wie es Gauleiter Wagner seinem Führer immer wieder versichert hatte? [...]

Über der Stadt lag eine bedrückende Stimmung, so als zöge ein schweres Gewitter auf. Die Leute waren alle auf den Straßen und an den Fenstern. Einer stimmte die Marseillaise an und alle sangen mit. Hätten wir Schießprügel getragen statt schwerer Koffer, so hätte man glauben können, wir gingen auf die Barrikaden.

Oberhalb der großen Eisenbahnbrücke stand der Zug auf einem Abstellgleis, der Zug, der uns an einen uns unbekannten Ort bringen sollte [...]. An einem Wagen war ein Propagandaplakat angebracht, viele davon hingen in allen Bahnhöfen: „Räder müssen rollen für den Sieg". Einer hatte hinzu-gefügt: „Köpfe rollen nach dem Krieg". (Bernecker, S. 117f.)

Vom Bahnhof gehen wir über die „Rue Saint-Georges" zur katholischen Pfarrkirche „Saint-Georges" (Georgskirche), deren romanisches Langhaus während der Herrschaft von Kaiser Friedrich I. Barbarossa (Regierungszeit: 1152-1190) errichtet wurde. Um diese Kirche herum entstand die mittelalterliche Stadt, der 1164 die reichsstädtischen Freiheiten verliehen wurden.

Der meist in Rüstung dargestellte Kirchenpatron ist ein typischer Ritterheiliger, sein Kult kam durch die Kreuzritter nach Europa. An das ritterliche Publikum, das hier einst die Gottesdienste besuchte, erinnert ein Graffito aus dem 13. Jahrhundert. Es befindet sich am linken Türpfosten des Nordportals und zeigt einen Ritter mit Schnabelhelm, hoch zu Ross und im strammen Galopp. Ein anderes Relikt aus der Ritterzeit sind die sogenannten „Teufelskrallen" am gegenüberliegenden Südportal. Es handelt sich dabei um Einkerbungen in der Außenmauer, verursacht durch Schwerthiebe, mit denen die Ritter sich und ihre Waffen unter den Schutz des heiligen Georg stellten, bevor sie in den Kampf zogen.

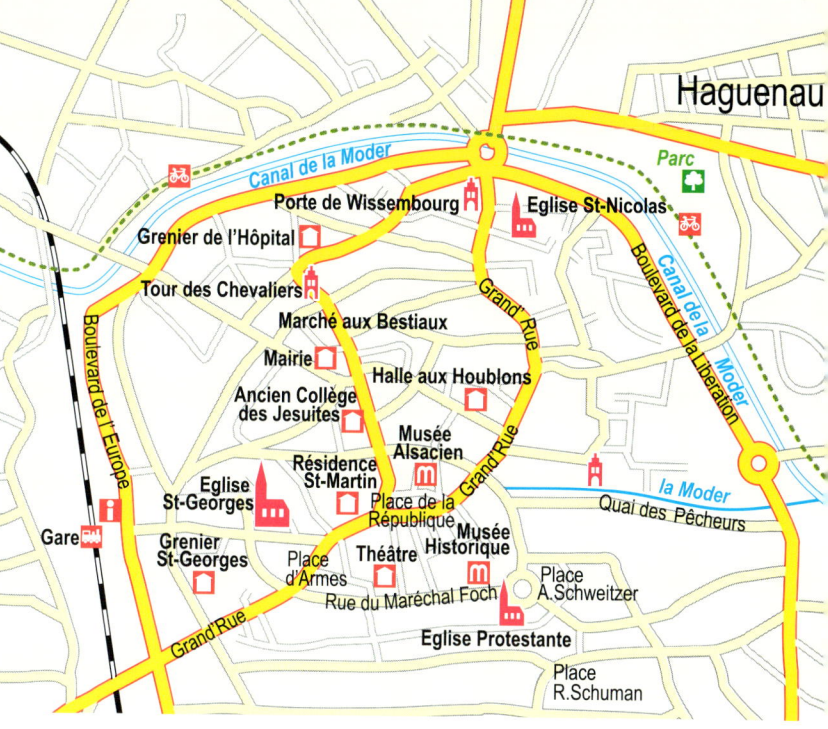

Vermutlich stammt auch der Dichter Reinmar von Hagenau (ca. 1165-1210) aus einem Hagenauer Rittergeschlecht. Seinen Zeitgenossen, die ihn respektvoll „den Alten" nannten, galt er als der bedeutendste Minnesänger des deutschsprachigen Raums, sein Dichterkollege Gottfried von Straßburg feierte ihn als die „Nachtigall von Hagenau". Als Elsässer war ihm die französische Troubadourlyrik vertraut, deren Konzept der „Fin' amor" (Hohe Minne) er in die deutsche Liebeslyrik einführte. Zirka 30 Lieder sind von ihm überliefert, die er ab 1180 am Wiener Hof verfasst hat, darunter das folgende:

> *Ich will allez gâhen*
> *zuo der liebe, die ich hân.*
> *Sô ist es niender nâhen,*
> *daz sich ende noch mîn wân.*
> *Doch versuoche ich ez alle tage*
> *und gediene ir sô, daz si âne ir danc*
> *mit vröiden muoz erwenden kumber, den ich trage.*
> *[...]*
> *(Räkel, S. 148-150)*

Hier die Übertragung ins Hochdeutsche:

> *Ich will immer nur eilen*
> *zu der Liebe, die ich habe.*
> *Allerdings ist es keineswegs nahe,*
> *dass meine Hoffnung an ihr Ziel gelangt.*
> *Doch nehme ich es alle Tage von Neuem auf*
> *und diene ihr so, dass sie auch ohne es zu wollen*
> *durch Freude meinen Kummer vertreiben*
> > *muss, den ich leide.*
> *[...]*
> *(Ü: S. W.)*

In seinen Liedern lässt Reinmar Männer und Frauen zu Wort kommen, die einander ihre Liebe bekennen, sich deren Erfüllung aber bewusst versagen. Dieses an französischen Vorbildern orientierte Liebesideal dürfte in Wien anfänglich für einiges Befremden gesorgt haben. Denn an der Donau war damals eine sehr viel sinnenfreudigere Liebesdichtung in Mode. Der österreichische Germanist Josef Nadler (1884-1963) erzählt in seiner vierbändigen „Literaturgeschichte der deutschen Stämme und Landschaften" (1912-1928) vom Zusammenprall dieser beiden Kulturen so lebendig, als wäre er selbst dabei gewesen:

Da erschien der junge elsässer [sic] Ritter am [Wiener] Hofe, Reinmar von Hagenau. Wie hatte der so fremde Weisen auf seinen Saiten! Noch war es nicht allzu lange her, da warben selbst vornehme Damen um ihre Ritter, kurz und bündig, die Entscheidung dem Augenblick vertrauend. Manch einer war Meister in Minne und Harfenspiel. Doch dieser Fremde [...] spann seinen Liebeskummer zu langen, schmerzhaft verklingenden Akkorden aus ... Wie neu, wie fremd! Entzückend modern, denn es war rheinisches Leben, Mode aus dem Westen, französisches Spiel mit Worten und Stimmungen ... (Schickele: Vermächtnis, S. 278)

Östlich von der Georgskirche befindet sich die „Place d'Armes". Der Platz ist ein Schauplatz des Romans „Les bourgeois de Witzheim" von André Maurois (s. Bischwiller). Der aus einer jüdisch-elsässischen Familie stammende und in der Normandie aufgewachsene Franzose zog 1918 als siegreicher Soldat in die alte Stauferstadt ein, genau wie der Ich-Erzähler seines Romans. In Hagenau besucht dieser seinen Freund Monsieur Deck, der an der „Place d'Armes" wohnt:

Auf der Place d'Armes von Witzheim, zwischen dem Restaurant „Au Canon" und dem Restaurant „Au Saumon", läute ich an der Tür seines Hauses, dessen Dach es wie in einen Umhang einwickelt und das eine Frisur aus schuppenförmigen Dachziegeln hat, die über die Mansarden und Absätze hinausragen.

Nundepip! ruft er aus, als er mich sieht ... Joséphine! ... Süzele! ... Wos e surprise! (Maurois, S. 5f., Ü: S. W.)

Gut zwei Jahrzehnte später, im Juni 1940, fand der damals 34-jährige Schriftsteller Jean-Paul Sartre (1905-1980) den einst belebten Platz menschenleer vor. Wegen des Beschusses der Stadt durch eine deutsche Kanone – das museumsreife Stück aus dem Ersten Weltkrieg explodierte beim siebzehnten Schuss – war Hagenau ab dem 17. Mai 1940 evakuiert worden. In der Erzählung „La mort dans l'âme" (1942) schildert er die beklemmende Atmosphäre in dieser Geisterstadt:

Wir haben nichts zu tun. Wir haben nie irgend etwas zu tun, das ist ein schlechtes Zeichen [...]. Fünf Alarme heute. Merkwürdige Alarme, mit dem Stöhnen eines Tieres, dem man die Gurgel durchschneidet, die wie Schreckensschreie zum Himmel aufsteigen, zu den Flugzeugen, und die niemand in der toten Stadt hört [...]. Plötzlich stoßen wir auf einen Platz. Schöne und hohe Häuser mit bunten Fassaden – blau, weiß, grün und rosa – mit Giebeln und Türmchen; große Läden. Die eisernen Rollläden sind nicht einmal herunter gelassen, die Schaufenster blinken. Lediglich der Türgriff wurde beim Verlassen des Hauses entfernt. (Sartre: Ecrits, S. 640 u. 643; Ü: S. W.)

Bereits seit Herbst 1939 hatte sich Sartre als Obergefreiter der französischen Armee im nördlichen Elsass aufgehalten (s. Pfaffenhoffen, Saverne, Marmoutier, Morsbronn), Hagenau war seine letzte Station. Er gehörte einem vierköpfigen Sondertrupp an, bestehend aus dem Schlafwandler Paul, dem fußlahmen Hypochonder Pieter (eigentlich Pieterkowski, ein Jude polnischer Abstammung), dem dicken Schnarcher Keller und dem ständig fröstelnden Dichter Sartre. Ihr vergleichsweise friedlicher Auftrag bestand darin, mit Gas gefüllte Luftballons aufsteigen zu lassen, deren Flugrichtung zu beobachten und ihren Vorgesetzten darüber Meldung zu machen – die diese vermutlich in den Papierkorb warfen. Seine Erinnerungen an diese Zeit verarbeitete Sartre in der oben zitierten Erzählung, die nicht mit seinem gleichnamigen Roman verwechselt werden sollte. Auch dieser hat zwar die französische Niederlage von 1940 zum Gegenstand, allerdings ist dessen Handlung nicht im Elsass, sondern in Paris und in Lothringen angesiedelt.

Wir verlassen die „Place d'Armes" und folgen der „Rue du Château" bis zur „Rue de la Moder", unter der noch immer die Moder fließt. Das Gebiet jenseits der „Rue de la Moder" war im Mittelalter eine Insel, auf der Friedrich II., der Einäugige (1090-1147), genannt „Gockler", Herzog von Schwaben und Vater des ersten Stauferkaisers Friedrich I. Barbarossa, um 1115 ein Jagdschloss errichten ließ. Folgende Legende ist darüber überliefert:

Es kam ein Mal, dass ein Herr in den heiligen Forst auf die Jagd zog mit vielen Dienern, und diese führten mehrere Koppeln Hunde mit sich, grosse und kleine [...]. Als sie an die Moter [Moder] kamen, die an dieser Stelle vorbeifliesst, finden sie ihre Rüden am Wasser stehen; sie bellen, aber durch das Wasser können sie nicht durchkommen. Jenseits des Wassers zeigt sich ein grosser Hag, und der Platz, auf dem er sich befindet, bildet ein Eiland. Hier hatte sich das Wild gelagert, und es war desselben eine grosse Menge vorhanden.

Nun aber kamen dem Herrn ganz andere Gedanken ein als die, die Jagd fortzusetzen. An diesem Orte, dacht er bei sich selbst, würde sich eine kaiserliche Veste und Burg nicht übel ausnehmen; denn um sie herum würde die Motter ebenso lustig fliessen, wie sie um den Hag fliesst, den das Gewild zu seinem Schutze auserkoren hat.

Die ehemalige Kanzlei der Stadt Hagenau beherbergt heute das Musée Alsacien.

Hiernach wurde die Burg erbaut, so königlich und so zierlich, dass man ihres Gleichen in keinem Lande fand [...]. Dann wurde im Lauf der Zeit ein Städtlein um die Burg her gebaut, Hagenowe genannt, nach dem Hage, worin das Wild entrann, wie zuvor gesagt worden. (Stintzi, Bd. 1, S. 232f.)

Im Musée Historique werden u. a. Überreste der einstigen Kaiserpfalz aufbewahrt.

Ab 1155 ließ Friedrich I. das Schloss zu einer kaiserlichen Pfalz ausbauen, in der er die Reichskleinodien und seine umfangreiche Bibliothek aufbewahren ließ. Damit stieg das Elsass zur „vis maxima regni" (Stütze des Reiches) auf, Hagenau zu einem der bedeutendsten Orte des Reiches. Seit 2006 erinnert eine an dieser Stelle platzierte achteckige Säule aus rotem Sandstein daran. Die Inschrift wurde in lateinischer, deutscher und französischer Sprache verfasst, und tatsächlich war dieses von der Côte d'Azur bis zur Ostsee reichende Kaiserreich (und seine Literatur) mehrsprachig.

Beginnen wir mit der lateinischen Sprache, die damals nicht nur von Kirche und Staat, sondern auch von der Wissenschaft bevorzugt wurde. Sicherlich waren die meisten Bände der kaiserlichen Bibliothek von Hagenau – vermutlich eine der bedeutendsten ihrer Zeit – in dieser Sprache verfasst. Gottfried von Viterbo, einer der Hofdichter von Friedrich I., beschreibt sie in dem ebenfalls lateinischen Lobgedicht „De castro Haginowa":

Die Bücherschränke des Kaisers sind voll der besten [römischen] Autoren und der besten christlichen Schriftsteller. Wenn du Geschichtswerke verlangst, bietet der Hof einen ganzen Markt. Rechtstexte und wissenschaftliche Schriften sind da und alle Dichter. Der große Aristoteles, Hypocrates, die Heilkunde Galens erteilen dort passende Ratschläge und sagen, wovor man sich hüten soll. (Bumke, Bd. 2, S. 645f.)

Der Kaiser selbst dürfte diese Bibliothek übrigens kaum verwendet haben, da er über keine lateinische Bildung verfügte. Dafür förderte er die volkssprachliche Dichtung seiner Zeit, die deutsche ebenso wie die französische. Denn neben deutschen Minnesängern (Heinrich von Veldeke, Friedrich von Hausen) verkehrten an seinem Hof auch französische Troubadours (Guiot de Provins, Gautier d'Arras), wohl nicht zuletzt dank seiner französischen Frau Béatrice, einer Prinzessin aus der heutigen Franche-Comté. Aus diesen deutsch-französischen Literaturkontakten erwuchs ein eigener Stil, den wir als Staufische Klassik (ca. 1170-1190) kennen.

1189 brach Friedrich I. Barbarossa in Begleitung seines deutsch schreibenden Hofdichters Friedrich von Hausen zum 3. Kreuzzug auf, von dem beide nicht lebend zurückkehrten. Doch seine Nachfolger setzten sein Werk fort, auch in literarischer Hinsicht: Sein Sohn Heinrich VI. (Regierungszeit: 1190-1197), seinem Vater an Bildung weit überlegen, verfasste selbst einige Minnelieder in mittelhochdeutscher Sprache und zählt heute zu den literarischen „Klassikern" des 12. Jahrhunderts. Daneben förderte auch er andere Dichter seiner Zeit, zum Beispiel Ulrich von Gutenburg (s. St. Germanshof).

Auch Barbarossas Enkel Friedrich II. (1212-1250) residierte zeitweise in Hagenau. Allerdings fühlte er sich dem romanischen Reichsteil näher als dem germanischen. In Süditalien begründete er einen „Musenhof", der von provenzalischen, italienischen und arabischen Dichtern frequentiert wurde und Impulse setzte, die bis in die Literatur der Neuzeit nachwirkten. Als Verfasser eines berühmten lateinischen Buches über die Falknerei ging er selbst in die mittelalterliche Literaturgeschichte ein.

Eine letzte Blüte erlebte die Pfalz im 13. Jahrhundert unter König Rudolf I. von Habsburg. Auch er hielt sich vielfach in Hagenau auf, galt jedoch nicht als Freund der schönen Künste. Von Dichtung an seinem Hofe ist nichts bekannt.

1677 ließ der französische König Ludwig XIV. die Kaiserpfalz von Hagenau bis auf die Grundmauern abtragen und daraus seine Festung Fort-Louis bauen (s. dort). Die Steine wurden auf Booten über die Moder (die heutige „Rue de la Moder") abtransportiert. Einige kenterten, ihre Ladung versank im Wasser. Zwei Jahrhunderte später wurden die Trümmer gehoben und werden nun im „Musée Historique" (Historisches Museum) der Stadt aufbewahrt. Einer lokalen Sage zufolge sind die Kellergewölbe des Schlosses noch erhalten. Dort unten soll Kaiser Barbarossa schlafen, um eines Tages wiederzukehren. Einer Variante dieser Legende zufolge verbirgt er sich dagegen im Heiligen Forst nördlich von Hagenau (s. dort).

1354 trat Hagenau dem elsässischen Zehnstädtebund (Dekapolis) bei und wurde – wohl wegen seiner kaiserlichen Vergangenheit – sogar dessen Hauptstadt. Schönstes Bauwerk aus dieser zweiten Blütezeit Hagenaus ist die ehemalige Kanzlei (1484), die bis zur Französischen Revolution als solche genutzt wurde – im Turm war das Archiv der Freien Stadt untergebracht. Seit 1972 befindet sich in dem Gebäude das „Musée Alsacien" (Elsässisches Museum).

Wir erreichen den um die vorletzte Jahrhundertwende stark restaurierten Bau, indem wir der „Rue de la Moder" einige Meter folgen und gleich darauf nach links auf die „Place Joseph Thierry" abbiegen. Dieser Bau ist der richtige Ort, um an das literarische Leben Hagenaus zur Zeit des Humanismus (15./16. Jahrhundert) zu erinnern. Zu erwähnen ist zunächst der hier geborene und aufgewachsene Wolfgang Fabricius Capito (1478-1541). Der spätere Doktor der Rechte und Gefolgsmann des elsässischen Reformators Martin Bucer (s. Weißenburg) wirkte – da seine Heimatstadt kaisertreu und damit katholisch blieb – vorwiegend in Straßburg, Bruchsal und Basel. Vor dem Hintergrund der sich ankündigenden Religionskriege bemühte er sich um einen Ausgleich zwischen Lutheranern, Katholiken und Wiedertäufern – Letztere nahm er sogar in seiner Straßburger Wohnung auf. Seine hebräische Grammatik blieb noch lange nach seinem Tod in Gebrauch.

Vielleicht begegnete Capito in Hagenau dem 19 Jahre jüngeren Philipp Schwarzerd, der sich später Philipp Melanchthon (1497-1560) nannte. In den Jahren 1517/18 wohnte der stark an Buchdruck und Literatur interessierte Student bei dem Hagenauer Buchhändler Setzer, bis er auf Empfehlung seines Gönners Reuchlin als Professor nach Wittenberg berufen wurde. Seine dortige Begegnung mit Martin Luther veränderte sein Leben nachhaltig. Mit der „Confessio Augustana" (1530) formulierte er später das bis heute gültige Bekenntnis der lutherischen Kirchen in Deutschland und im Elsass.

1572, zwölf Jahre nach Melanchthons Tod, ließ sich der Südtiroler Michael Toxites (1514-1581) in Hagenau nieder und blieb hier bis zu seinem Tod. Er war ein typischer Universalgelehrter der Renaissance: Er wirkte als Arzt und Pädagoge, als Publizist und Schriftsteller (1544 erhielt er die kaiserliche Auszeichnung eines „poeta laureatus"). Die von ihm benutzte Sprache war Latein, die Gelehrtensprache seiner Zeit. In Hagenau beschäftigte er sich besonders mit dem von ihm verehrten Reformarzt und Naturphilosophen Philippus Aureolus Theophrastus Bombastus von Hohenheim, genannt Paracelsus (1493-1541), dessen Schriften er herausgab und kommentierte.

Hagenaus zweite Blütezeit endete mit dem 30-jährigen Krieg und der Zerstörung der Stadt durch Ludwig XIV. im Jahr 1677. Der Wiederaufbau erfolgte im Stil des französischen Klassizismus, der bis heute die Altstadt prägt. Ein Beispiel hierfür ist die ehemalige Residenz des königlichen Statthalters (Hôtel du Préteur Royal) auf der angrenzenden „Place de la République". Sie wurde 1757 am Ort des früheren Rathauses errichtet. Johann Wolfgang Goethe, der in Straßburg gerade die Gotik neu entdeckt hatte, gefiel dieser Stil so wenig, dass er Hagenau in „Dichtung und Wahrheit" nur in einem Nebensatz erwähnte:

... nachdem wir, von den Hügeln bei Niedermodern, den angenehmen Lauf des Moderflüsschens am Hagenauer Wald her betrachtet hatten, ließ ich meinen Freund bei einer lächerlichen Steinkohlengrubenvisitation, die zu Dudweiler freilich etwas ernsthafter würde gewesen sein, und ritt durch Hagenau, auf Richtwegen, welche mir die Neigung schon andeutete, nach dem geliebten Sesenheim. (Goethe, Bd. 9, S. 425f.)

Während der Französischen Revolution wurde in der ehemaligen Residenz des königlichen Statthalters die „Mairie" (Rathaus) eingerichtet. Von September bis Dezember 1792 übte Eulogius Schneider (1756-1794) das Amt des kommissarischen Bürgermeisters aus (s. Bouxwiller, Oberbronn). Schon vor der Revolution hatte der frei- und eigensinnige Theologe aus Franken eine Reihe von Gedichtbänden veröffentlicht, in denen er seiner freiheitlichen Gesinnung Ausdruck verlieh:

Wer wenig braucht, ist reich genug.
Mir schmeckt mein Brod [sic] auch ohne Schinken;
Und kann ich keinen Bleichart trinken,
So gnügt mir auch der Wasserkrug.
Was nützt' es, wenn ich Türkenblut,
Champagnerwein, und Austern schlürfte,
Und doch dabei nicht schreiben dürfte?
Die Freiheit ist mein höchstes Gut.

(Ott, S. 101)

1791 gab Schneider seine Professur in Bonn auf, um als Vikar des revolutionsfreundlichen Bischofs François Brendel nach Straßburg zu gehen. Schon bald schloss er sich der radikalen Partei an, dem künftigen „Jakobinerclub". 1792 versuchte Schneider in Hagenau die neue republikanische Ordnung durchzusetzen. Gleichzeitig gab er das politische Journal „Argos oder der Mann mit hundert Augen" heraus, die einzige deutschsprachige Jakobiner-Zeitung. Schneiders Leben hat Michael Schneider (geb. 1943) in der Roman-Biographie „Der Traum der Vernunft" (2001) anschaulich beschrieben und sein Wirken in Hagenau ausdrücklich gelobt:

Er machte Kassensturz, reorganisierte zügig die korrupte städtische Verwaltung, ernannte geeignete Leiter für das städtische Hospital, für die Gebäude und Manufakturen von Saint-Georges, für die Schulen und die wohltätigen Einrichtungen. Er ließ die widerspenstige, von Royalisten dursetzte Nationalgarde entwaffnen und die Waffen einer neu gebildeten patriotischen Nationalgarde aushändigen. Mit besonderer Umsicht nahm er sich der städtischen Armenfürsorge an. Er rief eine außerordentliche Schenkung zugunsten der Armen ins Leben, indem er Sonderabgaben bei den begüterten Bürgern und Aristokraten erhob. Auch trug er [...] viel zur Verbesserung der Lage der Waisenkinder bei. (M. Schneider, S. 375)

Als Eulogius Schneider Hagenau verließ, ahnte er wohl kaum, dass er nur noch 15 Monate zu leben hatte. Auf Wunsch von Louis Antoine de Saint-Just (1767-1794), eines führenden Revolutionärs und Anhängers Robespierres, übernahm er das Amt des öffentlichen Anklägers (Accusateur Public) und verbreitete mit einer fahrbaren Guillotine im Elsass Furcht und Schrecken. Nach getaner „Arbeit" wurde er von seiner eigenen Partei unter Anklage gestellt, verhaftet und am 1. April 1794 in Paris selbst mit dem Fallbeil hingerichtet. Keine vier Monate später folgte ihm Saint-Just auf das Blutgerüst nach. Übrigens hatte auch Saint-Just ursprünglich literarische Ambitionen: Im Revolutionsjahr 1789 veröffentlichte er das Gedicht „Organ au Vatican", das einen öffentlichen Skandal auslöste. Heute erinnert an den Revolutionär eine Gedenkstätte in Blérancourt nordöstlich von Paris, wo der Sohn eines königlichen Offiziers seine Kindheit verbracht hatte. Schneider dagegen ist weitgehend vergessen.

Von der „Place de la République" zweigt die kleine „Rue du Grand Rabbin Bloch" ab, benannt nach dem Rabbiner, der nach dem Zweiten Weltkrieg die jüdische Gemeinde von Hagenau – eine der ältesten des Elsass – wiederaufbaute. In der Straße befindet sich auch die Synagoge (1820), wo die Eltern von Claude Vigée (s. Bischwiller) geheiratet hatten. Während der deutschen Besatzung im Zweiten Weltkrieg wurde das Gotteshaus verwüstet und später durch Bomben schwer beschädigt. 1959 wurde der renovierte Bau neu eingeweiht.

Am Ende der Straße biegen wir links in die „Rue des Sœurs" und gleich darauf rechts in die „Rue du Sel" ein. Sie führt zur „Place Albert Schweitzer", dem Platz, den die evangelische Kirche (1895) und das „Musée Historique" (1900-1905) flankieren, zwei typische Relikte der wilhelminischen Ära. Der Museumsbau zitiert stilistisch die Architektur des Mittelalters und der Renaissance und erinnert damit an die „deutsche" Vergangenheit der Stadt. Im Eingangsbereich ist links eine Darstellung der Hagenauer Handschriftenwerkstatt von Diebold Lauber zu sehen, die von 1418 bis 1467 existierte.

Laubers Produkte deckten die ganze Palette des literarischen Marktes seiner Zeit ab. Religiöse, juristische und naturwissenschaftliche Schriften hatte er ebenso im Programm wie geschichtliche und literarische Bücher (Tristan, Parzival). Bis zu fünf Schreiber und 16 Illustratoren ließ er für sich arbeiten, teilweise auf Bestellung, teilweise aber bereits auf „Vorrat". Laubers Werkstatt funktionierte demnach ähnlich wie ein moderner Verlag. Ein Brief, drei Verlagsanzeigen und mehr als fünfzig Handschriften (in elsässischer Mundart!) sind erhalten und vermitteln uns eine ziemlich genaue Vorstellung von diesem „mittelständischen Unternehmen" aus der Zeit kurz vor der Erfindung des Buchdrucks.

In dem Schulgebäude links neben dem „Musée Historique" (7b Rue du Maréchal Foch) war vom 11. bis zum 14. Juni 1940 der damals 34-jährige Schriftsteller Jean-Paul Sartre (1905-1980) einquartiert. Die Atmosphäre in dem alten Schulhaus hat er in der Erzählung „La mort dans l'âme" (1942) beschrieben:

Es ist ein alter Bau aus rosa Sandstein; zwei Agaven in grünen Kübeln flankieren den Eingang. Ein asphaltierter Hof davor, ein Garten dahinter. Wir werden im Klassenzimmer der Jüngsten schlafen [...].
  An den Wänden sind blaue und goldene Bilder angebracht: die Jungfrau, das Jesuskind; auf Regalen stehen männliche und weibliche Heilige in Gärtchen aus Gips. Es riecht nach Kräutertee und Klosterschwester. Durch das offene Fenster reckt eine große Linde voller Vögel ihre Äste bis ins Zimmer, und das Licht dringt durch ihr Laubwerk.
  [...] „Total still hier", sagt Dupin. Ja. Eine pflanzliche Stille, die nicht die Abwesenheit von Lärm bedeutet: Da sind diese Tauben in dem dichten, grünen Laubwerk, wie Grillen im Kräuterdickicht, diese schnurrenden, funkelnden Motoren – man könnte es für den Klang der Sonne halten – und dann diese Stadt, die gänzlich gegen uns ist, am Ende des Gartens, auf der anderen Seite der Mauer, diese verbotene Stadt. (Sartre: Ecrits, S. 639; Ü: S. W.)

Getrieben vom Durst wagen sich der Ich-Erzähler und seine Kameraden schließlich doch noch in die „verbotene" und verlassene Stadt vor. Am Rande der Innenstadt, vermutlich ist die „Rue de la Redoute" gemeint (gegenüber der ehemaligen Kaserne „Quartier Thurot"), entdecken sie eine Kaschemme, deren Eingang Sartre wie das Tor zur Unterwelt beschreibt. Er wird von einem unheimlichen Finsterling bewacht, dem Kneipenwirt:

Wir gehen von Café zu Café und rütteln an den Türen. Schließlich gibt eine nach, wir treten in einen niedrigen, gewölbten und sehr düsteren Saal. Am Tresen steht ein Mann, den man kaum erkennt.
„Kann man hier einen trinken?"
  – „Na, dann kommt schnell rein. Und macht die Tür zu: Soldaten darf ich nicht bedienen. Geht rüber ins Nebenzimmer."
  [...] Der Wirt kommt zu uns, er wirkt italienisch, mit seinen langen, schwarzen, nach hinten gekämmten Haaren

und seinem schwarzen Schnurrbart. Er trägt Pantoffeln und schlurft.
Er hat einen Seidenblick und ein brutales Lächeln.
„Was darf's sein?"
– „Vier Schnäpse."
Pierné fragt:
„Haben Sie Zeitungen?"
Das Lächeln des Typs wird noch schärfer:
„Keine Zeitungen mehr."
Nach einem Moment fügt er hinzu:
„Es werden nie wieder Zeitungen aus Paris kommen."
(Sartre: Ecrits, S. 647; Ü: S. W.)

Tatsächlich beschreibt Sartre hier die letzten französischen Stunden von Hagenau. Als Sartres Trupp am nächsten Morgen in ein fünf Kilometer entferntes Dorf verlegt wurde, mussten sich die vier Soldaten selbst durchschlagen – angesichts der unmittelbar bevorstehenden Niederlage stieß der geplante Truppentransport gar nicht mehr bis Hagenau vor. Am selben Tag erfuhr Sartre vom Einmarsch deutscher Truppen in Paris.

Eine Woche später, am 21. Juni 1940, wurde er in dem lothringischen Dorf Padoux gefangen genommen. Es war sein 35. Geburtstag! Nach einem kurzen Aufenthalt in Baccarat wurde er in ein Gefangenenlager nach Trier verbracht, wo er aufgrund seiner Deutschkenntnisse zunächst als Dolmetscher auf der Krankenstation eingesetzt wurde. Später organisierte er dort Vortragsabende und Theateraufführungen. Im März 1941 wurde er aufgrund eines ärztlichen Attests entlassen. Danach trug er nie wieder eine Uniform!

Doch kehren wir nach Hagenau zurück. Die von Sartre beschriebene Kneipe gab es tatsächlich. Während der deutschen Besatzung führte sie der Kneipenwirt Albert Caricciopulo – der tatsächlich italienischer Abstammung war – unter dem Namen „Zur Walhalla" weiter. Noch nach dem Krieg wurde sie von der einheimischen Bevölkerung spöttisch „Vallallá" genannt. Vielleicht verkehrte hier während des Krieges der 26-jährige Arno Schmidt (1914-1979), der von Januar bis Oktober 1941 als deutscher Soldat in Hagenau stationiert war. Wäre er Sartre begegnet, er hätte sich mit ihm wohl gut verstanden: Beide waren überzeugte Antimilitaristen, beide erlebten die Niederlage der eigenen Seite und die anschließende Kriegsgefangenschaft. Noch während seines Kriegsdienstes begann Schmidt mit der Arbeit an seinem Erzählband „Leviathan" (1949), in dem er seine Kriegserlebnisse verarbeitete. Von Hagenau ist darin allerdings nicht die Rede.

Gegenüber der Schule und dem „Musée Historique" erhebt sich die neugotische evangelische Kirche der Stadt. Sie diente ursprünglich vor allem den zahlreichen zwischen 1871 und 1918 eingewanderten Deutschen als Gotteshaus. Diese waren mehrheitlich evangelisch.

Jeden Sonntag mussten sich hier auch die evangelischen Soldaten der Hagenauer Garnison versammeln, um den Gottesdienst zu besuchen. Die Tochter eines deutschen Offiziers, der das Kommando über sie führte, ging später in die Literaturgeschichte ein: Ruth Schaumann (1899-1975). Ihre unbeschwerten Kinderjahre fanden ein jähes Ende, als sie im Alter von sechs Jahren an Scharlach erkrankte und daraufhin ihr Gehör verlor. In den folgenden Jahren besuchte sie eine Spezialschule für Gehörlose in Hamburg. Später übersiedelte sie nach München, wo sie fast ihr ganzen Leben verbrachte. Schaumann war eine der vielseitigsten Künstlerinnen ihrer Generation: Sie arbeitete als Graphikerin, Malerin, Bildhauerin und – seit ihrem fünfzehnten Lebensjahr – als Lyrikerin. Ihr stark vom katholischen Glauben geprägtes literarisches Schaffen (sie konvertierte 1924) ist heute allerdings nur noch Spezialisten bekannt.

An der Kirche vorbei gehen wir weiter zur „Place Robert Schuman". Ein Denkmal mit zwei Löwenköpfen erinnert in der Platzmitte an einen Wasserturm aus wilhelminischer Zeit, der im Zweiten Weltkrieg gesprengt wurde. An diesem Ort lässt Alfred Döblin (s. Seltz) seine Roman-Trilogie „November 1918" beginnen: Am Morgen des 10. November 1918 sammelt eine Hagenauerin auf dem Platz Pferdeäpfel, um damit ihr Gemüse zu düngen. Da bemerkt sie etwas Unglaubliches: Die Schildwache vor der benachbarten Schule, damals eine Kaserne, ist nicht auf ihrem Posten ...

Die Frau ging wirklich gerade über den Wasserturmplatz [...]. In der langen niedrigen Schule an der Straßenkreuzung lagen Rekruten. Das große Tor zum Schulhof war verschlossen. Man hörte schreien, laute Männerrufe. Die Frau, die gerade das Trottoir vor der Schule verließ, horchte hin. Sie runzelte mißbilligend die Stirn, aber hielt sich nicht auf. Sie war auf dem Sprung. Da saßen schon die Raben, den ganzen Damm vor der Schule bedeckten sie und hackten und krächzten, und dazwischen flatterten die grauen Sperlinge, und alle hielten sich an ihre Beute, als wenn es ein Gerstenfeld wäre. Es war der Pferdemist, den sie für ihr Gemüsegärtchen brauchte [...]. Wie sie mit dem vollen Eimer auf das Schilderhaus zuging, neben der breiten Schultreppe, staunte sie. Sie suchte. Sie wollte ihren Eimer wie jeden Morgen der jungen Schildwache zur Aufbewahrung geben, bis Mittag, wenn sie von der Arbeit kam. Der Bursche war nicht da. Drin schrien sie hinter dem geschlossenen Tor unentwegt weiter, es war schon ein Gebrüll. Die Alte, ihren Eimer in der Hand, war drauf und dran, an das Tor zu klopfen und Ruhe zu fordern. (Döblin: November 1918, Bd. 1, S. 5f.)

Alfred Döblin lässt die alte Dame hier einen wichtigen Moment der Weltgeschichte erleben: An jenem 10. November hatte der deutsche Kaiser Wilhelm II. abgedankt, der Krieg war zu Ende, die Soldaten verließen ihre Posten. Auf den Straßen Hagenaus tauchten Soldatenräte mit roter Armbinde (der Farbe der Revolution), Bürgerwehren mit rot-weißer Binde (den Farben des Elsass) und Vertreter des „Empfangskomitees" mit blau-weiß-roten Kokarden (den Farben Frankreichs) auf.

Als in Hagenau stationierter deutscher Soldat hatte Döblin diese Ereignisse selbst miterlebt. Im Oktober 1917 war er aus dem lothringischen Sarreguemines (damals Saargemünd) hierher versetzt worden, seine Frau Erna (geb. Reiss) war ihm mit den drei kleinen Söhnen Peter, Wolfgang und Klaus nachgefolgt. Die Familie wohnte in der Schanzenstraße 26 (heute „Rue de la Redoute").

Zumindest Teile seines Berlin-Romans „Wadzeks Kampf mit der Dampfturbine" (1918) und seines Antikriegsromans „Wallenstein" (1920) dürften in diesem

Haus entstanden sein. Dabei stützte sich Döblin auf historische Quellen, die er sich aus der Straßburger Universitätsbibliothek nach Hagenau schicken ließ, aber auch eigene Kriegserlebnisse flossen mit ein.

1933 floh Döblin mit seiner Familie aus dem nationalsozialistischen Deutschland nach Paris, 1936 erhielt er die französische Staatsbürgerschaft. 1937 begann er mit der Niederschrift der oben erwähnten Roman-Trilogie „November 1918", die er erst 1943 in Kalifornien beendete. Der erste Band, „Bürger und Soldaten", spielt zum Teil in Straßburg, zum Teil in einer „kleinen Stadt", hinter der sich unverkennbar Hagenau verbirgt.

Um sich die Schauplätze zu vergegenwärtigen, reiste Döblin im März 1938 zusammen mit seinem elsässischen Freund Robert Minder, einem bedeutenden Germanisten, nach Straßburg und Hagenau. Bereits im Oktober desselben Jahres trug er Teile aus seinem Manuskript in Paris vor. Im November 1939, zwei Monate nach Ausbruch des Zweiten Weltkrieges, erschien der Band im Amsterdamer Querido-Verlag, doch er fand kaum Leser. 1948 erschien der Roman erstmals in Deutschland, aber nur in einer verstümmelten, um die im Elsass angesiedelten Kapitel gekürzten Version. Erst seit 1978 liegt der vollständige Text wieder vor.

Zum Abschluss sei noch an den gebürtigen Hagenauer Auguste Wackenheim (1925-1998) erinnert, auch wenn er den größten Teil seines Lebens in Straßburg verbracht hat. Ohne diesen Arzt, Universitätsprofessor, Maler, Dialektdichter und Publizisten wäre das literarische und kulturelle Leben des Elsass nach 1945 sehr viel ärmer gewesen. Er bereicherte die regionale Literaturszene nicht nur mit seinen originellen Dichtungen in elsässischer Sprache – etwa dem „Elsaesser Dódedanz" –, sondern verhalf ihr durch die 1983 von ihm gegründete Literaturzeitschrift „Revue Alsacienne Littéraire" (RAL) zu einer eigenen Plattform. Zehn Jahre später begann er mit der Veröffentlichung einer auf fünf Bände angelegten Geschichte der Dialektliteratur im Elsass (1993-2003). Nach seinem Tod wurde das Werk von Adrien Finck, Raymond Matzen und Maryse Staiber vollendet.

Musée Alsacien
1 Place Joseph Thierry
F-67500 Haguenau
Tel. +33 (0)3 88 73 30 41

Musée Historique
9 Rue du Maréchal Foch
F-67504 Haguenau
Tel. +33 (0)3 88 93 79 22

Gros Chêne

Von Hagenau aus lohnt sich ein Abstecher nach Norden in den ca. 7 km entfernten Hagenauer Forst (Forêt de Haguenau), der sich über eine Länge von 40 Kilometern in der elsässischen Ebene erstreckt. Mit seinen 13.472 ha Fläche bildet er das größte Waldgebiet des Nordelsass (das sechstgrößte Frankreichs), das allerdings durch den Sturm Lothar (1999) schweren Schaden genommen hat. Wir erreichen den Wald, indem wir über die D 263 Richtung Weißenburg (Wissembourg) fahren. An der Abzweigung „Gros Chêne" biegen wir nach rechts und folgen dem Weg bis zu einem Parkplatz.

Der Hagenauer Forst gilt seit alters her als heilig („Forêt Sainte"). Zwischen dem 6. und dem 13. Jahrhundert wurden hier nicht weniger als sieben Klöster gegründet (s. Seltz, Marienthal). Doch die Geschichte des Waldes als religiöser Kultstätte ist viel älter: Um 1900 entdeckte Xavier Nessel – 1871-1902 Bürgermeister von Hagenau – in diesem Gebiet ca. 750 Hügelgräber aus der Bronzezeit. Zwei davon sind links vom Weg zu sehen. Die von Nessel geborgenen Grabbeigaben befinden sich heute im „Musée Historique" von Hagenau.

Im frühen Mittelalter etablierte sich entlang des Hagenauer Forstes die Stammesgrenze zwischen Franken und Alemannen, was bis heute spür- und hörbar ist: Südlich des Waldes wird ein alemannisches Elsässisch gesprochen (Is, Hüs, Lit), nördlich davon ein fränkisch geprägtes (Eis, Haus, Lait). Um das Jahr 650, nach der Unterwerfung der damals noch heidnischen Alemannen, ernannte der christliche Frankenkönig Dagobert II. den heiligen Arbogast (gest. 678) zum Bischof von Straßburg, von wo aus dieser die neuen Untertanen missionieren sollte. Um für seine schwere Aufgabe Kräfte zu sammeln, soll er zuvor längere Zeit als Eremit im Hagenauer Forst gelebt haben, und zwar auf der „Dicken Eiche" (Gros Chêne). 1913 fiel der uralte Baum einem Blitzschlag zum Opfer. Doch der etwa sechs Meter hohe Stumpf wurde mit Zement ausgegossen und blieb so bis heute als Denkmal erhalten. Eine Gedenktafel (1862) und eine Wallfahrtskapelle (1955) markieren den Ort zusätzlich.

Im hohen Mittelalter diente der Hagenauer Forst den Staufern als Jagdrevier. Auch Kaiser Friedrich I. Barbarossa wird hier gejagt haben. Von einer solchen Jagd berichtet die Legende vom „Verlorenen Kaiser Friedrich", die Jakob (1785-1863) und Wilhelm Grimm (1786-1859) in ihre Sammlung „Deutsche Sagen" (1816-1818) aufgenommen haben. Ihr zufolge ist der Kaiser nicht auf dem Kreuzzug ums Leben gekommen, sondern durch einen Zauberring im Wald verschwunden:

Kaiser Friedrich war vom Papst in den Bann getan, man verschloß ihm Kirchen und Kapellen, und kein Priester wollte ihm die Messe mehr lesen; da ritt der edle Herr kurz vor Ostern, als die Christenheit das heilige Fest begehen wollte, darum, daß er sie nicht daran irren möchte, aus auf die Jagd. Keiner von des Kaisers Leuten wußte seinen Mut und Sinn; er legte ein edles Gewand an, das man ihm gesendet hatte von Indien, nahm ein Fläschlein mit wohlriechendem Wasser zu sich, und bestieg ein edles Roß. Nur wenig Herren waren ihm in den tiefen Wald nachgefolgt, da nahm er plötzlich ein wunderbares Fingerlein in seine Hand, und wie er das tat, war er aus ihrem Gesicht verschwunden. Seit dieser Zeit sah man ihn nimmer mehr, und so war der hochgeborene Kaiser verloren. Wo er hinkam, ob er in dem Wald das Leben verlor, oder ihn die wilden Tiere zerrissen, oder ob er noch lebendig sei, das kann niemand wissen. Doch erzählen die alten Bauern: Friedrich lebe noch, und lasse sich oft als ein Waller bei ihnen sehen, dabei habe er öffentlich ausgesagt, daß er noch auf römischer Erde gewaltig werden, und die Pfaffen stören wolle, und nicht ehnder ablassen, er habe denn das heilige Land wieder in die Gewalt der Christen gebracht, dann werde er „seines Schildes Last hahen an den dürren Ast." (Grimm, S. 545f.)

Im 17. Jahrhundert gingen die Rechte an dem Wald auf den französischen König und im 18. Jahrhundert auf die französische Republik über. Allerdings teilt das staatliche Forstamt Ausgaben und Einkünfte zu gleichen Teilen mit der Stadt Hagenau, seit 1164 Miteigentümerin des Waldes. Wegen dieses doppelten Besitzes heißt er auch „Forêt Indivise" (Ungeteilter Wald). Bis heute ist er ein beliebtes Ausflugsziel der Hagenauer Bevölkerung. Ein Picknick- und ein Spielplatz, ein Trimm-dich-Pfad und ein botanischer Lehrpfad rund um die „Dicke Eiche" zeugen davon. Zudem lädt eine Ausflugsgaststätte zum Verweilen ein.

3. Im Land der Hexen und Geister: das Hanauerländel

Pfaffenhoffen

Der folgende Abschnitt unserer literarischen Reise führt uns durch das Gebiet zwischen Hagenauer Forst und Vogesenrand. Es handelt sich dabei um einen Teil der ehemaligen „oberen" Grafschaft Hanau-Lichtenberg, die einst mit der „unteren" Grafschaft Hanau-Münzenberg am Main dynastisch verbunden war. Die „obere" Grafschaft umfasste Gebiete beiderseits des Rheins. Noch heute heißt der rechtsrheinische Teil „Hanauerland" und der linksrheinische – der etwa 400 Gemeinden im nördlichen Elsass umfasst – „Pays de Hanau" bzw. „Hanauerländel" (s. auch Offendorf). Die folgende Route erschließt dessen südlichen Teil.

Die Herrschaft der lutherischen Grafen von Hanau-Lichtenberg galt als ausgesprochen tolerant, sie duldeten weder Leibeigenschaft noch religiöse Diskriminierung. Charakteristisch für die Gemeinden des Hanauerländels war daher ein relativ friedliches Nebeneinander von lutherischer, calvinistischer (= hugenottischer), katholischer und jüdischer Religion. Spuren dieser einstigen religiösen Vielfalt sind heute noch allgegenwärtig.

Wir beginnen unsere Fahrt dort, wo der letzte Abschnitt unserer Reise geendet hat: in Hagenau. Zunächst fahren wir auf der D 919 an der Moder entlang, vorbei an Schweighouse-sur-Moder (els. Schwaighüse; 4.700 Einw.) und dem dahinterliegenden Wald von Ohlungen. Seit 1996 findet alle zwei Jahre im Schatten dieser Bäume das „Summerlied" statt, ein musikalisch-literarisches Festival, an dem zahlreiche Sänger, Dichter und Autoren aus dem Elsass, aber auch aus anderen Regionen Europas teilnehmen.

Nachdem wir das Dorf Neubourg hinter uns gelassen haben, erreichen wir Uberach (els. Iwerach; 1.100 Einw.), einen ehemaligen Hugenottenort. Angeblich erinnert der Name an die Klagerufe der von Heimweh gequälten Flüchtlinge: „Ach über Ach!" Heute ist das Dorf mit dem benachbarten Pfaffenhoffen (els. Pfaffoffe, dt. Pfaffenhofen; 2.300 Einw.), einer einstigen Vogtei der

Grafschaft von Hanau-Lichtenberg, fast zusammengewachsen.

Hier beginnt das Kerngebiet des Hanauerländels. Der elsässische Dichter Jean Christian (eigentlich Charles Boos) hat es in dem Gedicht „Au Pays de Hanau" (An das Hanauer Land) verewigt, das er 1983 in dem Band „L'Eau du Silence" (Wasser des Schweigens) veröffentlichte. Der Dorfschmied, ein heute verschwundener Beruf, ist für ihn eine Metapher der verlorenen und doch allgegenwärtigen Kindheit. Hier der Versuch einer Übersetzung:

Im Hanauer Land,
Schmuckstück meines Dorfs,
Bereitet der Schmied der Hoffnung
Seinen Stahl.
[...]
Doch der Ring, der daraus erwuchs,
Ward an uns selbst gerichtet
Und band auf immer
Unsere jugendlichen Leidenschaften.

Oh allmächtiger Schmied,
Dessen Blasebalg ohne Unterlass
Und beliebig oft
Die Glut unserer Seelen entfacht

(Finck, S. 222; Ü: S. W.)

In der Ortsmitte von Pfaffenhoffen biegen wir rechts in die „Rue du Marché" ein und stellen unseren Wagen links auf der „Place du Marché aux Grains" ab. Auf der anderen Straßenseite erhebt sich die spätmittelalterliche Kirche „Saints-Pierre-et-Paul" (Peter-und-Paulskirche). Von 1685 bis 1885 wurde sie als Simultankirche von Protestanten und Katholiken gemeinsam genutzt. Seit dem Bau einer eigenen evangelischen Kirche gehört sie ganz der katholischen Gemeinde.

Von 1785 bis zu seinem Tode wirkte hier Gottfried Johann Schaller (1762-1831). Als Günstling des (damals hessischen) Landesherrn kam der im benachbarten Obermodern geborene Pfarrerssohn in den Genuss einer höheren Bildung. Als Ortspfarrer von Pfaffenhoffen erlebte er die Französische Revolution und die Napoleonischen Kriege, die sein Vertrauen in staatliche Autoritäten erheblich erschütterten. Neben seiner Tätigkeit als Seelsorger verfasste er Schriften, in denen er sich kritisch mit seiner Zeit auseinandersetzte und die er in deutscher, französischer und lateinischer Sprache veröffentlichte. Sein bekanntestes Werk ist das Versepos „Die Stuziade oder Der Perückenkrieg" (1802-1808).

Wir folgen der Straße zurück ins Ortszentrum bis zur „Mairie" (Rathaus). Im Erdgeschoss sind Gemälde und Skulpturen des zeitgenössischen Straßburger Künstlers Alfred Pauli zu sehen. Von 1875 bis 1886 war hier Philippe-Chrétien Schweitzer als Ortsbürgermeister tätig. Der überzeugte Republikaner ist der Großvater des „Urwalddoktors" Albert Schweitzer (nach dem die Hauptstraße benannt ist) und der Urgroßvater des Schriftstellers Jean-Paul Sartre (s. Hagenau, Marmoutier, Morsbronn).

Die Familie Schweitzer wanderte im 17. Jahrhundert aus Hessen ins Elsass ein und ließ sich im 19. Jahrhundert in Pfaffenhoffen nieder. 1870 riss der Deutsch-Französische Krieg die Familie auseinander: Philippe-Chrétien und sein Sohn Louis (der Vater von Albert Schweitzer) blieben im annektierten Elsass und wurden damit deutsche Staatsbürger, der älteste Sohn Auguste und der jüngste Sohn Charles zogen nach Paris und blieben so Franzosen. Dort heiratete Charles' Tochter Anne-Marie, genannt „You", 1904 einen Marine-Arzt aus Südwestfrankreich namens Jean-Baptiste Sartre. Er starb fünfzehn Monate nach der Geburt seines Sohnes Jean-Paul, was diesen später zu der Bemerkung veranlasste, er sei „im Galopp" gezeugt worden.

So kam es, dass Jean-Paul Sartre, genannt „Poulou", in Paris bei seinem elsässischen Großvater aufwuchs, der die Rolle des Vaters und zugleich – er war promovierter Germanist und Deutschlehrer – die des Hauslehrers übernahm. Die mit deutschen und französischen Klassikern gut bestückte Bibliothek Charles Schweitzers erschien dem jungen Sartre wie ein Tempel, Literatur wurde ihm zum Religionsersatz. Noch Jahrzehnte später schwärmte er davon in seiner Autobiographie „Les mots"

(1964), in der er seine „Schweitzer-Jahre" (1907-1917) beschreibt:

So entschied sich mein Schicksal in der Rue le Goff Nr. 1, in einer Wohnung im fünften Stock, unter Goethe und Schiller, über Molière, Racine und La Fontaine, gegenüber von Heinrich Heine und Victor Hugo. (Sartre: Mots, S. 133 ; Ü: S. W.)

Die erste Fassung dieses Textes veröffentlichte Sartre 1954 unter dem Titel „Jean sans Terre" (Johann ohne Land). Als zehn Jahre später eine überarbeitete Fassung erschien, wurde Sartre dafür der Literaturnobelpreis angeboten, den der Autor jedoch ablehnte. Heute gilt „Les mots" als eines der besten Bücher Sartres, mit dem er das Genre der Autobiographie wesentlich erneuert hat. Anders als sein Kollege Louis Aragon (s. Fort-Louis, Bischwiller) hält er zwar an der Identität eines Erzähler-Ichs fest, löst im Gegenzug aber jede chronologische Ordnung auf. Eingestreute Orts- und Zeitangaben erlauben es dennoch, die einzelnen Episoden zu situieren, darunter auch einige in Pfaffenhoffen.

Das Stammhaus der Familie Schweitzer befindet sich in der „Rue Albert Schweitzer" Nr. 35. Im Erdgeschoss des Hauses betrieb Caroline Biedermann, die Schwester von Charles Schweitzer und Tante von Sartre, in den ersten Jahrzehnten des 20. Jahrhunderts ein Geschäft für Miederwaren, zum allgemeinen Entsetzen der streng protestantischen Verwandtschaft. Im selben Haus verbrachte der junge Sartre des Öfteren seine Sommerferien, zum Beispiel im Jahr 1913. Man merkt seinem Bericht in „Les mots" an, dass der Erste Weltkrieg damals nur noch wenige Monate entfernt war:

Mein Großvater, der sich 1871 für Frankreich entschieden hat, reist von Zeit zu Zeit nach Gunsbach oder Pfaffenhofen, um seine zurückgebliebenen Verwandten zu besuchen. Man nimmt mich mit. Wenn ein deutscher Schaffner ihn nach den Fahrkarten fragt, wenn ein Kellner im Café nicht rasch genug die Bestellung aufnimmt, läuft Charles Schweitzer rot an vor patriotischem Zorn. Die beiden Frauen umklammern seine Arme: „Charles, denkst du daran? Sie werden uns ausweisen, und du hast gar nichts damit erreicht!" Mein Großvater wird noch lauter: „Das möchte ich sehen, ob sie mich ausweisen, ich bin hier zu Haus!" (Sartre: Mots, S. 32 ; Ü: S. W.)

Vom ersten Stock der „Maison Schweitzer" sah Sartre in diesem letzten Friedenssommer zum ersten Mal deutsche Soldaten. Es sollte nicht das letzte Mal sein. Außerdem schrieb er hier seinen ersten Roman: „Pour un papillon" (Für einen Schmetterling). Es ist die Geschichte eines Gelehrten, seiner Tochter und eines athletischen Abenteurers, die zu dritt den Amazonas erkunden, um einen seltenen Schmetterling zu finden. Alles an dieser Geschichte ist „geklaut", vom Titel über die Personen bis hin zur Handlung. Aber gerade deshalb erschien sie dem angehenden Schriftsteller als „wahrhaftig". In seinem Kriegstagebuch von 1939 erinnert er sich:

An einer Straßenecke sah ich einen großen, ockerfarbenen, sehr hässlichen Bau, mit Schieferdach, Erker und Stufengiebel: das war das Geschäft Biedermann [...]. Ich erinnere mich vage an das silberne Glänzen eines deutschen Regiments, das unter schrillen und schneidenden Pfeifentönen unter unserem Fenster vorbeimarschierte. Pfaffenhoffen gelten meine frühesten „literarischen" Erinnerungen. Am Schreibtisch sitzend, das Fenster im Rücken, schrieb ich an einem Abenteuerroman: „Für einen Schmetterling". (Sartre: Carnets, S. 370 u. 374; Ü: S. W.)

Im Haus auf der gegenüberliegenden Straßenseite befand sich damals das kleine Schreibwarengeschäft „Rosenfelder" (in „Les mots" taucht es als Lebensmittelgeschäft „Blumenfeld" auf). Dort kaufte Sartre für einige Pfennige alles, was er für sein Romanprojekt benötigte: Papier, Schreibfedern und jede Menge Bonbons:

Es hatte sich in mir eine merkwürdige Verbindung zwischen diesen Bonbons und diesen Federn und Heften eingestellt, und ich aß sie mit dem Gefühl, als kaute ich auf Papier. Für mein Herz waren dies fleißige Bonbons, etwas langweilig, und gerade darum noch anziehender, eben Arbeitsbonbons. (Sartre: Carnets, S. 371; Ü: S. W.)

Während des Ersten Weltkriegs waren französische Besuche im Elsass nicht mehr möglich. Doch im fernen Paris erschuf sich Sartre sein eigenes Elsass. Vom patriotischen Taumel der Zeit angesteckt, schrieb er die Geschichte des Soldaten Perrin, der den deutschen Kaiser entführt, im ritterlichen Zweikampf besiegt und die Herausgabe von Elsass-Lothringen erzwingt. Nicht ohne Selbstironie berichtet der gereifte Dichter in „Les mots" von diesem Ausrutscher ins Mantel-und-Degen-Genre.

Kurz nach dem Ersten Weltkrieg kehrte Sartre als nunmehr pubertierender Jugendlicher ins tatsächlich wieder französische Pfaffenhoffen zurück. Statt für Bonbons interessierte er sich nun allerdings vor allem für seine beiden Kusinen Mathilde und Anna, die vergeblich versuchten, dem jungen Pariser einige Brocken Elsässisch beizubringen, zum Beispiel die Worte „Pippele" (Püppchen) und „Rippele" (Rippchen).

Ein letztes Mal sah Sartre das Dorf seiner Kindheit am 22. Dezember 1939, zwei Tage vor Heiligabend. Aus Morsbronn-les-Bains, wo er als französischer Soldat stationiert war, fuhr er mit dem Lastwagen über Hagenau hierher, eine Sauerstoffflasche für seine Wetterballons zu besorgen. Am selben Abend schreibt er an Simone de Beauvoir:

Heute habe ich die Pilgerfahrt gemacht. Punkt sieben Uhr dreißig bin ich mit einem Lastwagen ein paar Kilometer weit gefahren, um Wasserstoffflaschen zu holen [...]. Die Mission hat fast allein in Trinken bestanden. Wir kamen an, luden die Wasserstoffflaschen auf, und dann gingen wir in ein kleines Café, wo gerade ein Meteorologe saß, der am selben Abend auf Urlaub fuhr. Er zahlte eine Runde Schnaps, dann ich, dann die Ordonnanz, die mir half, die Flaschen zu tragen, dann der Fahrer und wieder der Meteorologe und schließlich ich [...]. Danach irrte ich auf der Suche nach meinen Erinnerungen durch die Stadt. Vergeblich [...]. Und dann ging ich wieder zurück ins Café; der Fahrer zahlte eine Runde Schnaps – und dann Grener und dann ich, und gegen Mittag kehrten wir „in unser Hotel" zurück. Eine mißglückte Pilgerfahrt, aber ein reizender kleiner Vormittag ... (Sartre: Briefe, S. 521f.)

Nicht nur Sartre, auch Albert Schweitzer (1875-1965) hielt sich zeitweise in der „Maison Schweitzer" auf. Gegenüber führt die „Rue du Temple" leicht bergauf zur neogotischen evangelischen Pfarrkirche, in der er seine erste Predigt hielt. Vor der Kirche macht die Straße einen Rechtsknick und führt weiter zur Synagoge von Pfaffenhoffen, einer der ältesten Frankreichs. Obwohl Juden seit dem 14. Jahrhundert in Pfaffenhoffen lebten und seit dem 17. Jahrhundert eine selbstständige Gemeinde bildeten, erhielten sie erst durch die Französische Revolution die vollen Bürgerrechte. 1791, also noch während der Revolution, wurde der Bau der Synagoge als Zeichen eines gewachsenen Selbstbewusstseins eingeweiht. Außer dem Gebetsraum im Obergeschoss sind der Gemeindesaal („Kahlstub"), die Mikwe (rituelles Tauchbad), ein Ofen für Matzenbrot (für das Pessach-Fest) und zwei Gästezimmer erhalten – viele Juden arbeiten damals als „fliegende Händler". Seit dem Zweiten Weltkrieg ist das jüdische Leben in Pfaffenhoffen erloschen.

Nach einem erneuten Rechtsknick führt die „Rue du Temple" hinunter zur „Rue du Docteur Albert Schweitzer" Nr. 38. Es ist die ehemalige Brasserie Moritz (1577), in der sich seit 1999 das „Musée de l'Image Populaire" befindet. Neben zahlreichen Hinterglasbildern zeigt es Zeugnisse einer vier Jahrhunderte alten Tradition: die „Goettelbriefe". Es handelt sich dabei um gereimte (in der Regel hochdeutsche) Glückwünsche eines Taufpaten an sein Patenkind. Sie werden äußerst kunstvoll gestaltet und verbinden auf originelle Weise volkstümliche Kalligraphie, Malerei und Dichtung miteinander.

Musée de l'Image Populaire
24 Rue du Docteur Albert Schweitzer
F-67350 Pfaffenhoffen
Tel. +33 (0)3 88 07 80 05

Obermodern und Kirrwiller

Über Obermodern (els. Obermodre; 1.500 Einw.), den Geburtsort von Gottfried Schaller (s. Pfaffenhoffen), fahren wir auf der D 24 weiter Richtung Bouxwiller. Der Weg führt durch eine Gegend des Elsass, in der es besonders viel spuken soll. Einige dieser Spukgeschichten hat August Stoeber in seinem Band „Die Sagen des Elsasses" (1851) aufgezeichnet (s. Oberbronn). Darin berichtet er auch von dem Moderer Wald, der sich rechts von der Straße erstreckt. Über die Wipfel der Bäume soll im Herbst und in den zwölf Raunächten (zwischen Weihnachten und Epiphanias) von Norden her die Wilde Jagd ziehen, angeführt von Göttervater Wotan. Wanderer werden bisweilen mit Namen angerufen, dürfen aber keinesfalls darauf antworten. In Frühlingsnächten dagegen sind hier Feen (Luftgeister) und Undinen (Wassergeister) unterwegs, von denen eine alte Sage berichtet:

An einem Freitag, just in der Nacht des Frühlingsvollmondes, ging ein Bursche aus Obermodern durch den Wald [...]. Buntgefiederte Vögel, schillernde Schmetterlinge umgaukelten ihn, Rehe und Pfauen sah er um sich, Glühwürmchen und Irrlichter luden ihn ein, ihnen zu folgen, immer tiefer in den Wald. Silberbächlein rieselten über die Felsen, und vor ihm tat sich ein Garten auf, erhob sich ein Schloss aus Marmor. Und er hörte eine himmlische Musik. Eine Fee aber, schöner wie ein Maienmorgen, öffnete mit goldenem Schlüssel die Gartentüre, empfing ihn lächelnd, geleitete ihn durch eine Allee von blauen Rosen. Die dufteten so wundersam, und Springbrunnen warfen Silberwasser in grosse Teiche. Eine Undine aber schwamm zu dem Burschen und bat ihn um einen Kuss. Und er küsste sie, vergass alle, die er in seinem Dorf lieb gehabt, trat in das Schloss, ass und trank, konnte sich nicht satt sehen an all der Pracht und dem Glanz und schlief endlich in einem prunkvollen Gemach ein ...

In der Frühe erwachte er inmitten einer Dornhecke, und ein heftiger Regen durchnässte ihn bis auf die Knochen. Er vermeinte zuerst, geträumt zu haben, aber er trug in der Hand blaue Rosen [...]. Aber von Stund an half er nimmer seinen Eltern, und sein Mägdlein, das er verlassen, starb bald darauf ... Und immer, immer dachte der Bursche an den Zauber, nur an den Zauber ... (Stintzi, Bd. 1, S. 215f.)

Wem dieser Ort zu unheimlich erscheint, dem sei die Route über Kirrwiller (dt. Kirrweiler; 690 Einw.) empfohlen. Statt der Wilden Jagd erscheint auf dem Feld links von der Straße in den Abendstunden eine schwarze Kuh mit silbernen Hörnern und einer silbernen Halsglocke. Sie ist ein netter Geist, der verirrten Wanderern die Hände leckt und den Weg nach Hause zeigt. Doch wer ihn ärgert, den nimmt er auf die Hörner und wirft ihn in den Mühlbach.

Meiden sollte man dagegen eine wannenartige Vertiefung in dem Feld, „Dunzenbruch" genannt, wo ebenfalls diverse Geister umgehen. Vermutlich handelt es sich dabei um eine heidnische Kultstätte, denn noch bis ins 19. Jahrhundert soll die Dorfbevölkerung hier Opfergaben niedergelegt haben: Hühner, Kaninchen und Geldmünzen.

In Kirrwiller biegen wir nach rechts Richtung Bouxwiller ab. Der Weg führt am Spitzling vorbei, einem Hügel, auf dem zur Geisterstunde Irrlichter und eine schwarze Kutsche zu sehen sind, aus der wunderschöne Musik erklingt. Auf keinen Fall sollte man einsteigen, denn sie fliegt mit den Insassen auf und davon. Wir bleiben besser auf dem Boden der Tatsachen und fahren auf der D 7 nach Bouxwiller.

Bouxwiller

Bouxwiller (els. Busswiller; dt. Buchsweiler; 3.700 Einw.) geht auf einen fränkischen Meierhof namens „Puxwilare" zurück und wurde im 14. Jahrhundert zur Stadt erhoben. Wie in den umliegenden Dörfern spukt es auch hier. Spezialität des Ortes sind Hexen (wegen des nahen Bastberges, s. dort) und Albtiere. August Stoeber (s. Oberbronn) berichtet in seiner Sammlung „Die Sagen des Elsasses" (1851) von einem Stadtkalb, das sich Trunkenen auf dem Heimweg auf den Rücken legt, vom „Letzel",

Im ehemaligen Marstall des Buchsweiler Schlosses ist heute die Post untergebracht.

einem Gespenst von unbestimmbarer Tiergestalt, von einer übergroßen Katze und einem ebenso großen Hahn.

Mittelpunkt des Ortes ist die rechtwinklige „Place du Château" (Schlossplatz), wo wir unseren Rundgang beginnen. In der Platzmitte stand einst das „Klein-Versailles" genannte Residenzschloss der Grafen von Hanau-Lichtenberg, das während der Französischen Revolution verkauft und 1807 abgerissen wurde. An seiner Stelle steht seit 1885 ein Schulbau. Davor erinnert ein Brunnen an den ehemaligen Wassergraben und die Brunnenskulptur an den Spitznamen der Buchsweiler: „Platteschlecker".

Der Platz wird eingerahmt von den Nebengebäuden des früheren Schlosses: im Süden die Schlosskapelle aus dem Jahr 1300 und der Kornspeicher aus dem 16. Jahrhundert, im Westen die „Rentkammer" von 1702 (Rechnungshof, heute Museum) und die Kanzlei von 1660 (heute Rathaus), im Norden der Marstall von 1688 (heute Post) und die „Beschließerei" von 1709.

Im 15. Jahrhundert residierte Jakob von Lichtenberg „mit dem Barte" (1416-1480) in dem Schloss. Nach dem Tod seiner Gemahlin (1450) verliebte sich der noch recht junge Fürst in die „scheene Bärwel", ein auffallend hübsches und kluges Bauernmädchen aus dem badischen Ottenheim. Er holte sie auf sein Stadtschloss und übertrug ihr sogar de facto die Regentschaft, während er selbst sich ganz der Astrologie und Alchemie widmete. Die adlige Verwandtschaft duldete diese Mesalliance zähneknirschend, doch die Buchsweiler Bürgerschaft empörte sich über die angeblich zu strenge Herrschaft des „Kebsweibes". Während die Männer die Stadt verließen, um Jakobs Bruder Ludwig in Ingwiller zu einem Putsch aufzustacheln, nahmen deren Frauen die Sache selbst in die Hand. Mit Heugabeln, Bratspießen, Äxten und Prügeln bewaffnet, zogen sie 1462 vor das Schloss, um Bärbel zu vertreiben. Als „Buchsweiler Weiberkrieg" ging das Ereignis in die lokale Geschichte ein.

Jakob wurde schließlich zur Abdankung gezwungen und zog sich auf sein Stammschloss Lichtenberg zurück, wo er 1480 starb. Bärbel dagegen ließ sich in Hagenau nieder, wo ihr Jakob einen reichen Gutshof übertrug. Nach dem Tod ihres Geliebten heiratete Bärbel einen reichen Hagenauer Bürger. Doch auch diese bürgerliche Ehe bewahrte sie nicht davor, 1485 unter einem lächerlichen Vorwand als Hexe angeklagt und – trotz des Protestes des gesamten Stadtrates – verbrannt zu werden. Nach einer anderen Version wurde sie in ihrer Zelle erhängt aufgefunden. Sicher ist dagegen, dass die Stadtväter ihr reiches Erbe unter sich aufteilten, sogar der Kaiser forderte seinen Anteil!

Natürlich hat diese Geschichte um Liebe und Verrat schon die Zeitgenossen tief bewegt. In seiner mehrbändigen „Chronicon Alsatiae" bzw. „Edelsasser Chronik" (1592) schildert Bernhard Hertzog (1537-1596/97), hanau-lichtenbergischer Amtmann zu Wœrth (s. dort), die Ereignisse, wobei er Bärbel für ihr Schicksal selbst verantwortlich macht. Sein Bericht endet mit einem Reimspruch:

Dies unehlich Weib tet anno 1462 den armen Leuten
viel zu leid, wie denn das Sprichwort lautet:
Ein' Hur auf einem Schloß,
Ein Bettler auf eim Roß
Ein' Laus in einem Grindth,
Nicht findt sich stolzeres Gesindt.

(Ortenau, S. 35)

Da Jakob von Lichtenberg und sein Bruder Ludwig keine männlichen Erben hinterließen, fiel die Grafschaft nach ihrem Tod an Ludwigs Schwiegersohn Philipp von Hanau. Als das Elsass nach dem 30-jährigen Krieg an die französische Krone fiel, wurden die Grafen von Hanau-Lichtenberg zu Vasallen von König Ludwig XIV. Den äußeren Machtverlust machten sie durch eine umso aufwändigere Hofhaltung wett. Das Schloss bauten sie im barocken Stil aus. 1658 wurde anlässlich der Hochzeit des Grafen Johann Reinhard ein Singspiel aufgeführt, dessen Autor vermutlich der Dichter-Pfarrer Quirinus Moscherosch (1623-1675) war (s. Offendorf). Die etwas dürftige Handlung wird durch theatralische Effekte wettgemacht: Gesangseinlagen, Militärmusik und Böllerschüsse. Der typisch barocke Titel dieser „Comoedia" umfasst allein elf Zeilen:

COMOEDIA
  oder
Hochzeitliches Schauspiel / so bey dem Fürst=
  Gräfl. Beylager Ihro Hochgrävl. Gnaden
Herrn Grafen Johann Reinhardts /
Grafen zu Hanau / etc. Und Ihro Fürstl. Gn.
  Fräulein Annae Magdalenae
Pfaltzgräfin bey Rhein / Hertzogin in Bayern /
  Gräfin zu Veldentz und Sponheim / etc.
Durch einen Edelpagen / vor
  Fürstgräfl. Hochzeit=Tafel
  zu spielen / aufgesetzt worden.

(Schäfer, S. 34)

Blick durch die „Rue de l'Eglise" mit ihren malerischen Renaissance-Fassaden auf die protestantische Kirche von Bouxwiller.

Als 1736 der letzte Graf von Hanau-Lichtenberg starb, fiel das Land – mit Einwilligung des französischen Königs – an die Landgrafen von Hessen. Damit verlor Bouxwiller den Status einer Residenzstadt. Doch die „große Kurfürstin" Karoline von Hessen-Darmstadt machte das Buchsweiler Schloss von 1757 bis 1765 zu ihrem festen Wohnsitz. 1768 begründete sie in Darmstadt einen Musenhof, an dem sich Friedrich Klopstock, Johann Lavater, Matthias Claudius, Friedrich Schiller und andere berühmte Literaten der Zeit aufhielten. Ihre in Bouxwiller aufgewachsenen Töchter gingen ebenfalls in die Geschichte ein: Friederike heiratete den späteren preußischen König Friedrich Wilhelm II., Luise wurde die Gattin von Karl August von Sachsen-Weimar. Nur einen

Monat, nachdem sie in Weimar ihren Einzug gehalten hatte, folgte ihr Goethe dorthin nach.

Im Schreckensjahr 1793 arbeitete auf dem Schlossplatz die Guillotine. Verantwortlich dafür war Eulogius Schneider (s. Hagenau, Oberbronn). Als öffentlicher Ankläger der Republik ließ er hier und an anderen Orten des Nordelsass 31 Menschen „gesetzlich sterben" – so die damalige Amtssprache. In ganz Frankreich wurden während der Revolution etwa 30.000 Menschen mit dem Fallbeil hingerichtet (die Kriege von Napoleon I. kosteten allerdings 2,5 Millionen Menschen das Leben!).

Ein Menschenalter später diente der Schlossplatz der örtlichen Gendarmerie als Exerzierplatz und den Kindern der Stadt als Spielplatz. Marie Hart (eigentlich Anne-Marie Hartmann, 1856-1924) hat in ihrem autobiographisch geprägten Prosaband „G'schichtlen un Erinnerungen üs de sechziger Johr" (1911) beides beschrieben:

's isch au noch e su schöen Wetter gewenn, daß m'r for unser Lewe gere e bissel uf'm Schloßhoft g'spielt hätte [...]. Wie m'r nunter kumme, han grad d'Schandarme uf'm Schloßhoft exerziert. D'r brigadier hat kummediert: „Gauche, droite! gauche, droite!" D' Säwel un d' tricornes han in d'r Sunn geblitzt, d' Rösser sin uf un nunter g'hipfelt. Alli Kinder sin drum erum g'stande, un mir han dies Ding au sehn müen. (Hart: G'schichtlen, S. 123)

Marie Hart kam in Bouxwiller zur Welt und wuchs mit Elsässisch als Alltagssprache, Französisch als Schulsprache und Deutsch als Kirchensprache auf. 1870/71 erlebte sie den Deutsch-Französischen Krieg und die Angliederung ihrer Heimat an das Deutsche Reich. Mehrmals wechselte sie in ihrem Leben von einer Seite des Rheins auf die andere: Nach ihrer Ausbildung zur Lehrerin in Straßburg arbeitete sie zunächst in Dresden, dann in Lutzelhouse (damals Lützelhausen). Dort lernte sie ihren späteren Mann Alfred Kurr kennen, einen fünfzehn Jahre älteren, in Scheidung lebenden deutschen Offizier. Ihr gemeinsamer Lebensweg führte sie vom österreichischem Mellau zurück ins elsässische Lutzelhouse, dann ins bayerische Freilassing und schließlich wieder nach Bouxwiller.

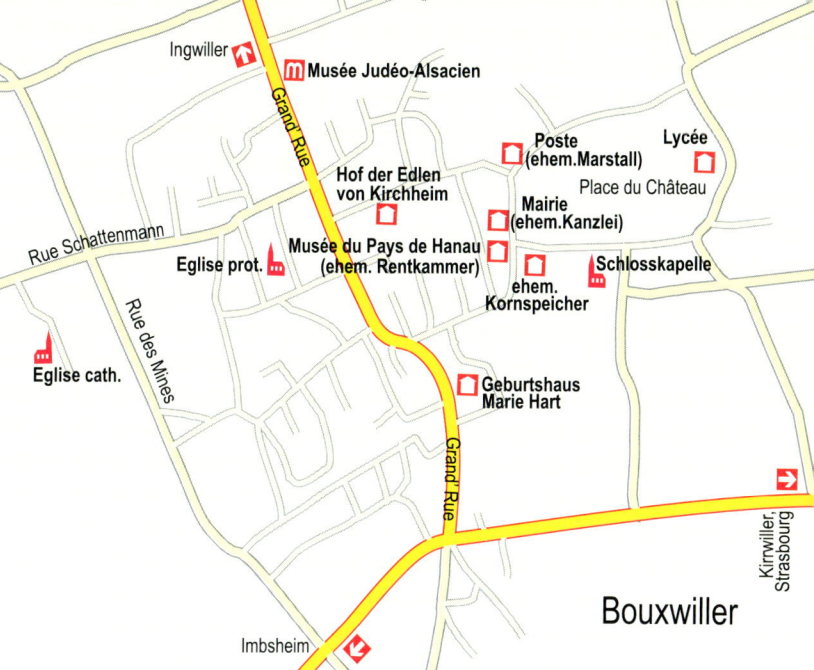

Schon früh begann Marie Hart zu schreiben, zunächst in französischer, dann in deutscher und schließlich in elsässischer Sprache. 1907 erschien ihre erste Veröffentlichung, das Theaterstück „D'r Stadtnarr". Heute gilt Marie Hart als wichtige Erneuerin der elsässischen Schriftsprache und als bedeutendste Prosaistin der elsässischen Dialektliteratur. Im Museum von Bouxwiller ist ihr ein Raum gewidmet, das städtische Kulturzentrum trägt ihren Namen.

Ein Förderer von Marie Hart war der Schriftsteller Friedrich Lienhard (1865-1929), der wie sie aus dem Hanauerländel stammte (s. Rothbach). Als Gymnasiast ging er täglich zu Fuß aus Obersoultzbach bzw. Schillerhof ans hiesige Gymnasium, wo er zweimal sitzen blieb! Entsprechend groß war seine Erleichterung, als er 1886 im neuen Schulgebäude am Schlossplatz endlich sein Abiturzeugnis in Empfang nehmen durfte. In seiner Autobiographie „Jugendjahre" (1918) erzählt er davon:

Im Jahre 1884 ward das neue Gymnasialgebäude vollendet: auf den Fundamenten des ehemaligen Schlosses. Ich saß dort noch ein Jahr und erledigte dann die Abgangsprüfung unter dem hochbegabten Direktor Deecke, den des Statthalters Ungnade in unsre Ecke gebannt hatte [...]. Welch ein Aufatmen, als die Abgangsprüfung leicht und gut bestanden war!

Auf einem Acker hinter dem Schulhause ward ein Feuer entfacht; Grammatik und andre unbeliebte Schulbücher loderten in Flammen auf; und der angehende Student stieß mit einer Bohnenstange wuchtig und wonnevoll in das Freudenfeuer, damit nur ja alles Vergangene reinab in Asche verwandelt würde. (Lienhard, S. 89 u. 93)

Lienhard legte sein Abitur in deutscher Sprache ab. Heute wird natürlich auf Französisch unterrichtet, aber auch die elsässische Regionalsprache gepflegt. Dies ist nicht zuletzt Edmond Jung (1920-2002) zu verdanken, der neben seiner Lehrtätigkeit am Gymnasium von Bouxwiller das erste französisch-elsässische Großwörterbuch erarbeitete. Das an eine Idee von Jakob Michael Reinhold Lenz (s. Fort-Louis, Sessenheim) und Vorarbeiten von August Stoeber (s. Oberbronn) anknüpfende Werk erschien 2006 unter dem Titel „Alsadico".

Erkunden wir nun ein wenig die Altstadt von Bouxwiller, die Marie Hart „e recht bucklig's Nescht" genannt hat. Wir verlassen hierzu die „Place du Château" über die „Rue du Canal" (links vom Museum), die zur „Grand' Rue" führt. Im Haus Nr. 14 wurde Marie Hart geboren. An der Fassade ist noch immer die verblichene Inschrift „Pharmacie Centrale" zu erkennen – Maries Vater war Apotheker. Neben diversen Medikamenten stellte er in seinem Laboratorium zur Freude seiner Kinder auch Schokolade her. Wo immer Marie Hart später dieser verführerische Duft in die Nase stieg, fühlte sie sich an ihr Elternhaus erinnert:

Im e kleine Städtel e Hüsel, in dem Hüsel en Abedeeg, newe der Abedeeg 's Labretorium, do steht der Daniel un stußt, stußt im e gruße Möerser stundelang de Kakao. Manichmol tuet er n'e e bißl wärme, so loßt er sich besser stuße, noo word's ganz Labretorium widder frisch vun dem Geruch erfüellt. (Hart: G'schichtlen, S. 3f.)

Hier also wuchs Marie Hart zusammen mit acht Schwestern und einem Bruder auf. Ausführlich erzählt sie von der Taufe ihrer Schwester Marguerite und der anschließenden Feier. Aus Freude darüber entzündete der stolze Vater ein selbst gebasteltes bengalisches Feuer, das so eindrucksvoll ausfiel, dass die Nachbarn die Feuerwehr alarmierten:

E heller Schien erhellt d' Stub; drüwe d' Müür vum Bäck sim Hüs isch ganz in Gluet, un wie m'r d' Fenschter ufrisse un in de Hoft leuje, sehn m'r unte zwei schwarzi G'stalte – d'r Babbe un d' G'hülf –, die bucke sich üwer e witi Schüssel, von dere geht 's Für üs […].
  „*Ei, Heidegiegel! was machen ihr denn do?*" *rueft d'r oncle docteur.*
  „*E feu d'Bengale mache m'r!*" *saat seeleruhig d'r Babbe; m'r muen doch d' Kindtauf fiere!*"
  […] Un jetz hört m'r drüßen e Getös un e G'stampf's: "Jüh! jüh! alle hopp!" e Fierspritz rast im Galopp d' Strooß nuf, un halt vor 'm Hoftor. Denn drüwe, newe 's Hornungs, d'r Bäck, d'r Rüsche Schaakel, wie er den erschte Fierschien g'sehn het, isch glich d' Strooß nunter, het Fierjoh gekrische und d' pompiers alarmiert. (Hart: G'schichtlen, S. 174-176)

Durch Schule und Elternhaus kam Marie Hart früh mit deutscher und insbesondere französischer Literatur in Berührung. Marie Harts Vater war sehr frankophil. Allerdings achtete die Mutter streng auf eine moralisch korrekte Lektüre. Als sie bei ihrer Tochter eine Ausgabe von Gustave Flauberts Roman „Madame Bovary" entdeckte, warf sie diese weltbekannte Geschichte eines Ehebruchs vor den Augen ihrer Tochter ins Feuer. Doch auch die Schriften von Johann Wolfgang von Goethe galten als bedenklich: Bei einem „Kaffekränzle" hatte eine Freundin des Hauses berichtet, ihr Mann habe Liebesgedichte von Goethe vorgelesen. Dabei sei er auf Ideen gekommen, die sie zwar nicht verraten wolle, die sie aber erröten ließen. Wie der „bereinigte" Lektüreplan der Kinder aussah, verrät uns Marie Hart in einem ihrer Bücher. Unter den deutschen und französischen Autoren sind auffallend viele Frauen:

An d'r Wihnachte han m'r ditsch un französchi Buecher g'schenkt kriejt un han mit grosser Freid "Herzblättchens Zeitvertreib" von Thekla von Gumpert, d' Ostereier von Christoph von Schmidt, de Gustav Nieritz, de Franz Hofmann un d' Ottilie Wildermutz gelese; d'rnewen awer au d' G'schichte vun d'r Madame de Ségur, le bon petit diable, le général Dourakine; un Erzählunge vun d'r Madame de Witt née Guizot un von d'r Madame de Pressensé verschlunge, un ich kann nit saawe, dass eini Sprooch uns schwerer vorkummen isch als d'ander. (Wackenheim, Bd. 3, S. 125)

Während der deutschen Besatzung wurde an Marie Harts Geburtshaus eine bis heute erhaltene Gedenktafel mit einer deutschen Inschrift und einem Zitat aus ihrem Gedicht „D' Erinnerung" angebracht: „Im Städtel isch ein altes Hüs / Do kenn ich mich wie nirigs üs". Daneben wehte vier Jahre lang die Hakenkreuz-Fahne. Dabei hatte sich Marie Hart gerade in dem Band „Erinnerungsland" (1923), dem das Zitat entnommen ist, entschieden für ein mehrsprachiges Elsass ausgesprochen, was kaum mit der NS-Ideologie zu vereinbaren war. Der Versuch des Großdeutschen Reiches, die bereits verstorbene Marie Hart posthum zu vereinnahmen, hatte dennoch fatale Folgen: Als vermeintliche Nazi-Dichterin galt sie nach 1945 lange als tabu. Erst seit 2001 werden ihre Werke wieder verlegt.

Wir folgen der „Grand' Rue" nun in der Gegenrichtung, bis links die schmale „Rue de l'Eglise" abzweigt. Sie führt zur protestantischen Kirche, die leider oft geschlossen ist. 1614 wurde sie am Ort einer älteren Marienkapelle errichtet, der „Niederkirche" (in namentlicher Abgrenzung zu der außerhalb des Ortes auf einer Anhöhe errichteten St. Leodegarkirche). An den Vorgängerbau erinnert noch der untere Teil des Turms sowie die schöne Renaissance-Kanzel von 1579 (erneuert 1615). Vielleicht hat schon der Dichter und Theologe Quirin Moscherosch auf ihr gestanden und gepredigt.

Im 18. Jahrhundert wurde die Kirche weiter ausgebaut. Der Turm wurde erhöht, zwei Emporen und eine Loge für die Fürsten von Hessen-Darmstadt wurden eingebaut, „Loge Seigneuriale" oder „Füerschtestüewel" genannt. Schließlich kam noch eine prachtvolle Orgel von Johann Andreas Silbermann hinzu (1778, renoviert 1965 von Alfred Kern). Nach der Französischen Revolution fanden Teile des zerstörten Schlosses hier einen neuen Platz: Der ehemalige Schlossbrunnen wurde zum Taufstein, ein reich geschnitzter Tisch schmückt heute die Fürstenstube. In der Novelle „D'r Tod von d'r Madam Zimmerle" beschreibt Marie Hart diesen Ort folgendermaßen:

Des Füerschtestüewel het e stolzi Vergangeheit: d' Landgrafe von Hesse-Darmstadt sin manichmol drinne g'sesse, un d' Landgräfin Karoline het vieli Johr lang e jede Sonndaa anmuetig drinne gethront in ihrer jupe de réseaux d'or un ihrem manteau de drap d'argent.

Un d' Herre Geheimrät von Rathsamhausen, un wie se-n-alli g'heiße han, han als hochnäsig den Arm uf d' Brüeschtung gelehnt un streng uf's Volk nüs geluejt.

S kommt's, daß e vornehmi Tradition noch in allen Ecke drinne hafte bliewen isch, un daß d' Notawle von d'r Stadt, wenn se-n-im Füerschtestüewel sitze, ganz von selbscht un ohne's ze wisse, e viel aristrokratischeri Haltung annemme, als se for gewöehnlich eini han. (Hart: D'r Hahn, S. 240)

Gegenüber der Kirche steht das alte „Collège" (1750). 1779 war hier der aus Württemberg stammende Pädagoge, Übersetzer, Publizist und Romancier David Christoph Seybold (1747-1804) tätig. Nachdem er sich zuvor vor allem mit griechischer und römischer Literatur beschäftigt hatte, wandte er sich nun verstärkt „modernen" Themen zu. Im Rahmen der Reihe „Geographie, Geschichte und Statistik der vornehmsten europäischen Staaten" veröffentlichte er die Bände über Großbritannien, Irland, Frankreich und die Niederlande (1785-1791). Außerdem stellte er historische Almanache für die Jugend zusammen. Als 1792 ein Krieg zwischen dem revolutionären Frankreich und den europäischen Fürstenhöfen drohte, floh er nach Deutschland. Nach entbehrungsreichen Jahren wurde er 1796 zum Professor für Alte Literatur an der Universität Tübingen ernannt. Dort blieb er bis zu seinem Tode.

Wir kehren zurück zur „Grand' Rue" und folgen ihr, bis rechts die „Rue des Seigneurs" abzweigt. Auf der rechten Seite reihen sich mehrere Herrensitze aneinander, darunter der Hof der „Edlen von Kirchheim". Von 1897 bis 1918 wohnte hier Ernest Weil, der damalige Rabbiner von Bouxwiller. Die Gemeinde, der er vorstand, war damals eine der größten des Elsass. Fast jedes dritte Geschäft in der „Grand' Rue" war in jüdischem Besitz!

Doch waren bei Weitem nicht alle Buchsweiler Juden wohlhabende Geschäftsleute. Ein paar Schritte weiter zweigt links die „Rue des Tonneliers" ab. Im zweiten Haus auf der linken Seite wohnte bis 1940 „Samele" (Samuel), ein armer jüdischer Altpapiersammler. Rechts vom Türstock ist noch heute auf Brusthöhe ein Davidsstern zu erkennen, der in der Nacht vom 14. auf den 15. Juli 1940, unmittelbar nach dem Einmarsch der deutschen Wehrmacht, neben seine Haustür gemalt wurde – ein Todesurteil, bereits am nächsten Tag wurde er deportiert. Er ist nie zurückgekehrt.

Zurück auf der „Grand' Rue" gehen wir bis zur ehemaligen Gaststätte „De l'Espérance" (Nr. 57). Einst sollen hier die befreundeten Schriftsteller Edmond About (1828-1885) und Alexandre Dumas (1824-1895) eingekehrt sein (s. Saverne). Der auch „Dumas Fils" genannte Autor von Romanen wie „La dame aux camélias" (Die Kameliendame) ist der uneheliche Sohn des Erfolgsautors „Dumas Père" – dieser hatte sechs Kinder von sechs Frauen, mit keiner davon war er verheiratet. Als „Dumas Fils" den Arzt von Bouxwiller aufsuchen wollte, wurde er an seinem etwas dunkleren Teint erkannt (die Großmutter seines Vaters war eine schwarze Sklavin gewesen!) In Marie Harts Erzählung „D'r Schorsch uf d'r Freierei" berichtet Lissele von ihrer Begegnung mit dem Dichter:

Uewer einmol, zue d'r Verwunderung von alle, mischt sich's Lissele ins G'spräch:
 „Ich hab ne au g'sehn!", saat's stolz. „D'r Herrr About isch bi uns g'sin mit noch' me Herr; e großer, schwarzer ..."
 „Mit' me Strüwelkopf!" saat d'r Dokter.
 „Ja, un mit so wüßen Aue!"
 „Des isch er g'sin."

„Un so ebs saasch dü jetz ererscht?" tadelt d' Madam Karbinter.

„Ich hab jo nit gewißt, wer er isch; awer gedenkt haw ich m'r 's d' ganz Zit, 's mueß ebs B'sonders sin."

„Dü Krott! Jetz het des de Dumas g'sehn un mir nit! Het er denn mit d'r geredt?"

„Wie ich ihm sin Bier gebroocht hab, het er mich g'fräujt, ob ich Französesch kann."

„Hesch doch ordentlich Antwort genn?" mahnt wieder d' Madam Karbinter.

„Ich hab g'sait ja, awer ich red liewer Ditsch."

„Des hättsch nit saawe selle," meint d'r maire, *„er glaubt jo sonsch, ihr lerne ken Französesch in d'r Schuele; er het sich gewiß verzüernt!"*

„A bah! er het gelacht un g'sait, ich soll doch e bissel Ditsch babble; ich hab awer nix träuje saawe, un noo het er mich g'fräujt, ob ich ihm nit liewer e ditschs Lied singe wot; en patois alsacien, vous savez! Un do haw ich gar ken Angscht meh g'het un hab glich anfange, de ‚Hans im Schnokeloch' ze singe." (Hart: D'r Hahn, S. 135)

Ein Menschenalter später könnte hier auch der aus dem Schwarzwald stammende katholische Pfarrer und Volksschriftsteller Heinrich Hansjakob (1837-1916) getafelt haben. Der liberale Geistliche verachtete den Adel, Preußen und die elsässischen Weine, aber liebte dafür das einfache Volk (vor allem dessen weibliche Hälfte), Jesus Christus und einen guten Bordeaux. Sein gelebtes, bodenständiges Christentum und seine zahlreichen unterhaltsamen Romane machten ihn zu einer der populärsten Gestalten am Oberrhein um 1900. Am Pfingstmontag des Jahres 1903 brach er in Freiburg mit einem von zwei Schimmeln gezogenen Reisewagen zu einer vierwöchigen Oberrhein-Rundreise auf. Sie führte ihn durch Baden (1.-13. Juni), die Pfalz (13.-20. Juni) und das Elsass (20.-25. Juni) – aus heutiger Sicht also eine Reise durch den PAMINA-Raum (s. Lauterbourg). Die Nächte verbrachte er als Gast in den Häusern seiner katholischen Amtsbrüder, gelegentlich auch bei der evangelischen „Konkurrenz".

Am Nachmittag des 21. Juni 1903 traf er in Bouxwiller ein. Während seines Aufenthalts regnete es in Strömen, entsprechend launisch fiel sein Bericht aus: Das Städtchen sei eine „alte, öde Residenz", die außer eines „dampfenden Fabrikschlots" nichts zu bieten habe. Doch das Essen im Gasthof und der herbe Charme der Wirtstochter stimmten ihn bald etwas milder:

Es ging schon gegen zwei Uhr des Nachmittags, als ich im Gasthof zur Sonne zum Mittagsmahle mich niedersetzte, der einzige Gast in einem ziemlich großen Saale.
  Das Essen war gut, wie in einer alten französischen Stadt nicht anders zu erwarten, und auch das Trinken [...].
  Der Wirtin Töchterlein servierte, eine dunkle, große, wortkarge Dame. Sie zeigte in ihren „schneidigen" Zügen, daß die Sorte der Buchsweilerinnen noch nicht ausgestorben ist, welche im 15. Jahrhundert den „Buchsweiler Weiberkrieg" machten und die reisigen Knechte der schon früher erwähnten schönen Bärbel von Ottenheim mit bewaffneter Hand in die Flucht schlugen. (Hansjakob, S. 295f.)

Die zitierte Passage ist Hansjakobs Reiseerinnerungen entnommen, die dieser unter dem Titel „Sommerfahrten" veröffentlichte. Da der Text mit zahlreichen literarischen Zitaten gespickt und mittlerweile selbst ein Stück Literaturgeschichte geworden ist, kann er als erster triregionaler Literaturführer gelten. Die Gründe für die Veröffentlichung waren freilich profanerer Natur: Hansjakob wollte durch den Verkauf nachträglich seine Reisekosten decken. Im Schlusswort bedankt er sich daher auch artig mit einem aufrichtigen „Vergelt's Gott" bei den Lesern seines „armseligen Geschreibsels", die ihm „diese genußreiche Reise" bezahlt haben.

Am Haus daneben (Nr. 59) erinnert eine Gedenktafel daran, dass hier 1770 Johann Wolfgang Goethe mit seinem aus Bouxwiller stammenden Freund Friedrich Leopold Weyland (s. Sessenheim) wohnte. Von Ende Juni bis Anfang Juli 1770 bereisten die beiden gemeinsam das nördliche Elsass und besuchten bei dieser Gelegenheit auch Bouxwiller. Goethe war von der ehemaligen Residenzstadt sehr angetan:

Wir gelangten bald nach Buchsweiler, wo uns Freund Weyland eine gute Aufnahme vorbereitet hatte. Dem frischen jugendlichen Sinne ist der Zustand einer kleinen Stadt sehr gemäß [...]. Dieses Städtchen war der Hauptplatz der Grafschaft Hanau-Lichtenberg, dem Landgrafen von Darmstadt unter französischer Hoheit gehörig. Eine daselbst angestellte Regierung und Kammer machten den Ort zum bedeutenden Mittelpunkt eines sehr schönen und wünschenswerten fürstlichen Besitzes. Wir vergaßen leicht die ungleichen Straßen, die unregelmäßige Bauart des Orts, wenn wir heraustraten, um das alte Schloß und die an einem Hügel vortrefflich angelegten Gärten zu beschauen. Mancherlei Lustwäldchen, eine zahme und wilde Fasanerie und die Reste mancher ähnlichen Anstalten zeigten, wie angenehm diese kleine Residenz ehemals müsse gewesen sein. (Goethe, Bd. 9, S. 417)

Im gegenüberliegenden Haus betrieb die Schriftstellerin Marie Hart von 1908 bis zum Ersten Weltkrieg ein Schülerpensionat, um für sich und ihre Familie den Lebensunterhalt zu sichern. In dieser Zeit schrieb sie „D'r Herr Merkling un sini Deechter" (1913). Es ist die Geschichte eines frankophilen Elsässers, dessen eine Tochter einen Franzosen und dessen andere – zum allgemeinen Entsetzen – einen Deutschen heiratet. Unverkennbar verarbeitet Marie Hart darin eigene Erlebnisse. Ein Jahr später folgte ein weiterer Band mit Geschichten rund um die Liebe: „D'r Hahn im Korb" (1914).

Während des Ersten Weltkrieges wurde Marie Harts Ehemann trotz seines fortgeschrittenen Alters eingezogen. Nach der deutschen Niederlage wurde er aus dem nun wieder französischen Elsass ausgewiesen, Marie Hart folgte ihm ins Exil. Ihre letzten Lebensjahre verbrachte sie verbittert in Bad Liebenzell (Schwarzwald), wo sie auch begraben ist. Ein Denkmal, eine Marie-Hart-Stube und ein Marie-Hart-Weg erinnern dort an die Dichterin.

Wenige Schritte weiter, wo einst das Obertor stand, liegt rechts die alte Synagoge (1842). Während der deutschen Besatzung im Zweiten Weltkrieg wurde ihr Innenraum verwüstet. Heute ist in dem äußerlich wiederhergestellten Gebäude das „Musée Judéo-Alsacien" untergebracht, das die Geschichte und Kultur der elsässischen Juden dokumentiert. Deren Sonderbewusstsein hat Claude Vigée (s. Bischwiller, Soufflenheim, Marienthal) so beschrieben:

Die elsässischen Juden, unter denen wir lebten, hatten sich seit vielen Jahrhunderten in unserer Provinz festgesetzt: gehen nicht unsere ersten Gemeinden am Rhein auf die Römerzeit zurück? Aus Synagogenstolz empfanden wir allgemein starke Abneigung gegen alle Juden anderer Herkunft. Sie wurden von den elsässischen Juden nicht nur geringer geschätzt als die eigene Spezies, sie galten ihnen gar nicht als Juden, da sie aus keinem der umliegenden Dörfer kamen. Bestenfalls waren sie eine schlechte Kopie der ursprünglichen Sache. Die in den ersten Jahrzehnten unseres Jahrhunderts von Osteuropa eingewanderten Juden waren nicht gern gesehen bei ihren bodenständigen elsässischen Glaubensbrüdern. Sie wurden als Leute von einem anderen Planeten betrachtet, dessen Existenz man am besten so schnell wie möglich vergaß, so kompromittierend erschien sie den guten Bürgern, die wir törichterweise geworden zu sein meinten. Und erst orientalische oder nordafrikanische Juden: wer von uns hätte ihre Existenz auch nur zu ahnen vermocht! Ihre Länder waren für uns mythische Gegenden, in die außer den aufsässigen Rekruten der Strafbataillone, diesem Auswurf der zivilisierten Menschheit, kein Vernunftbegabter je seinen Fuß gesetzt hatte! (Vigée, Bd. 1, S. 75)

Gegenüber der Synagoge führt die schmale „Rue des Remparts" über ein paar Stufen zur mittelalterlichen Stadtmauer. Rechts davon liegen ausgedehnte Gärten. Was heute wie ein Idyll wirkt, war früher ein Zeichen großer Armut. Da die meisten Bürger von Bouxwiller von ihrem Gewerbe allein nicht leben konnten, betrieben sie nebenbei eine kleine Landwirtschaft. Auch die Eltern von Marie Hart waren solche „Ackerbürger". Unter anderem besaßen sie hier einen Garten mit schönen Mirabellenbäumen, die noch immer zu sehen sind.

Am Ende des Weges liegt das dritte Gotteshaus von Bouxwiller, die katholische Kirche. Ihr romanischer Glockenturm stammt aus dem 12., die übrigen Teile aus dem 19. Jahrhundert. In Begleitung der Magd Cathérine erlebte Marie Hart hier das erste Hochamt ihres Lebens – und entdeckte zugleich eine neue Sprache: das Lateinische. Sie war von dem festlichen Gottesdienst begeistert und wollte sogar Katholikin werden – was ihr der evangelische Ortspfarrer, der sie gerade auf die Konfirmation vorbereitete, schnell wieder ausredete:

D' katholisch Kerich isch uf eren Anhöeh geleije, un an der Roßschwemm, der Schäfferei, wie m'r se geheiße het, isch m'r viel Staffle nufgange.

Do haw ich de Rusekranz an den Arm g'hängt un 's Gebetbüechel in d' Hand genumme. E prächtiger Daa isch's g'sin, su End's Jüni, d' wiße Staffle han eine ganz geblendt, üewer uns han d' Glocke gelitte, un wie ich mit mim Rusekranz die huch Steij nur bin, bin ich m'r vorkumme, wie uf der Jakobsleiter, un ich hab gemeint, m'r gehen schnuerstracks in de bläuje Himmel nuf. (Hart: G'schichtlen, S. 225)

Musée de Bouxwiller et du Pays de Hanau
2 Place du Château
F-67330 Bouxwiller
Tel. +33 (0)3 88 70 99 15

Musée Judéo-Alsacien
62 a Grand' Rue
F-67330 Bouxwiller
Tel. +33 (0)3 88 70 97 17

Der Bastberg

Von Bouxwiller führt ein etwa sechs Kilometer langer Rundwanderweg („Sentier géologique") auf den südwestlich gelegenen, sagenumwobenen Bastberg (els. Bàschberri). Alternativ kann man auch mit dem Auto über die D 6 dorthin gelangen und den Wagen auf dem Sattel zwischen dem „Grand Bastberg" und dem „Petit Bastberg" abstellen. Ob der Name des Hügels auf den römischen Weingott Bacchus oder auf den christlichen Märtyrer Sebastian zurückgeht, ist umstritten.

Eigentlich besteht der Bastberg aus zwei Hügeln, deren Erscheinungsbild nicht unterschiedlicher sein könnte. Der noch zu Bouxwiller gehörende „Petit Bastberg" (326 m) ist dicht bewaldet und trotz seines Namens höher als der benachbarte „Grand Bastberg" (321 m), der eine trostlose Geröllwüste bildet. Einst stand hier der Galgen, weshalb der Berg auch „Galjeberri" und der Weg, der dort hinaufführt, „Urteilsweg" genannt wird. Noch deutlicher ist allerdings die Bezeichnung „Hexeberri", denn tatsächlich ist es hier oben nicht ganz geheuer. Jedes Jahr in der Nacht vom 30. April auf den 1. Mai sollen sich hier unter Führung der Zauberin Itta von Lützelstein die Hexen versammeln. Sie fliegen auf ihren Besen vom benachbarten Mont St-Michel (bei Saverne) herüber, um ein erotisch-fröhliches Fest zu feiern (s. St-Jean-Saverne). Auf dem Sattel zwischen den beiden Gipfeln gibt es eine Stelle, die angeblich von Tieren gemieden wird. Treibt man sie dennoch darüber, werden sie unruhig. Menschen, die denselben Weg gehen, erleben bisweilen merkwürdige Abenteuer:

Es traf sich einst, dass ein Schulmeister, der zu lange bei einem Kindtaufschmause verweilt hatte, nach Mitternacht über den Bastberg nach Griesbach gehen musste. Als er gegen die Mitte des Berges kam, sah er die Spitze desselben beleuchtet und hörte eine lustige Musik herabtönen. Er stieg weiter empor und, ehe er es vermutete, befand er sich auf dem Gipfel des großen Bastberges. Auf demselben standen mit Speisen reichbeladene Tische, auch Flaschen, und, wie es ihm vorkam, goldene Becher blinkten darauf. Auf dem freien Platze, alleroberst, tanzten viele Herren und Damen. Einer aus der Gesellschaft reichte ihm einen Becher, den er austrinken musste, und hierauf eine Geige und gebot ihm, sich zu den Musikanten zu stellen und ihnen aufspielen zu helfen. Er tat es ohne Widerstand und trank und geigte mit ihnen die ganze Nacht hindurch, wiewohl ihn ein Grausen überfiel und er gern die Flucht ergriffen hätte.

Als er des andern Morgens vom Hahnkrähen in den Dörfern geweckt wurde, lag er müde und zerrissen auf einem Steinhaufen; zu seinen Füssen gewahrte er einen Pferdehuf und in der rechten Hand hielt er eine grosse Katze, die ihn kratzte und biss und sich sodann in tollen Sprüngen in den Reben verlief. (Stintzi, Bd. 1, S. 221f.)

Obwohl der Bastberg den Vogesen vorgelagert ist, unterscheidet er sich von ihnen grundlegend. Unter dem Berg lagern Braunkohle und Schwefelsäure, die bis ins 20. Jahrhundert abgebaut wurden. Darüber erhebt sich ein Kegel aus Muschelkalk – vor 50 Millionen Jahren bildete das Gebiet den Grund eines großen Sees. Die zahlreichen erhaltenen Versteinerungen faszinierten sowohl den französischen Naturforscher Georges de Cuvier (1769-1832) als auch den – im selben Jahr wie Cuvier verstorbenen – deutschen Dichter Johann Wolfgang von Goethe. Dessen Beschreibung des Ortes ist bis heute aktuell:

Diese Höhe, ganz aus verschiedenen Muscheln zusammengehäuft, machte mich zum ersten Male auf solche Dokumente der Vorwelt aufmerksam; ich hatte sie noch niemals in so großer Masse beisammen gesehn. Doch wendete sich der schaulustige Blick bald ausschließlich in die Gegend. Man steht auf dem letzten Vorgebirge nach dem Lande zu; gegen Norden liegt eine fruchtbare, mit kleinen Wäldchen durchzogene Fläche, von einem ernsten Gebirge begrenzt, das sich gegen Abend nach Zabern hin erstreckt, wo man den bischöflichen Palast und die eine Stunde davon liegende Abtei St. Johann deutlich erkennen mag. Von da verfolgt das Auge die immer mehr schwindende Bergkette der Vogesen bis nach Süden hin. Wendet man sich gegen Nordost, so sieht man das Schloß Lichtenberg, auf einem Felsen, und gegen Südost hat das Auge die unendliche Fläche des Elsasses zu durchforschen, die sich in immer mehr abduftenden Landschaftsgründen dem Gesicht entzieht, bis zuletzt die schwäbischen Gebirge schattenweis in den Horizont verfließen. (Goethe, Bd. 9, S. 417f.)

Im August 1870, am Vorabend des Deutsch-Französischen Krieges, erlebten die Bewohner von Bouxwiller an dieser Stelle einen ungewöhnlichen Sonnenuntergang. Den blutroten Himmel deuteten sie als Vorzeichen auf das bevorstehende Morden und den Untergang des französischen Kaiserreichs. Für Marie Hart (s. Bouxwiller) kündigte das Ereignis das Ende ihrer Kindheit an:

Üewerall sieht m'r ängschtlichi G'sichter de Himmel angücke un alles, d' Hüser, d' Baim, d' Mensche, isch vun dem bluetige Schiin verklärt.
Uf de Berri leijt 's wie Alpenglühn; Liechtberig sieht üs wie wenn 's brenne tät, üewer 'm Herrestein lodert e Flammemeer. 's kann ken's vun uns e Wort redde; wenn m'r au wisse, 's isch d' Sunn, wie untergeht, un 's bedit nix, ze geht 's uns doch durich un durch. Uf einmol isch alles wie üsgelöescht, der Himmel word veijelett, noo langsam gräuj. Un in dere gräuje Dämmerung gehen m'r zerüeck, in schweri Gedanke versunke. Daß ebs Gewaltiges un Schreckliches kumme word, spiire m'r alli, ohne daß m'r uns klar drüewer were, werum. (Hart: G'schichtlen, S. 284)

Für fast ein halbes Jahrhundert gehörte das Elsass dann zum Deutschen Kaiserreich. In dieser Zeit wuchs Friedrich Lienhard (s. Bouxwiller, Rothbach) zum Dichter heran, der in seinen Erinnerungen auch Ausflüge zum Bastberg erwähnt. Die Aussicht vom Gipfel ist für ihn wie ein Blick zurück in seine Kindheit:

Zu Häupten der kleinen Stadt erhebt sich, gemächlich ansteigend, der kahle Kegel des genannten Berges, dessen graugelber Kalkstein, an seinen Hängen mit Reben bewachsen, gänzlich von dem roten Sandstein des nahe vorüberlaufenden Wasgaugebirges verschieden ist [...]. Ein Braunkohlenbergwerk raucht zwar an jenen Hängen; und der Berg hat überflüssig viel Gestein in den Schollen seiner Rebstücke. Aber die Aussicht in diese behagliche, satte Landschaft, in diesen wirtschaftlich wohlausgenützten Wechsel von Wald, Feld und Wiesen mit den schönen, weißen, pappelumsäumten Straßen aus napoleonischer Zeit – das ist unvergeßlich. Und wieviel freundliche Gärten umrahmen das Städtchen! Auch ist die Umgebung verlockend. In einer Stunde ebenen Weges ist man drüben in Neuweiler, am Fuße des langen Herrensteins, und gleich danach in

Dossenheim, durch dessen Tal, die vielgewundene Zinsel entlang, wir so oft ins Hochland emporgewandert sind. Lichtenberg, Bastberg, Hohbarr: dieses Dreieck bezeichnet mein engeres Jugendland. (Lienhard, S. 86 u. 95f.)

Die von Lienhard beschriebene friedliche Idylle war jedoch mehr Wunsch als Wirklichkeit. Während er diese Zeilen niederschrieb, tobte in Europa bereits der Erste Weltkrieg. Lienhard selbst lebte zu dieser Zeit in Thüringen.

Wie die Stimmung während der Kriegsjahre im Elsass wirklich war, schildert Otto Flake (eigentlich Leo F. Kotta, 1880-1963). Im Kriegsjahr 1915 veröffentlichte der in Lothringen geborene und im Elsass aufgewachsene Deutsche die Erzählung „Momente". Sie beschreibt die Atmosphäre kurz nach den Kämpfen bei Phalsbourg (dt. Pfalzburg) im August 1914. Die Schlacht ging für die Franzosen verloren, den Krieg sollten sie gewinnen. Diese Vorahnung durchzieht auch Flakes Text. Ausgangspunkt ist auch hier ein Blick vom Bastberg:

Zwischen Obstbäumen und Pappeln lagen graue Dächer. Es war die Gegend des Bastberges, auf dem einst Goethe stand und das Elsaß schön und reich wie einen Garten fand. Von ihm führte ein natürlicher Gedankengang zu der schicksalsvollen Schlacht zurück, die man fast vergessen hatte.

Wie, wenn plötzlich fliehende Reiter auftauchten, Deutsche, und hinter ihnen die wilde Jagd der Zerstörung? Man glaubte es nicht, aber es war ja auch nicht unmöglich.

Und nun empfand man die verhaltene Stille der Landschaft, ihr angstvolles Lauschen, in der ihre Milde und Fruchtbarkeit starben, als ob sie nie dagewesen wären.
(Flake: Oberrhein, S. 157)

Als das Elsass 1918 wieder französisch wurde, hing für viele Elsässer zunächst der Himmel voller Geigen. Marie Hart verfasste darüber die satirische Erzählung „D'r Französch Himmel". Sie beschreibt darin den Traum von Madame Gschwind, die bei einer Kindstaufe zuviel Champagner getrunken hat. Nun glaubt sie sich im siebten Himmel, wo sogar die Engel französisch sind:

Während daß se do sitze, hupfen nackigi Engele in d'r Luft herum mit goldige Flüjel un trikolore Badhössele. D' Sainte Cécile het d' fouragère um d' Achsle und spielt d' Sambre et Meuse. D'r Erzengel Gabriel süüst als v'rbei un leujt nooch d'r Ordnung. Üwer si'm lange wallende Gewand het er e trikolore écharpe [...]. D'r ganz Himmel wimmelt vun französischen Engel mit trikolore cocardes uf ihre wiße Gewänder. Sie schwewe langsam un würdig uf un ab un singe d' marseillaise. „Muen die in alli Eweigkeit d' marseillaise singe?" fräujt d' Madamm G'schwind.

„Ich weiß nit", saat d' Madamm Demueth; „Ich wot 's ne nit wünsche." (Kliewer, S. 163)

Neuwiller-lès-Saverne

Wir folgen weiter der D 6 und fahren hinter Imbsheim nach rechts Richtung Griesbach-le-Bastberg bis nach Neuwiller-lès-Saverne (els. Neiwiller, dt. Neuweiler; 1.100 Einw.). Am besten parken wir bei der „Place du Chapitre" (Stiftsplatz), wo die 1986 freigelegten Grundmauern einer karolingischen Kirche zu erkennen sind. Sie zeugen von der Frühzeit eines Benediktinerklosters, das der Bischof von Metz Sigebald im Jahr 725 gegründet hatte. Um 830 ließ sein Nachfolger Drogon die Gebeine des heiligen Adelphus (420-450, Bischof von Metz) in das damalige „Novum Villare" bringen, wo er einst Pfarrherr gewesen sein soll. Folgende Legende wird von ihm erzählt:

Als er sich dem Tode nahe fühlte, befahl er, seinen Leichnam auf einen Esel zu laden und ihn in der zunächst gelegenen Ortschaft zu begraben, wo der Esel stehn bleiben würde [...]. Das Eselein aber blieb auf einer, etwa zwanzig Minuten nördlich von Neuweiler gelegenen Wiese stehen, scharrte den Boden auf, und siehe, eine frische Quelle sprudelte aus der Erde empor und ergoss sich murmelnd über das blühende Gras. Noch ist dieselbe unter dem Namen Adelphibrünnlein bekannt, dessen Wasser den im Felde Arbeitenden Erquickung bringt und unversiegbar ist, wenn in der Sommerhitze alle umliegenden Brunnen ausgetrocknet sind. (Stintzi, Bd. 1, S. 223)

Dank Adelphus' Gebeinen wuchs Neuwiller rasch zu einem Wallfahrtsort von überregionaler Bedeutung und schließlich zu einer Stadt heran, die die gleichen kaiserlichen Privilegien genoss wie Hagenau. Reste des Stadtschlosses (Turm) und der Stadtmauer aus dem 13. Jahrhundert sind bis heute zu erkennen. Von der mittelalterlichen Klosteranlage zeugen noch der Kapitelsaal und die ehemalige Abteikirche „Saints-Pierre-et-Paul" (Peter- und-Paulskirche). An deren Ostseite ist die „Chapelle St-Sébastian" (Sebastianskapelle) angebaut, eine romanische Doppelkapelle aus der Zeit der Salier (ca. 1050). Im Obergeschoss werden Wandteppiche aufbewahrt (1480-1490), die die Geschichte des heiligen Adelphus in Form eines spätmittelalterlichen „Comic-Strips" erzählen. Detailreiche Darstellungen illustrieren wichtige Stationen aus seinem Leben (und Nachleben), flatternde Spruchbänder mit frühneuhochdeutschen Knittelversen kommentieren die Ereignisse:

> *hie huobet st. adolfs leben an,*
> *der engel verkundet uns den heiligen man.*
> *darnach ist er in die welt geboren*
> *und zu schulen der gödlichen kunst userkoren.*
> *darnach wart er erwelt bischoff zu metz*
> *die dribet er uss die tüfel noch geistlichen gesetz*
> *hie het er die doten erqwicket zum leben*
> *und den armen lüten gross almusen geben*
> *er hat die bilgerin geherbergt von allen enden*
> *und unnen ur fuesse geweschen mit*
>   *sinden heilgen henden*
> *hie ist er dott und kommen zu ewigem leben*
> *durch gottes verkundung geofnet ward*
>   *und uns gegeben.*
> *hie ist er lobelichen erhebet*
> *der in dem hemel ewechlich lebet*
> *und wart geführt for nuwiler in die stat*
> *da er vil wunderzeichen volbroht hat.*
> *do selbsten wart unsinnig der sin grap zerbrach*
> *ouch machet er die lamen gend – der blinde gesach*
> *hie erqwiket er die jungfer in brunnen als sy was dot*
> *und erloste das kint in dem kessel uss heisser not.*

darnoch war er hie gezeuget mit
  lobe und grossen eren
  hie such inn die sinner genode und hilffe begern.

Die Zeit der Religionskriege und des 30-jährigen Krieges waren eine Phase des Niedergangs. Doch im 18. Jahrhundert erlebte der Ort einen neuen Aufschwung. Der Brunnen in der Platzmitte, die Propstei und die klassizistischen Stiftsherrenhäuser (1496 war das Kloster in ein Stift umgewandelt worden), die den Platz umrahmen, zeugen davon. Drei Jahre nach Auflösung des Stifts (1792) kaufte der aus Irland stammende Offizier Henri-Jacques Guillaume Clarke (1768-1818) die ehemalige Probstei und machte daraus seinen Wohnsitz (s. Hüneburg). Unter Napoleon Bonaparte stieg er zum General, Kriegsminister und schließlich Marschall von Frankreich auf. Nach Napoleons Sturz zog er sich nach Neuwiller zurück. Sein Mausoleum befindet sich auf dem Dorffriedhof.

Wir verlassen den Stiftsplatz und überqueren die „Rue de Bouxwiller". Auf der anderen Straßenseite liegt die spätromanische Kirche „St-Adelphe", die heute von der protestantischen Gemeinde genutzt wird. Während der Französischen Revolution hat sie schwer gelitten, doch noch schlimmer waren die „Verbesserungen" des 19. Jahrhunderts: 1824 wurde der gotische Chor abgerissen und der Vierungsturm durch eine Neukonstruktion ersetzt. 1845-1847 wurde der Bau renoviert – und dadurch endgültig entstellt. In diesem Zustand fand der französische Schriftsteller Prosper Mérimée (1803-1870) das Gebäude vor – und war entsetzt.

Mérimée gehört zu den französischen Romantikern. Wie die meisten seiner Zeitgenossen verehrte er die mittelalterliche Baukunst und die deutsche (romantische) Literatur, nicht zuletzt die Erzählungen von E. T. A. Hoffmann (1776-1822). In dessen Manier verfasste er zahlreiche Novellen, deren Hauptfiguren oft gesellschaftliche Außenseiter sind. Am bekanntesten ist wohl seine Erzählung „Carmen" (1845), die Georges Bizet dreißig Jahre später als Vorlage für seine gleichnamige Oper diente.

Doch Mérimée hatte noch einen zweiten Beruf: Er war Generalinspekteur der historischen Denkmäler Frankreichs. Von 1834 bis 1860 bereiste er in dieser Funktion jeden Winkel des Landes, darunter auch mehrfach das Elsass. Als er 1848 nach Neuwiller kam, befand er sich gerade in einer tiefen Lebenskrise. Im Februar war in Paris eine neue Revolution ausgebrochen, deren Grausamkeiten ihn tief erschütterten. Im selben Jahr trennte sich Valentine Delessert von ihm, nachdem sie 18 Jahre lang seine Geliebte gewesen war (beide waren übrigens mit anderen Partnern verheiratet). Die Dienstreise ins Elsass dürfte Mérimée daher als willkommene Ablenkung erschienen sein.

Und tatsächlich gab es viel für ihn zu tun. Zwar kam er zu spät, um „St-Adelphe" zu retten, doch auch die ehemalige Abteikirche befand sich seit der Französischen Revolution in einem erbärmlichen Zustand. Umgehend veranlasste Mérimée ihre Restaurierung, die der Architekt Boewillwald von 1850 bis 1854 durchführte. So ist es Mérimée zu verdanken, dass sich „Saints-Pierre-et-Paul" heute wieder weitgehend in seiner ursprünglichen Gestalt zeigt.

Das dritte Gotteshaus von Neuwiller scheint Mérimée dagegen kaum interessiert zu haben: die Synagoge aus dem 18. Jahrhundert. 1875 wurde an der Hauptstraße („Rue du Maréchal Clarke") ein repräsentativer Neubau errichtet. Doch im Zweiten Weltkrieg erlosch das jüdische Gemeindeleben für immer. Heute befindet sich in dem seiner beiden Ecktürme beraubten Bau eine Schreinerei. Was blieb, sind die Gräber des jüdischen Friedhofs am Ortsrand.

Die Hüneburg

Wir verlassen Neuwiller-lès-Saverne und fahren über die D 14 nach Dossenheim-sur-Zinsel (els. Doosne; 1.100 Einw.), eine Fliehburg des späten Mittelalters. Nicht Adlige, sondern Bauern hatten sie errichtet, um während der zahlreichen Fehden ihrer Landesherren einen sicheren Zufluchtsort zu haben. Neben Teilen der Befestigungen ist auch eine Wehrkirche erhalten. Ein kleines Museum informiert über die Geschichte des Ortes.

Wir fahren weiter über die D 133. Nach wenigen Minuten weist ein Schild den Weg nach rechts hinauf zur

Hüneburg. Die Straße führt vorbei an einer alten Mühle und durch ein schönes Waldgebiet bis zu einem Forsthaus (Maison Forestière) im Empire-Stil. Es ist das ehemalige Jagdschloss von Henri-Jacques Guillaume Clarke (s. Neuwiller-lès-Saverne). 1808 war er von Napoleon I. geadelt worden und nannte sich fortan „Comte de Hunebourg". Vermutlich nutzte er die gleichnamige Burgruine als Steinbruch für den Bau seines Schlosses, das wegen Napoleons Sturz allerdings unvollendet blieb. Ein beschilderter Wanderweg lädt von hier aus zu einem Ausflug auf den Doppelgipfel des Holderkopfs ein.

Wir folgen der Straße noch ein Stück weiter, bis sie sich zu einem Parkplatz erweitert. Rechts liegt die Hüneburg (els. Híneburri, frz. Hunebourg). Von der mittelalterlichen Anlage sind nur noch wenige Mauerreste erhalten, zwischen denen nachts eine weiße Jungfrau umgehen soll, die als „'s Kättele" bekannt ist und deren Schleier weithin leuchtet. Der Sage nach soll einst, wenn der ganze Wald gefällt wird, ein Holzhauer bei seiner Arbeit einen Apfel verzehren, aus dessen Kernen ein neuer Baum erwachsen wird. Wenn auch dieser einmal gefällt wird, soll daraus eine Wiege gezimmert werden. Darin wird ein Kind liegen, das in einer fernen Zukunft die Jungfrau endlich erlösen wird.

Die Hüneburg lebt nicht nur in dieser Sage, sondern auch in dem Roman „L'Ami Fritz" (1864) von Emile Erckmann (1822-1899) und Alexandre Chatrian (1826-1890; s. Hammerweyer, La Petite-Pierre) weiter, den Pietro Mascagni 1891 auf die Opernbühne brachte. Schauplatz der Handlung ist ein Städtchen namens Hunebourg. In Wirklichkeit handelt es sich dabei jedoch um den Ort Phalsbourg in Lothringen.

In den Dreißigerjahren des 20. Jahrhunderts wurde das Plateau der Hüneburg neu bebaut. Neben der Hohkönigsburg (els. d'Kínschburig, frz. Haut-Kœnigsbourg) im Elsass und dem Hambacher Schloss in der Pfalz ist die Hüneburg eines der spektakulärsten Projekte zum Wiederaufbau einer mittelalterlichen Burg am Oberrhein. Da in der Anlage heute ein Ferienzentrum untergebracht ist, ist sie nur für Gäste, im Rahmen von Führungen oder auf Anfrage zugänglich.

Der Wiederaufbau der Hüneburg geht auf Friedrich Spieser (1902-1987) zurück, eine sehr umstrittene Gestalt der jüngeren elsässischen Geschichte. Als Verleger, Publizist und Autor spielte er eine wichtige Rolle im elsässischen Kulturleben der Zwischenkriegszeit. Er träumte von einem deutsch-französischen Friedensbund, allerdings mit einem rein deutschen Elsass als Brücke zwischen den beiden Völkern. Sein zunehmender Hass auf alles Französische machte aus ihm schließlich einen treuen Gefolgsmann Hitlers. Beide Facetten seiner Persönlichkeit sollen auf unserem Rundgang beleuchtet werden.

Spieser war der Sohn eines evangelischen Pastors aus Waldhambach im „Krummen Elsass" (s. Kap. 5). Er studierte an deutschen und französischen Universitäten und promovierte über das deutsche Volkslied in Lothringen. In dieser Zeit lernte er die junge Gräfin Agnes von Dohna kennen, seine künftige Frau. Dank ihres großen Vermögens konnte er sich einen Lebenstraum verwirklichen: den Bau eines eigenen Schlosses. Bei gemeinsamen Wanderungen durch die Vogesen entdeckten die beiden die Hüneburg und beschlossen, das Gelände zu kaufen und neu zu bebauen. In seiner unter dem recht durchsichtigen Pseudonym „Friedrich Hünenburg" veröffentlichten Autobiographie „Tausend Brücken" (1952) erzählt Spieser von den Bauarbeiten:

Ich hatte durch Holzfäller bis auf die mir erhaltenswert erschienenen Baumgruppen das Plateau der Burg, welches vor der Bewachsung durch Wald in der Mitte Burghof und Schloßgarten gewesen war, freischlagen lassen, damit wir ein deutlicheres Bild von der Gestalt des Felsens gewinnen konnten. Sieht man von den Abweichungen an der Nordwestseite ab, die durch Schuttkegel und gespenstisch alte Baumknorren noch unübersichtlich blieben, so erkannten wir das Ganze als ein Dreieck, dessen längste Seite etwa einhundertzwanzig Meter mißt [...].
Am 24. Mai 1934 kamen von den umliegenden Dörfern in strahlender Morgenfrühe gegen zwei Dutzend Männer mit Schippen, Hacken, Senkeln, Kellen und Bleiwagen auf die Baustelle geschritten. Sie mochten am Vogelsang des betauten Waldes gemerkt haben, wie schön es war, hier

oben sein Nest zu bauen und wohl auch, wie lieblich, mitten im Grünen, eines für einen anderen bauen zu helfen. (Hünenburg, S. 139 u. 169)

In der Mitte des Burghofs steht ein Ziehbrunnen, den Spieser graben ließ, in der Hoffnung, hier auf Wasser zu stoßen. Doch trotz der Mithilfe eines Wünschelrutengängers blieb die Suche erfolglos, bis heute ist der Brunnen trocken. Seine Bedeutung ist daher weniger praktischer, sondern eher symbolischer Natur. In den Rand des Brunnens ist das „Waldgeheimnis" von Adalbert Stifter (1805-1868) gemeißelt, einem von Spieser sehr geschätzten Autor aus einem anderen Grenzland, dem Böhmerwald:

Es wird ein Ding in dem kühlenden, fließenden Wasser sein, es wird eins in der wehenden Luft sein, und es werden Zustimmungen zu unserem Körper aus der Eintracht aller Dinge jede Stunde, jede Minute in unser Wesen zittern und es erhalten. (Stifter, S. 541)

Das Zitat ist der Erzählung „Die Mappe meines Urgroßvaters" (1841/42) entnommen, die Stifter Zeit seines Lebens immer wieder umgearbeitet hat. Es ist die Geschichte eines Arztes aus den böhmischen Wäldern, der seine Heilkunst nicht nur aus den Büchern, sondern direkt aus der Beobachtung der Natur ableitet – worauf sich obiges Zitat bezieht. Ganz in diesem Sinne träumte auch Spieser davon, eine „Philosophie des Waldes" zu entwickeln. Seine spätere Autobiographie „Tausend Brücken" orientiert sich stilistisch unverkennbar an Stifter.

Spieser lernte Stifters Werke durch Erich Loebell kennen, den Architekten der Hüneburg. Er war ein Vertreter der Stuttgarter Schule und Schüler von Paul Schmitthenner (s. Lauterbourg). Wegen seiner jüdischen Abstammung verlor Loebell 1933 seine Lehrerlaubnis und fand bei Spieser eine neue Anstellung – bis ihm die französische Regierung die Einreise verweigerte! Bei ihrer ersten Begegnung schenkte er Spieser eine Ausgabe von Stifters Roman „Der Nachsommer" (1857):

Bevor ich mit ihm aufbrach, gab er Agnete, die durch die zwingende Gegenwart unserer kleinen, noch nicht entwöhnten Herrad ans Haus gefesselt war, als Gastgeschenk den „Nachsommer" von Adalbert Stifter. Nur wenn man wußte, daß er diesen schönen Roman schon achtmal gelesen und das darin genau beschriebene Rosenhaus wie kupfergestochen auf vielen Blättern aufgezeichnet hatte, um eine stille, durchgeistigte Welt, die aus jenem Buche aufstieg, mit der Liebe des dankbaren Kunstjüngers in sich aufzunehmen, mochte man vermuten, wie ernst seine Bitte zu verstehen war:

„Lesen Sie es gemeinsam. Je nachdem Sie Stifter finden werden, kann ich Ihnen erst endgültig sagen, ob ich Ihnen Ihr Haus bauen darf oder nicht." (Hünenburg, S. 137)

Tatsächlich planten Spieser und Loebell, das von Stifter in seinem Roman beschriebene „Rosenhaus" auf der Hüneburg nachzubauen, doch es blieb ein Haus der Träume. Wichtiger wurde in der Folgezeit Stifters Roman „Witiko" (1867). Zunehmend identifizierte sich Spieser mit der Titelfigur. Wie er selbst stammt Witiko aus einer Grenzregion (dem Böhmerwald), heiratet eine Deutsche, zieht mit ihr in den Wald, wo er eine Burg errichtet und sich als Dichter versucht. Außerdem erlebt Witiko im fortgeschrittenen Alter die Eingliederung seiner böhmischen Heimat in das Deutsche Reich – was sich Spieser ja auch für das Elsass wünschte. Bezeichnenderweise wurde Spiesers erstes auf der Hüneburg geborene Kind „Witiko" getauft.

Ganz im historisierenden Stifter-Stil ist auch der von Spieser verfasste „Hausspruch auf der Hünenburg" gehalten, der 1936 links vom Eingang zum zentralen Wohnhaus eingemeißelt wurde (das „Halsgrabenhaus" daneben entstand erst nach dem Krieg). Er ist nicht mit dem heutigen Haupteingang identisch, sondern befindet sich links davon und ist an der weit ausladenden Treppe erkennbar. Der Spruch lautet:

*Gott gibt uns irdisch Gut,
das Ewige zu gewinnen.
Ihr Lehensleute, was ihr tut,*

das tut mit wachen Sinnen.
Wir bauen hier in dieser Zeit,
wir kämpfen vor der Ewigkeit.

(Barnagau, S. 195)

Die Pforte führt ins ehemalige Musikzimmer, in dem noch der Kachelofen der Familie Spieser steht. Jedem Familienmitglied ist eine Kachel gewidmet, den beiden Eltern und den vier Kindern Ute, Hunrich, Witiko und Swanhild. Sie alle wuchsen rein deutschsprachig auf, denn Spieser wollte die französische Sprache in seinem Haus „so lange ächten [...], als es mächtige und törichte Leute gab, die hier auf die Ausrottung unseres elsässisch-deutschen Volkstums" hinarbeiteten.

Vom Musikzimmer gehen wir weiter zum Speisesaal, den ein Porträt von Henri-Jacques Clarke schmückt, dem einstigen „Comte de Hunebourg". Im oberen Stockwerk befinden sich heute die Gästezimmer des Hotels. Zwei davon sind großteils noch mit Möbeln aus der Spieser-Zeit eingerichtet: das ehemalige elterliche Schlafzimmer (Nr. 12) und das ehemalige Kinderzimmer (Nr. 16). Auf Wunsch können Gäste sie reservieren.

Die Burganlage diente von Anfang an nicht nur privaten, sondern auch ideologischen Zwecken. Zwischen dem Torgebäude und dem Wohnhaus ließ Spieser eine Wanderherberge errichten, die in zwei Schlafsälen Platz für fünfzig Personen bot. In seiner Autobiographie beschreibt er diese „Jugendherberge" als einen Ort für deutsch-französische Jugendtreffen im Geiste der Versöhnung. Leider hat ein solches nie stattgefunden. Stattdessen nutzte Spieser den Bau als Vereinsheim für den von ihm und seinem Mitstreiter Edouard Haug (1907-1996) 1926 ins Leben gerufenen „Wanderbund Erwin von Steinbach", kurz „Erwinsbund".

Anfänglich orientierte sich dieser nach dem Straßburger Münsterbaumeister benannte Verein an den um 1900 entstandenen „Wandervögeln" und an der „Bündischen Jugend". Er bot seinen Mitgliedern Wander- und Radausflüge, Tanz- und (allerdings rein deutschsprachige) Liederabende. Ein literarisches Echo darauf sind vermutlich die „Weißen Scharen" in dem Roman „Der Wolf in der Hürde" (1931) von René Schickele (s. Saverne). Unter völliger Verkennung der politischen Hintergründe beschreibt der elsässische Dichter diese als eine grenzüberschreitende, pazifistische Jugendorganisation.

Doch Spiesers Erwinsbündler schlugen eine ganz andere Richtung ein. 1937 veranstalteten sie auf der Hüneburg eine Feier zu Ehren der im Ersten Weltkrieg in deutscher Uniform gefallenen Elsässer und Lothringer. Das Provokante daran war nicht die Ehrung an sich, sondern deren Form: mit einem Fahnenappell, dem Absingen deutscher Soldatenlieder und einem preußischen Zapfenstreich. Dazu wehten die blauen Fahnen des Erwinsbundes.

Auf der anderen Seite des Torgebäudes ließ Spieser kurz vor Ausbruch des Krieges ein Gesinde- und Gästehaus errichten (es wurde nach dem Krieg vergrößert). Zu seinen ersten Gästen gehörte Heinrich Himmler, der hier zu Beginn der deutschen Besatzung herzlich von dem frisch gebackenen SS-Mitglied Friedrich Spieser empfangen wurde. Von da an stellte Spieser seine Person und seine Burg ganz dem Dritten Reich zur Verfügung.

In den folgenden vier Jahren war Spieser einer der wichtigsten Propagandisten der NS-Ideologie im Elsass, als Herausgeber der „Straßburger Monatshefte", die er bereits 1935 ins Leben gerufen hatte und nun auf Parteilinie brachte, und als Leiter des „Hünenburg-Verlags", in dem er literarische und volkskundliche Werke über den Oberrhein verlegte. Zu seinen Hausautoren zählten die Elsässer Raymond Buchert (1893-1968) und Bernd Isemann (1881-1967; s. La Petite-Pierre). Letzteren empfing er als Gast auf der Hüneburg. Der in Colmar aufgewachsene Sohn einer elsässischen Bäuerin und eines deutschen Richters hatte zahlreiche Romane verfasst, in deren Mittelpunkt immer wieder die Bewohner des deutsch-französischen Grenzlandes stehen. 1901 schloss er sich dem Straßburger „Stürmer-Kreis" um René Schickele (s. Saverne) und Otto Flake (s. Bastberg, Liebfrauenthal) an, der für eine deutsch-französische Doppelkultur im Elsass warb. Doch ab dem Ersten Weltkrieg schlug Isemann zunehmend deutschnationale Töne an.

Nicht zuletzt deshalb veröffentlichte Spieser während des Zweiten Weltkrieges jedes Jahr einen neuen Roman von ihm: 1941 „Das Gehöft in den Vogesen", 1942 „Das härtere Eisen" und 1943 „Die Ameisenhaut". Nach 1945 ließ er in Deutschland neue Auflagen davon drucken (s. La Petite-Pierre).

Zum Abschluss unseres Rundgangs werfen wir einen Blick auf den Turmbau an der Südecke der Burg. Er befindet sich auf einem Felsen, der vom Hauptplateau durch einen tiefen Spalt getrennt ist, den „Halsgraben". Seit 1937 führt eine schmale Brücke hinüber, die eine Tafel mit Versen von Spieser schmückt:

Die Welt ist Hasses und der Zwietracht voll,
von Land zu Nachbarland gähnt noch die böse Kluft.
Die für die Heimat fielen, rufen's aus der Gruft:
Ihr seid das Volk, das Brücken bauen soll.

(Barnagau, S. 207)

Der Turmbau ist aus Sicherheitsgründen nicht frei zugänglich. Gäste des Ferienzentrums können jedoch beim Leiter der Einrichtung den Schlüssel erbitten oder sich nach dem Termin einer öffentlichen Führung erkundigen. Zu sehen ist der „Friedensturm" und der ihm vorgelagerte „Ehrenhof", den einst eine steinerne Tafel zierte, deren Text lautete:

Dem unbekanntesten Soldaten
  des Weltkriegs 1914-18
den Elsass-Lothringer Gefallenen und al-
  len toten Kämpfern der Heimat
  Viel lieber gestritten
  und ehrlich gestorben
  als Freiheit verloren
  und Seele verdorben.
Dieses Ehrenmal hat elsässische und lothringische
  Jugend gemeinsam mit Kriegskameraden der
  Gefallenen aus Dankbarkeit und Treue ihren
  Vätern und Brüdern in fremder Erde geweiht.
Den Lebenden ein Mahnmal des Friedens

Den Kommenden ein Sinnbild der
Tapferkeit und Pflichterfüllung
Hünenburg
1938

Auch dieser Text klingt versöhnlich, doch der Teufel steckt im Detail. Die vier eingerückten Verse sind dem Banner der früheren Freien (also deutschen) Reichsstadt Straßburg entnommen. Aus dem Zusammenhang gerissen suggerieren sie, die elsässischen und lothringischen Soldaten seien für die „Freiheit" eines deutschen Elsass gefallen, während Frankreich als „fremde Erde" bezeichnet wird.

Vor der Steintafel wurde 1941 der Sarg von Karl Roos aufgebahrt, der damit in die Tradition dieses vermeintlichen „Freiheitskampfes" gestellt wurde. Roos leitete in den Dreißigerjahren die rechtsradikale elsässische „Landespartei". Bei Kriegsausbruch wurde er deshalb angeklagt und hingerichtet. Nach der französischen Niederlage wurde der Sarg dieses vermeintlichen „Märtyrers" von Soldaten der Wehrmacht durch das ganze Elsass getragen und schließlich an dieser Stelle, bedeckt von der Hakenkreuzfahne und unter Gesängen von BDM- und HJ-Chören – vermutlich bestehend aus ehemaligen Erwinsbündlern –, aufgestellt. Damit wurde die Hüneburg zu einer Wallfahrtstätte des Nationalsozialismus.

Der Friedensturm geht auf einen Entwurf von Martin Schmitthenner zurück, den im Krieg gefallenen Sohn von Paul Schmitthenner und Freund von Erich Loebell. Im Erdgeschoss befindet sich eine „Kapelle", die ein regelmäßiges Fünfeck bildet – eine Anspielung auf die fünf Sinne – mit einer Säule in der Mitte. Einzige biblische Reminiszenz ist die in die Wand gemeißelte Weihnachtsbotschaft: „Ehre sei Gott in der Höhe und Friede auf Erden". Als Bilderschmuck sind die zwölf Tierkreiszeichen in die Wände gemeißelt, die auf den kosmischen Naturkreis verweisen. In einem etwas holprig geratenen Sonett hat Spieser die symbolische Bedeutung dieses Turms beschrieben:

Es saust der Wind, der alle Früchte schüttelt,
Das Auge tränt und sucht die blauen Ränder;

Dort fließt der Strom, der unsere Nachbarländer,
das Reich und Frankreich, oft zum Kampf gerüttelt.

Bei Gott, es hat der Wahn genug gebüttelt!
Zu teuer, solcher Erblast ewige Pfänder!
Die Zeit ist reif, daß gütig ein behender,
vernünft'ger Geist sich rafft und hier vermittelt.

Und wenn den Hass wir damit auf uns lenken,
wir fürchten nicht den tück'schen Tatzelwurm.
Die heilige Fahn, Sankt Michael muss sie schwenken,

so oft sie auch zerfetzt der wilde Sturm:
Wir baun, indem der Opfer wir gedenken,
auf unserm Berg dem Frieden einen Turm.

(Barnagau, S. 201)

„... dem Frieden einen Turm" – es wäre zu schön, um wahr zu sein. Leider wehte auf eben diesem Turm zwischen 1940 und 1944 die Hakenkreuz-Fahne. Der Aufstieg zur Plattform führt durch drei Turmstuben, die oberste diente Spieser bis zu seiner Flucht als Arbeitszimmer. Hier bereitete er seine Artikel für die „Straßburger Monatshefte" vor und erforschte die „Erdstrahlen", an deren physikalische Existenz und heilende Wirkung er glaubte. Heute sind diese Zimmer völlig verwahrlost, doch der Ausblick ist noch immer grandios. Eine Vorstellung von der ehemaligen Einrichtung vermitteln erhaltene Fotos und Spiesers Beschreibung:

Das oberste Turmzimmer übertraf alle Vorstellungen, die ich mir in den Monaten meiner ersten Turmträume gemacht hatte [...]. In der Höhe der fünf Rundbogenfenster, die in malerischen Nischen gegen Süden und Westen saßen und somit den Blick auf Vogesen und Schwarzwald und ins Lothringer Land einrahmten, war ein herumlaufendes Steingesims gedacht, das von Konsolen unterbrochen war, aus denen die zehn Rippen des Kreisbogengewölbes emporwuchsen. Eine wunderbare Akustik spürte man dem Schwung der Linien an, die im Wechsel von rotem

Sandstein auf geweißten Flächen auch für das Auge eine beständige Freude werden mußten. (Hünenburg, S. 243)

Ende 1944 flüchtete Spieser vor den anrückenden Amerikanern, die die Burg besetzten und plünderten. Der Sarg von Karl Roos wurde von ihnen über die Brüstung geworfen, wobei er sich angeblich öffnete und seinen Inhalt freigab: nichts als Steine! Während Spieser in Frankreich in Abwesenheit zum Tode verurteilt und sein Besitz konfisziert wurde, baute er sich in seinem bundesdeutschen Exil eine neue Existenz auf. Er gründete den Hünenburg-Verlag und den Erwinsbund unter leicht abgeänderten Namen neu und erwarb mit der Burg Stettenfels bei Heilbronn ein neues Domizil, das er – der Hüneburg vergleichbar – zu einem Begegnungs- und Veranstaltungszentrum ausbaute. Er starb – unbehelligt von der deutschen Justiz – im Alter von 84 Jahren.

Um unseren Besuch auf der Hüneburg abzurunden, kehren wir zum Parkplatz zurück und folgen dem blauen Wegkreuz zur „Grotte d'amour" (Liebesgrotte). Der Weg, für den feste Schuhe erforderlich sind, führt in ca. 15 Minuten zu einigen markanten Sandsteinfelsen und einer Höhle, in der sich Henri-Jacques Clarke angeblich mit seiner Geliebten traf. Ein Picknick-Tisch lädt zur Rast ein.

Refuge Fortifié
Mairie
Grand' Rue
F-67330 Dossenheim-sur-Zinsel
Tel. +33 (0)3 88 70 00 04

Vacanciel
Château de Hunebourg
Route Forestière
F-67330 Dossenheim-sur-Zinsel
Tel. +33 (0)3 88 70 00 59

4. Könige, Kaiser, Kardinäle: Saverne und Umgebung

St-Jean-Saverne und Mont St-Michel

Im folgenden Abschnitt unserer Literatur-Reise verlassen wir das protestantische Hanauerländel und wenden uns dem einstigen (katholischen) Bistum Straßburg zu. Von Deutschland kommend fahren wir auf der Autobahn bis zur Ausfahrt Richtung Saverne. Von dort führt uns der Weg über das Dorf Monswiller nach St-Jean-Saverne (els. bzw. dt. Sankt Johann; 610 Einw.). Reisende, die die im vorangegangenen Kapitel beschriebene Route fortsetzen wollen, erreichen den Ort von der Hüneburg über Dossenheim-sur-Zinsel und Ernolsheim (D 219).

St-Jean-Saverne geht auf ein 1127 gegründetes Benediktinerinnenkloster zurück, das während des 30-jährigen Krieges verwüstet wurde. Nur die romanische Kirche „St-Jean-des-Choux" (St. Johann im Kraut) blieb erhalten und zählt heute zu den Sehenswürdigkeiten entlang der elsässischen „Route Romane". Freunde alter heidnischer Kultstätten sollten sich einen Abstecher von hier auf den „Mont St-Michel" (els. Michelsberri, dt. Michaelsberg; 375 m) nicht entgehen lassen, dessen mittelalterlicher Name „Hertenstein" lautete. Vermutlich geht der Name auf die Göttin Herta (oder Berchta) zurück, die im Elsass noch bis ins 19. Jahrhundert zum Dreikönigsfestes auf den „Langenkuchen", einem Vorläufer der heutigen „Galette des Rois", abgebildet wurde. Später verschmolz sie mit dem „Christkindl" zu einer bis heute weiblichen Figur.

Den Gipfel, ein eindrucksvolles Plateau aus rotem Sandstein, erreicht man wahlweise über einen Fußweg (Abzweigung hinter dem Friedhof) oder die Fahrstraße (beschildert). Letztere führt an der „Osterquelle" vorbei, deren Wasser zu Frühlingsbeginn besondere Wachstums- und Heilkräfte haben soll. Unweit des Parkplatzes befindet sich eine weitere Zauberquelle, der „Osterbrunnen". In dem Prosaband „Schwarze Hornissen" (2005) schildert André Weckmann (s. Steinbourg) den Kampf zwischen Heidentum und Christentum, der einst auf dem Gipfel stattgefunden haben soll:

Die rätselhafte kreisförmige Vertiefung im Felsplateau des Mont St-Michel trägt den Namen „Hexenschule".

Auf diesen bewaldeten, von Felsmauern umfriedeten Hochplateaus, konnte man, wenn man Glück hatte und die Magie dieser eigenartigen Geographie auf sich wirken ließ, ein Waldweiblein namens Mamama Katt antreffen, weit über sechzig, wettergegerbtes, verrunzeltes, schelmisches Gesicht, ein altmodisches Kassaweck an, einen Binsenkorb am Arm, darin Pilze und Kräuter [...]. Sie verschnaufte einen Augenblick und sprach: Hier haben sie miteinander gerungen, der Michel und der Heidengott. Gell, daran denkst du doch jetzt? Und der Erzengel hat den anderen zum Kuckuck gejagt. Ich sag nicht: zum Teufel, ich sag: zum Kuckuck. Der andere konnte ja nichts dafür, dass er auf der falschen Seite stand.

Sie dachte einen Moment nach und fuhr weiter:

Nein richtig gerungen haben sie nicht, jeder scheute davor, den anderen zu berühren, das hätte sie verunreinigt, und der Michel wollte sein nagelneues Schwert nicht mit heidnischem Blut besudeln. Der Heide hob wohl mal seine Keule hoch, da machte sich aber das Rheuma in seinem Arm bemerkbar.

Er hauste wohl zu lange schon, seit Jahrtausenden – denk dir! – in den feuchten Wäldern, während der andere direkt vom sonnigen Himmel kam. Was tun wir jetzt?, fragte Michel den Heiden. Dieser zog Würfel samt Becher aus der Tasche. Sie würfelten also. Um unsere Zukunft. Dabei mogelten sie beide, und jeder wusste, dass der andere mogelte. (Weckmann: Hornissen, S. 145-147; „Mamama" ist die els. Bezeichnung für Großmutter.)

Da der Erzengel Michael (Michel) aus diesem Spiel als Sieger hervorging, trägt der Berg seit dem 16. Jahrhundert seinen Namen. Den Gipfel schmückt seitdem eine dem Heiligen geweihte Wallfahrtskapelle (1593), deren Fundamente allerdings viel älter sind. Deren Südportal ziert das Porträt eines katzenähnlichen Wesens, das kaum christlichen Ursprungs sein dürfte.

Hinter dieser „Chapelle St-Michel", auf dem äußersten Vorsprung des Plateaus, ist inmitten eines Eichenhains eine sehr viel ältere Kultstätte zu sehen: die „Ecole des Sorcières" (Hexenschule). Es handelt sich dabei um ein 4,70 m breites, kreisförmiges Becken im Fels, zu dem drei Stufen hinabführen. Archäologen vermuten darin einen alten Sonnen- oder Mondkalender. Die Legende weiß es aber genauer: Einst soll Frau Itta, die zauberkundige Gattin des Grafen Peter von Lützelstein, ihre Schülerinnen hier in magische Rituale eingeweiht haben und anschließend an ihrer Spitze zum Bastberg geflogen sein (s. dort).

An der Südseite des Felsens führt eine Felsentreppe zu dem vielleicht geheimnisvollsten Ort des „Mont St-Michel", dem „Trou des Sorcières" (Hexenloch). Es handelt sich um eine Höhle, die sich genau unter der Hexenschule befindet und von der Stein- bis in die Neuzeit als Wohn- und Kultstätte genutzt wurde, zuletzt von Eremiten. Neben einer Zisterne und den Resten zweier Tore ist im Felsboden des Hauptraums eine Vertiefung zu sehen, die menschliche Umrisse zeigt und an ein Grab erinnert. Der Legende nach ließ Peter von Lützelstein seine Gattin, die eine Hexe war, hier bei lebendigem Leibe begraben. Zur Rettung ihrer Seele stiftete er die Kirche in St-Jean-Saverne.

Steinbourg

Eine Alternativstrecke nach Saverne führt über die D 14 nach Steinbourg (els. Steiweri, dt. Steinburg; 2.000 Einw.). Es liegt in mehrerer Hinsicht an einer Grenze: zwischen Lutheranern im Norden, dem Hanauerländel, und Katholiken im Süden, dem Bistum Straßburg, sowie fränkischen Dialekten im Westen und alemannischen Dialekten im Osten.

Das historische Zentrum mit dem alten Schloss (heute Rathaus) und der neugotischen Kirche befindet sich auf dem linken Ufer des Flüsschens Zorn. Das kleinere und historisch jüngere Bahnhofsviertel liegt auf dem rechten Ufer. Auf dem Friedhof neben der Kirche befindet sich das Ehrengrab eines 1870 gefallenen deutschen Leutnants und das einer Nonne namens Laurentine. Deren Geschichte erzählt der Schriftsteller André Weckmann (geb. 1924):

Die Dorfgeschichte erzählt, dass besagter Leutnant mit seiner Patrouille durchs Dorf ritt und am Dorfbrunnen Halt machte, um die Pferde zu tränken. Ein französischer Zuave, der, von einem Gewaltritt erschöpft, nicht weit davon auf einem Strohlager eingeschlafen war, wurde von dem Hausbesitzer geweckt: „Los, schnell, die Preußen sind da!", rappelte sich auf, stieg auf sein Pferd, schoß mit seinem Chassepot auf die abgesessene Patrouille, traf den Leutnant tödlich und floh, wie es auch die verstörten Husaren Hals über Kopf taten. Der deutsche Divisionsgeneral vermutete, dass dies die Tat eines elsässischen Franc-Tireurs sein könnte und umstellte das Dorf mit Artillerie: Lieferte man den oder die Francs-Tireurs nicht aus, würde das Dorf dem Erdboden gleich gemacht werden, ließ er dem Bürgermeister mitteilen. Doch das Herz des Reitergenerals ließ sich von einer einheimischen Nonne, die sich ihm zu Füßen warf, erweichen. Er verzieh, aber mit der Auflage, dem gefallenen Leutnant ein Ehrengrab zu errichten. Was dann auch geschah. (Weckmann: Hornissen, S. 89f.)

André Weckmann wurde am 30. November 1924 als Sohn eines Gastwirts geboren. Sein Elternhaus ist das

Geburtshaus von André Weckmann in Steinbourg.

ehemalige „Restaurant de la Gare" (31 Rue de la Gare), dessen linken Eingang noch immer der Name „Weckmann" ziert. Schon als Kind erlebte er das Nebeneinander verschiedener Sprachen und Dialekte als Bereicherung:

Mein Vater Auguste, „Guscht", ist Elsässer, meine Mutter Clara ist eine Lothringerin, die aus einem Weiler in der Nähe von Sarrebourg stammt, Grand-Eich. Mein Vater spricht ein niederelsässisches Alemannisch, meine Mutter ein lothringisches Rheinfränkisch. Wenn mein Vater Pflüeg (Pflug), sigsch (siehst du), gebroocht (gebracht) sagt, antwortet meine Mutter: Plugg, gsisch, gebrung. Nichtsdestotrotz ist die Verständigung zwischen beiden Dialekten absolut möglich, trotz dieser Unterschiede. Dennoch wird meine Mutter in ihrem neuen elsässischen Umfeld lange eine Pêxere bleiben, eine etwas abfällige Bezeichnung für die fränkischsprachigen Lothringer (sie „pêxen", d. h. sie ersetzen das pf durch p). (Weckmann, Bd. I, S. 207; Ü: S. W.)

Während der deutschen Besatzung im Zweiten Weltkrieg wurde Weckmann wie alle Elsässer seiner Generation als „Beutedeutscher" in die Wehrmacht eingezogen. 43.000 dieser sogenannten „Malgré-nous" kehrten nicht aus dem Krieg zurück. Doch Weckmann hatte Glück: Nachdem er sich an der Ostfront eine Kriegsverletzung zugezogen hatte, wurde er ins Krankenhaus von Saverne eingeliefert, von wo er am 9. September 1944 desertierte. Bis zur Befreiung von Steinbourg im November 1944 versteckte er sich in einem Sauerkrautfass im Keller seines elterlichen Hauses, wo er erstmals Gedichte in elsässischer und französischer Sprache verfasste. Über seine Kriegserlebnisse berichtet er in seinem ersten, in französischer Sprache verfassten Roman „Les nuits de Fastov" (1968). Über seine Zeit im Keller schreibt er in seinem jüngsten, in deutscher Sprache verfassten Prosaband „Schwarze Hornissen" (2005):

Zehn Monate später, 11. September 1944. Ihr habt das Sauerkrautfass geleert, innen gereinigt und in eine Kellerecke gestellt. Etwas unter dem oberen Fassrand habt ihr ein Luftloch gebohrt. Daneben liegt der Steinblock und ein speziell angefertigter, mit Sauerkrautsaft beschmierter Deckel. In einem Zuber, angefaulte Weißkohlstrünke. „Es stinkt hier", sagt du. „Es muss stinken", sagt der Vater. „Ist Gefahr im Verzug, rein ins Fass, den Deckel von innen festmachen. Denn du bist nun ein Deserteur. Deserteure werden gehängt. Nur diejenigen nicht, die in einem Sauerkrautfass versteckt sind. (Weckmann: Hornissen, S. 9f.)

Nach Kriegsende studierte Weckmann in Straßburg Germanistik und arbeitete dort bis 1989 als Deutschlehrer.

Doch seinem Heimatdorf blieb er zeitlebens verbunden. In seinem französischen Roman „Fonse ou L'Education Alsacienne" (1975) und in seinen deutschen „Steinburger Balladen" (1997) setzte er ihm ein literarisches Denkmal.

Als die Regionalsprachen im Frankreich der Siebzigerjahre eine spektakuläre Renaissance erlebten, wurde Weckmann zum Wortführer dieser Bewegung im Elsass. Die Rede, die er anlässlich der Verleihung des Hebel-Preises 1976 hielt, ist ein Manifest dieses neuen sprachlichen und kulturellen Selbstbewusstseins:

Was glaubt ihr denn, ihr beiden großen, prestigegeladenen, triumphalistischen Nachbarn, die ihr turnusweise zu uns kamt mit euren kulturellen Schablonen und Kriterien und uns das Heil brachtet? Was glaubt ihr denn? Daß wir so töricht seien und turnusweise verleugnen, was der Vorherige uns Gutes und Schönes eingepaukt hatte? Nein, wir horten die Schätze, wir stapeln sie auf, wir lagern sie in unseren kühlen Weinkellern, wir sortieren das Beste aus und säen die Edelmischung zwischen Vogesen und Rhein. Und so wachsen im Elsaß nebeneinander Culture und Kultur, C und K.

Das ist die Revanche des so oft Umgestülpten, Umgestopften, Umgeschulten. (Finck, S. 314f.)

Saverne

Von Steinbourg führt eine schnurgerade Straße (D 16) direkt ins Ortszentrum von Saverne (els. Zàwere, dt. Zabern; 11.600 Einw.). Im 18. Jahrhundert war das gesamte Gebiet zwischen den beiden Ortschaften ein einziger Park, der den Fürstbischöfen von Straßburg gehörte, mit einem künstlichen Kanal, künstlichen Inseln, künstlichen Pavillons und künstlichen Grotten. Heute ist davon fast nichts mehr erhalten.

In Saverne parken wir in der Nähe des Sporthafens (Port de Plaisance). Zugreisende kommen nur wenige Schritte entfernt am Bahnhof an, von dem seit Juni 2007 der TGV in weniger als zwei Stunden nach Paris rast. Nicht immer war die Verbindung so gut: Am 5. November

1939 wartete die Philosophielehrerin und spätere Schriftstellerin Simone de Beauvoir (1908-1986) einen Tag lang in der Halle des Bahnhofs auf ihren Anschlusszug nach Paris. Die vorangegangenen Tage hatte sie in Brumath bei ihrem Lebensgefährten Jean-Paul Sartre (s. Pfaffenhoffen, Marmoutier, Morsbronn) verbracht, der dort als Soldat stationiert war. In „La force de l'âge" (1960), dem 2. Band ihrer dreiteiligen Autobiographie, berichtet sie von ihren Eindrücken:

Saverne; 9 Uhr, gewaltiger schwarzer und vor Menschen wimmelnder Bahnhof. Es gibt nur einen Wartesaal mit Imbiss, wo man nicht trinkt [...]. Der Schnellzug fährt erst um Mitternacht ab und ich fühle mich etwas verängstigt.

Der Wartesaal stinkt nach Krieg; die dicht aneinander gerückten Tische sind mit traurigen Gepäckstücken bedeckt: Matratzen, Decken, Koffer von Evakuierten; die Evakuierten drängen sich auf den Stühlen, inmitten eines dichten Qualms und der ungesunden Hitze eines Kohle-Ofens. Ich stehe aufrecht in einer Ecke und lese; dann gehe ich hinaus. In den Unterführungen sind Säcke gestapelt, auf denen Soldaten sitzen und essen; andere ruhen sich auf den Treppenstufen aus; der Bahnsteig ist so mit Soldaten überfüllt, dass man keinen Schritt machen kann. Ich bleibe kerzengerade stehen, wie ein Säulenheiliger, und lasse mich so von meinen Gedanken forttragen, dass ich kaum merke, wie die letzte Stunde der Wartezeit verstreicht. (Beauvoir, S. 432f.; Ü: S. W.)

Vor dem Hintergrund des Krieges hatte Simone de Beauvoir verständlicherweise keinen Sinn für die Schönheiten von Saverne. Dabei hätte sie nur die wenigen Schritte bis zum Sporthafen zu gehen brauchen, um den Blick auf die Altstadt zu genießen. Wir holen dies nach und erkennen deutlich deren Zweiteilung: Südöstlich liegt auf einem Hügel die „Ville Haute" (Oberstadt) mit dem alten Stadtschloss, „Cour Haute" (Oberhof) oder „Petit Château" (Schlössel) genannt. Zu ihren Füßen liegt die „Ville Basse" (Unterstadt), die durch das Rohan-Schloss dominiert wird, auch „Cour Basse" (Unterhof) oder „elsässisches Versailles" genannt. Es ist der Schauplatz zweier Skandale, die einst europaweit für Aufsehen sorgten: die (französische) „Halsband-Affäre" und die (deutsche) „Zabern-Affäre". Auf beide kommen wir noch zurück.

Die touristisch wenig erschlossene Unterstadt ist der historisch ältere Teil. Hier entstand bereits im ersten nachchristlichen Jahrhundert die römische Siedlung „Tres Tabernae" (Drei Tavernen), ein am Oberrhein damals verbreiteter Name. In Abgrenzung zu den pfälzischen Ortschaften Bergzabern und Rheinzabern war lange die Bezeichnung „Elsass-Zabern" geläufig. Ab dem 2. Jahrhundert verlagerte sich das Zentrum der Stadt auf das Gebiet der heutigen Oberstadt. Im 3. und 4. Jahrhundert wurde diese zum Schutz gegen sich häufende germanische Überfälle zu einem „Castrum" ausgebaut

Die Ostfassade des fürstbischöflichen Schlosses (rechts) wurde unter Louis René de Rohan errichtet. Rechterhand liegt der ältere Oberhof mit der „Tour Cagliostro", dahinter die Pfarrkirche Notre-Dame-de-la-Nativité.

und mit einer 3,5 m dicken Stadtmauer umgeben. Der letzte erhaltene Turm wurde – heute unbegreiflich – 1965 abgerissen.

In seiner 1544 in einer deutschen und einer lateinischen Fassung gedruckten „Cosmographia Universalis" liefert uns der humanistische Gelehrte Sebastian Münster (1488-1552) eine Beschreibung dieser Befestigungen, die damals – vor den Verwüstungen des 30-jährigen Krieges – noch gut erhalten waren. Er glaubte, in ihnen nicht nur ein militärisches Bauwerk zu erkennen, sondern auch einen römischen Kalender:

Die Römer hatten dort eine Lagerstatt, von der aus sie abwehrten, daß die Teutschen nicht über den Rhein einfielen und Gallien in Mitleidenschaft zogen. Etliche meinen, daß der erste Kaiser Julius habe Zabern gebaut, der das Jahr im römischen Kalender auf 52 Wochen gesetzt habe und auch auf 365 Tage. Die Ringmauer, die um Zabern verläuft, hat so viele Türen, als es Wochen im Jahr gibt, und es sind zwischen zwei Türen jeweils sieben Zinnen. Also hat die Mauer so viele Zinnen, wie es Tage im Jahr gibt. (Münster, S. 98)

Zwischen den beiden Stadtteilen verläuft der „Canal de la Marne au Rhin" (Rhein-Marne-Kanal), dem wir einige Minuten auf dem „Quai du Canal" stadteinwärts folgen. Er geht auf ein Projekt des Pfalzgrafen Georg Hans von Veldenz (s. La Petite-Pierre) aus dem Jahr 1591 zurück, der die Bauarbeiten dem Straßburger Architekten Daniel Schoepflin übertragen wollte. Doch dieser lehnte ab:

Schließlich hab ich alle Ding besichtigt unnd erwogen, so ist es ein unmöglich werckh, wan es aber sollte fortgahn, so were es über die sieben Wunderwerckh der weltt ... auch wider gotts ordnung, dan gott in seiner erschöpfung nichts vergessen hat, und wiewohl man die element in kleinem werken etwas zwingen kann, so ist doch solches wider die vernunft ... (Kittel, S. 185)

1852 wurde der Kanal schließlich doch fertiggestellt. Dafür wurde ein Teil der ehemaligen Stallungen des Schlosses geopfert, die François Pinot 1763-1767 errichtet und deren „Weitläufigkeit, Größe und Pracht" Johann Wolfgang Goethe 1770 bewundert hatte. Der erhaltene Teil ist rechts von der Straße zu sehen, die dem Kanal zugewandte Fassade stammt aus dem Jahr des Teilabrisses (1846). Dagegen erwähnt Goethe mit keinem Wort den „Judenhof" hinter den Stallungen, der ihm offenbar verborgen blieb. Im 17. und 18. Jahrhundert befand sich hier das jüdische „Städtel" von Saverne. Leider ist keines der Gebäude erhalten.

Kurz vor der Kanalschleuse, an der Kreuzung mit der „Grand' Rue", einer schnurgerade verlaufenden Straße römischen Ursprungs, biegen wir nach links in die Oberstadt ein. Links liegt ein kleines, leicht erhöhtes Plätzchen, das die „Fontaine de la Licorne" (Einhornbrunnen) schmückt. Das Einhorn ist ein Fruchtbarkeitssymbol orientalischen Ursprungs, das im europäischen Mittelalter in ein Symbol der „Hohen Minne" umgedeutet wurde. Als solches wurde es zum Wappentier von Saverne und schmückt heute nicht nur diesen Brunnen, sondern leiht auch dem lokalen Amateurtheater („Théâtre de la Licorne") und dem lokalen Bier („Bière de la Licorne") seinen Namen. Die bekanntesten mittelalterlichen Darstellungen finden sich im Pariser Musée de Cluny, auf einer Serie von sechs Wandteppichen, bekannt als „La dame à la licorne", die schon Rainer Maria Rilke (1875-1926) fasziniert haben.

Gegenüber dem Brunnen ist am Geburtshaus von Paul Acker (1874-1915) eine Gedenktafel angebracht, die an diesen heute weitgehend vergessenen Schriftsteller erinnert (56 Grand' Rue). Seine aus Saverne stammenden Eltern waren nach dem Deutsch-Französischen Krieg von 1870 nach Paris emigriert, um nicht Deutsche werden zu müssen. 1874 kehrten sie für kurze Zeit zurück, damit ihr Sohn im Elsass zur Welt kommen konnte. Acker wuchs in Paris auf und begann schon bald, Romane in französischer Sprache zu verfassen, zunächst humoristische wie „Dispensé de l'article 23" (1898), dann zunehmend auch ernste wie „Le désir de vivre" (1907). In vielen seiner Bücher spielt Saverne eine zentrale Rolle. Neben dem Lothringer Maurice Barrès und dem Pariser René Bazin gilt er als ein Hauptvertreter des „Roman alsacien français" um 1900, wobei er – im Unterschied zu den beiden Erstgenannten – wenigstens elsässische Wurzeln hat. Der Konflikt um das Elsass kostete ihn schließlich das Leben: 1915 fiel er als französischer Soldat bei Thann, im bereits französisch besetzten Oberelsass. Nach Ende des Krieges wurde er auf dem Friedhof seiner Geburtstadt beigesetzt.

Nach wenigen Schritten weitet sich die Hauptstraße zur „Place du Général de Gaulle". Links vom heutigen Schloss befindet sich eine Terrasse, an der im 16. Jahrhundert das „Neue Schloss" des Bischofs Wilhelm von Honstein (1506-1541) stand. Im 17. Jahrhundert ließ Franz Egon von Fürstenberg an dieser Stelle die „Cour Carrée" im italienischen und gleich daneben eine Residenz im französischen Rokoko-Stil errichten. Sie diente vier Bischöfen aus der Familie Rohan als Sommerresidenz: Armand Gaston (1674-1749), François Armand (1717-1756), Louis Constantin (1697-1779) und Louis René (1734-1803). Eine lebendige Beschreibung des höfischen Alltags in diesem „Fürstenberg-Schloss" verdanken wir dem aus Südfrankreich stammenden Marquis de Valfons (1710-1786), der in seinen „Souvenirs" (1741) von seinem Besuch bei Armand Gaston Rohan berichtet:

Ich war zu Tisch bei dem Kardinal von Rohan, der auch Landesherr ist, und zu dem Gesandte aus der ganzen Provinz kommen [...]. Saverne, das Schloß, der Park, alles ist großartig; der Kardinal krönte alles mit seiner Gegenwart. Die Schönheit seines immer lächelnden Gesichtes flößte Vertrauen ein [...]. Das Schloß war immens, und eine große Zahl von Personen wohnte darin; der Abbé de Ravannes, der sich um alles kümmerte, sagte mir, daß es für 700 Personen Betten gebe, vom Küchenjungen angefangen bis zum Herrn des Hauses. Es waren immer 20 bis 30 überaus angenehme Frauen aus der Provinz da. Oft erhöhte sich ihre Zahl durch die anwesenden Damen vom Hof und aus Paris. Es herrschte die größte Freiheit [...]. 180 Pferde waren vorhanden und Kutschen, so viele, wie man wollte. (Heitz, S. 14)

1725 beherbergte Armand Gaston de Rohan hier Maria Leszczynska, Tochter des im elsässischen Exil lebenden polnischen Königs und frisch gebackene Königin von Frankreich (s. Marienthal, Weißenburg). 45 Jahre später empfing Louis Constantin de Rohan am selben Ort wieder eine angehende Königin, die damals noch nicht einmal fünfzehnjährige österreichische Erzherzogin Maria Antonia alias Marie Antoinette. Ihre Hochzeit mit dem französischen Thronfolger und späteren König Ludwig XVI. sollte den alten Konflikt zwischen Bourbonen und Habsburgern endlich beilegen. Aus diesem Anlass fuhren auch die Ururgroßeltern von Marie Hart (s. Bouxwiller) mit ihrem Sohn Louis eigens nach Saverne:

Eier Ürgrußvadder, d'r Louis Rosenstiehl [...] het emol düerfe mit sinen Elteren uf Zawere fahre. D' jung dauphine, d' Marie-Antoinette, het an dem Daa kumme söelle, un im Zawerer Schloß, biim cardinal de Rohan, üewer Nacht bliewe.

[...] 's isch awer in alle Gassen e furichbar's Gedräng gewenn, Kopf an Kopf sin se do g'stande, un d' Soldate ha Müehj g'het, en engi Gass' for d' Waawen offe ze lon. In dere Menschemeng isch de Grußelteren uf einmol d'r Louis verlore gange, un sueche han se n'e nit köenne, denn sie sin nit vun d'r Stell kumme, su ingepfercht sin se gewenn. Grad d'

Schloßfenschter ha se vor sich g'sehn, awer vum ganze cortège nix als e paar Fedderbüesch, die üewer de Köepf vun de Vordere verbei g'hüscht sin. (Hart: G'schichtlen, S. 263f.)

Nach ihrer Ankunft im Schloss zeigte sich Marie Antoinette auf einem Balkon. Kurz darauf tauchte auch Louis an einem Schlossfenster auf und blickte auf die versammelte Menge. Beim anschließenden Mittagessen erzählte er den erstaunten Eltern von seinem Abenteuer:

[...] er het sich durich 's Volk gedrängt, bis er vorne dran isch g'sin, un wiil grad jetzt e su e Galawaawe verbei isch, isch er hinte druf g'sprunge. Mit dem fahrt er ins Schloß nin; do geht er den andere nooch, d' Steij nuf, un kummt in e gruße Saal. Dort isch e schöen geputzti Madamm uf n'e zu un het n'e g'fräut, was er do macht.

Er wot su gere d' dauphine sehn, het er g'sait, un weil er e schöener, frischer Bue gewenn isch, het die friendlich zuem g'sait:

„Komm, ich werde dir die dauphine zeigen!"

Sie het n'e bi d'r Hand durich e par leeri Säl g'füehrt, un im letschten isch se stehn gebliewe. Do sin d' Flüejeltüere gruß offe g'stande, un im Saal dernewen isch e glänzendi G'sellschaft versammelt g'sin.

„Die Dame, die dort auf dem roten Sofa sitzt, das ist die dauphine", het im Louis sini unbekannt Friendin heimlich zuem g'sait. Un d'r Louis het se ganz ditlich un in aller Gemüetsruehj betrachte köenne. Wie er sich satt het g'sehn g'het, isch er ans Fenschter gange un het sich im Volk gezeijt. (Hart: G'schichtlen, S. 263f.)

Im Juni 1770 besuchte auch Johann Wolfgang Goethe die Stadt. Es ist die erste Station auf einer Reise, die ihn und seinen Freund Weyland durch das nördliche Elsass und die angrenzende Pfalz führen sollte (s. Sessenheim, Bouxwiller). Das Schloss beeindruckte ihn so sehr, dass er noch Jahrzehnte später in seiner Autobiographie „Dichtung und Wahrheit" darüber ins Schwärmen geriet:

Mit zwei werten Freunden und Tischgenossen, Engelbach und Weyland, beide aus dem untern Elsaß gebürtig, begab ich mich zu Pferde nach Zabern, wo uns, bei schönem Wetter, der kleine freundliche Ort gar anmutig anlachte. Der Anblick des bischöflichen Schlosses erregte unsere Bewunderung, eines neuen Stalles Weitläufigkeit, Größe und Pracht zeugten von dem übrigen Wohlbehagen des Besitzers. Die Herrlichkeit der Treppe überraschte uns, die Zimmer und Säle betraten wir mit Ehrfurcht, nur kontrastierte die Person des Kardinals, ein kleiner zusammengefallener Mann, den wir speisen sahen. Der Blick in den Garten ist herrlich, und ein Kanal, drei Viertelstunden lang, schnurgerade auf die Mitte des Schlosses gerichtet, gibt einen hohen Begriff von dem Sinn und den Kräften der vorigen Besitzer. Wir spazierten daran hin und wider und genossen mancher Partien dieses schön gelegenen Ganzen, zu Ende der herrlichen Elsässer Ebene, am Fuße der Vogesen. (Goethe, Bd. 9, S. 415f.)

1779 trat Louis René de Rohan die Nachfolge seines Onkels an. Kaum im Amt, musste er in der Nacht vom 7. auf den 8. September erleben, wie das Fürstenberg-Schloss niederbrannte. Unverzüglich machte er sich an den Wiederaufbau – er ließ dafür Sondersteuern erheben –, doch nur die östliche Schaufront wurde vollendet. Um einen Blick darauf zu werfen, gehen wir um das Gebäude herum in den Schlosspark. Die Fassade ist das Stein gewordene Abbild des Charakters von Louis René, einem machthungrigen und verschwenderischen Menschen. Henriette-Louise d'Oberkirch (1754-1803), eine Adlige aus dem Oberelsass, zeichnet in ihren erst 50 Jahre nach ihrem Tod veröffentlichten „Mémoires" (1853) ein kritisches Bild seiner Persönlichkeit:

Wir gingen zum Kardinal de Rohan, um Seiner Eminenz unsere Aufwartung zu machen [...]. Es ist der vierte Kardinal mit Namen Rohan, der Straßburger Bischof ist, und so betrachtet dieser den Grundbesitz der Kirche schon als sein durch Erbschaft überkommenes Eigentum. Er hat in Saverne eine der charmantesten Residenzen der Welt gebaut. Er ist ein gutaussehender Prälat, wenig fromm, den Frauen sehr zugetan; er ist von freundlicher Gesinnung, aber schwach und leichtgläubig, was er hat teuer bezahlen müssen, und was unserer armen Königin in der elenden Geschichte der Halskette viele Tränen gekostet hat. (Heitz, S. 17)

Madame d'Oberkirch spielt hier auf die „Halsband-Affäre" (1785) an, die den Kardinal und das französische Königshaus zutiefst kompromittierte und auch in der Literatur ihr Echo fand. Johann Wolfgang von Goethe ließ sich davon zu seinem Stück „Der Großkophta" inspirieren (Uraufführung 1791), Alexandre Dumas (Père) schrieb darüber den Roman „Le collier de la Reine" (1849/50). In Letzterem wird erzählt, wie Jeanne de La Motte, eine angebliche Comtesse aus dem Hause der Valois und Mätresse des Kardinals, diesen bittet, als Vermittler zwischen den Juwelieren Boehmer und Bassenge auf der einen Seite und der französischen Königin Marie Antoinette auf der anderen Seite zu wirken. Gefälschte Briefe, die Rohan Glauben machen, die Königin sei in ihn verliebt, tun ihr Übriges. Für die Summe von 1,6 Millionen Pfund (was dem damaligen Preis von sechs Pariser Villen entspricht) erwirbt Rohan im Namen der Königin ein Halsband mit Diamanten von insgesamt 2.800 Karat und übergibt es einem vermeintlichen Boten, der in Wirklichkeit ein Komplize der falschen Gräfin ist. Bis heute ist der Verbleib des Halsbandes unbekannt. Als der Kardinal Marie Antoinette auf das Halsband und ihre vermeintlichen Briefe anspricht, kommt es zum Eklat:

„Herr von Rohan, Sie sind ein Elender."
  „Ich?"
  „Sie beleidigen mich, die Königin, Sie sind ein Majestätsverbrecher."
  „Und Sie! Sie sind eine herzlose Frau, eine treulose Königin."
  „Schweigen Sie, Unglücklicher!"
  „Sie haben mich langsam dazu gebracht, daß ich mich immer mehr in Sie verliebte. Sie haben mir Hoffnungen gemacht ..."
  „Hoffnungen! Mein Gott! Bin ich denn von Sinnen, ist er wahnsinnig?"
  „Hätte ich es sonst je gewagt, die nächtlichen Rendez-vous von Ihnen zu erbitten, die Sie mir gewährten?"

Die Königin konnte sich nicht mehr beherrschen und stieß einen wütenden Schrei aus, der im Nebenzimmer sein Echo fand. (Dumas: Halsband, S. 322f.)

Am 15. August 1785, als der Kardinal gerade auf dem Weg zur Messe war, wurde er verhaftet, doch der Prozess brachte rasch die Wahrheit ans Licht. Nur leider glaubte diese niemand, im Gegenteil: Ganz Frankreich war von der Schuld der Königin überzeugt, zumal Jeanne de la Motte, nachdem ihr die Flucht aus ihrem Kerker geglückt war, im Revolutionsjahr 1789 in England ihre „Mémoires justificatifs" veröffentlicht hatte, denen sie als „Beweisstücke" die gefälschten Briefe beigelegt hatte.

Die Revolution zwang den Kardinal ins Exil. Kurz darauf wurden alle Arbeiten an dem noch unvollendeten Schloss eingestellt. Die Jahreszahl des Baustopps (1790) ist in die Westfassade – sechstes Fenster der dritten Etage – eingemeißelt. Das Inventar der „Cour Carrée" wurde verkauft, 1819 wurde sie ganz abgerissen. In den Jahren 1853-1857 ließ Napoleon III. den Mitteltrakt des Rohan-Schlosses zu einer kaiserlichen Residenz und die Flügel zu einem Heim für Kriegerwitwen – die er durch seine Kriege in großer Zahl produzierte – umbauen. Die heutige Westfassade geht auf diese Zeit zurück und zeigt typische Stilmerkmale des „Second Empire", eine gewisse Nüchternheit, gepaart mit imperialer Symbolik: napoleonische Adler an der Fassade, das napoleonische „N" an den Torgittern. Übrigens war das Projekt ein Flop. Von den 78 Appartements wurde nur jedes fünfte bewohnt. Die teilweise ja noch recht jungen Kriegerwitwen zogen offenbar das teure, aber abwechslungsreiche Leben in Paris den günstigen Sozialwohnungen in der elsässischen Provinz vor.

Zwischen 1871 und 1914 war der Bau zu einer deutschen Kaserne umfunktioniert, danach zu einer französischen. In dieser Funktion sah Jean-Paul Sartre (s. Hagenau, Pfaffenhoffen, Morsbronn, Marmoutier) das Schloss am 14. September 1939. Er war zum damaligen Zeitpunkt als Obergefreiter im benachbarten Marmoutier stationiert. Von dort machte er eine Dienstfahrt nach Saverne, um für

Links die „Maison Katz", direkt daneben das Rathaus.

seine Wetterballons eine Gasflasche zu besorgen. Noch am selben Abend schrieb er an Simone de Beauvoir:

Ich war heute morgen „in der Stadt", um bei den Meteorologen eine Wasserstoffflasche zu erbitten. Ein reizendes altes Städtchen, durch das zu gehen in anderen Zeiten lustig wäre, mit Kneipen im deutschen Stil und Häusern mit steilen Dächern. Die Kaserne ist aus rosa Sandstein wie die Kirche des Dorfes, in dem wir wohnen. Wir, der Gefreite Paul und ich, sind im Lastwagen hingefahren; ich saß hinten im Lastwagen, Pfeife im Mund, Helm auf dem Kopf, bei jedem Stoß hüpfend. Wir haben die schwere Wasserstoffflasche bis zum Lastwagen geschleppt und dann, bevor wir zurückkehrten, unsere Einkäufe gemacht. Tabak, Tabaksbeutel, Bonbons für die Tochter unserer Wirtin, Zeitungen. In einer dieser Kneipen haben wir etwas getrunken: rohe Holztische, Zwischenwände aus rohem

Holz bis zur halben Höhe, niedrige, gewölbte Fenster. Dann sind wir zurückgefahren. (Sartre: Briefe, S. 309)

Während der deutschen Besatzung im Zweiten Weltkrieg diente das Rohan-Schloss als Gefangenenlager für französische Soldaten. Ab 1945 waren hier amerikanische Truppen stationiert. 1952 schließlich wurde das völlig verwahrloste Schloss von der Stadt Saverne gekauft. Heute sind eine Grundschule und eine Jugendherberge, das Kulturzentrum „Espace Rohan" und verschiedene Museen darin untergebracht. Trotzdem stehen weite Teile des Komplexes immer noch leer.

Von der Westseite her betreten wir nun das Innere des Schlosses, in dem neben dem Archäologischen Museum und dem Schloss-Museum eine Ausstellung über Louise Weiss (1893-1983) untergebracht ist. Die engagierte Journalistin, Frauenrechtlerin und Vorkämpferin eines vereinten Europa lebte zwar in Paris, doch die Wurzeln ihrer Familie väterlicherseits liegen im Elsass, in der Gegend von Saverne. Noch vor Ende des Ersten Weltkrieges gründete sie die Zeitschrift „L'Europe Nouvelle", zu deren Mitarbeitern sowohl französische (Paul Valéry, André Maurois) als auch deutsche Schriftsteller (Friedrich Sieburg, Thomas Mann) gehörten. Von 1979 bis zu ihrem Tod war sie Alterspräsidentin des Europäischen Parlaments.

Wir verlassen das Schloss und folgen der „Rue Dagobert Fischer" hinauf in die Oberstadt. Links davon liegt die „Cour Haute" (Oberhof), die Bischof Wilhelm von Diest (1394-1439) errichten ließ, als er 1417 seinen Wohnsitz und die bischöfliche Verwaltung aus dem widerspenstigen Straßburg nach Saverne verlegte. Liebhaber der Weimarer Klassik werden versucht sein, in dem Bau das Schloss der Gräfin Kunigonde von Saverne zu erkennen, das Friedrich Schiller in seiner 31-strophigen Ballade „Der Gang nach dem Eisenhammer" aus dem Jahr 1797 beschreibt (s. La Petite-Pierre). Leider hat es diese Gräfin und damit auch deren Schloss nie gegeben. Vermutlich hat Schiller die beiden elsässischen Städte Saverne und Sarrewerden (bei Sarre-Union) verwechselt. Doch dies soll uns nicht davon abhalten, die genannte Ballade hier vorzustellen. Es ist eine Variante der bekannten Fridolin-Sage, die folgendermaßen beginnt:

> *Ein frommer Knecht war Fridolin*
> *Und in der Furcht des Herrn*
> *Ergeben der Gebieterin,*
> *Der Gräfin von Savern.*
> *[...]*
> *Drum vor dem ganzen Dienertroß*
> *Die Gräfin ihn erhob,*
> *Aus ihrem schönen Munde floß*
> *Sein unerschöpftes Lob.*
> *Sie hielt ihn nicht als ihren Knecht,*
> *Es gab sein Herz ihm Kindesrecht,*
> *Ihr klares Auge mit Vergnügen*
> *Hing an den wohlgestalten Zügen.*
>
> (Schiller, Bd. 1, S. 382)

Kunigondes nicht nur mütterliche Gefühle für Fridolin machen den Jäger Robert eifersüchtig, der Fridolin beim Grafen der verbotenen Liebe anklagt. Dieser will ihn daraufhin in das Feuer eines Schmiedeofens werfen lassen, doch infolge einer schicksalhaften Verwechslung kommt darin nicht Fridolin, sondern der Verräter Robert um (s. Hammerweyer).

Nach dem Bau des Unterhofs nutzten die Bischöfe den Oberhof weiter als Gästehaus. Einer der prominentesten Gäste war der Arzt, Wunderheiler und Alchimist Graf Alessandro di Cagliostro (eigentlich Joseph Balsamo, 1743-1795). Der mutmaßliche Sohn eines sizilianischen Schuhmachers kam 1780 ins Elsass. Louis René de Rohan, wieder einmal in Geldnöten, machte er weiß, er beherrsche die Kunst des Goldmachens. Im Turm des Oberhofs soll er ein Labor betrieben haben, weshalb dieser heute „Tour Cagliostro" heißt. Die Beschreibung Cagliostros durch Henriette-Louise d'Oberkirch zeigt, welches Charisma dieser Mann besaß:

Er war seit September im Elsass, und er erregte dort ein ungeheures Aufsehen, weil er vorgab, sämtliche Krankheiten heilen zu können. Da er kein Geld annahm, sondern im Gegenteil viel davon an die Armen verteilte, zog er die Massen an, trotz des Misserfolgs seiner Wundermittel [...]. Er war nicht gerade schön, doch nie hatte ich eine beeindruckendere Physiognomie gesehen. Vor allem war sein Blick von einer fast übernatürlichen Tiefe; ich weiß nicht, wie ich den Ausdruck seiner Augen wiedergeben soll: Es lag darin zugleich Feuer und Eis; er zog an und stieß ab, er machte Angst und er erweckte eine unüberwindliche Neugier. (Oberkirch, S. 116; Ü: S. W.)

Nach der „Halsband-Affäre" musste Cagliostro als Freund des verurteilten Kardinals das Land verlassen. In Italien wurde er von der Inquisition verhaftet und starb 1795 im päpstlichen Gefängnis von San Leo. Henriette-Louise d'Oberkirch, der wir die obigen Zeilen verdanken, zog sich nach Ausbruch der Französischen Revolution auf ihr Gut in Stoltzheim zurück, wo sie 1803 starb. Das Schloss im oberelsässischen Schweighouse, wo sie zur Welt gekommen war, hatten die Revolutionäre bereits zerstört. Im selben Jahr starb auch Louis René de Rohan in seinem Exil im badischen Ettenheim.

Wo die „Rue Dagobert Fischer" auf die „Rue de l'Eglise" trifft, steht links die katholische Pfarrkirche „Notre-Dame-de-la-Nativité", ein gotischer Bau mit einem mächtigen romanischen Turm. Zwischen 1889 und 1896 musste der junge René Schickele (1883-1940) hier die Sonntagsgottesdienste besuchen. Er erwähnt sie in der autobiographischen Notiz „Vor der Kirche – nach der Kirche", macht aber auch deutlich, dass er sich für die Mädchen viel mehr interessierte als für die Worte des Pfarrers:

Die Väter waren Löwen, die schwerhäuptig durch die Zimmer und die Gassen des Städtchens wandelten, die Lehrer Verbrecher und Idioten und neun von zehn Mädchen Puppen, ahnungslos, dumm und verlogen. Nur in der Kirche bekamen sie halbwegs ausdrucksvolle Gesichter. Gelegentlich lauerten wir ihnen in der Nähe des Beichtstuhls auf, um uns an ihrer Demütigung zu weiden. In den alleinigen Händen der Mütter ruhte das

Leben – aus unerforschlichen Quellen gespeist. Alles andre schmeckte nach Sünde und Vernichtung. Es war das finstere Mittelalter.

Da geschah etwas, was ich auf der Rückseite eines alten Schuppens ganz hinten im Garten mit folgenden Worten protokollierte:

Vor der Kirche hat der Regen mir ins G'sicht gehaut.
Nach der Kirche hat die Claire mir ins G'sicht geschaut.
Liebe Claire, süße Claire,
Wenn ich nur dein Bruder wär' –
Vrai, je saurais bien que faire!

(Schickele, Bd. 3, S. 864f.)

Schickele kam 1883 in Obernai (damals Oberehnheim) zur Welt. Von seinem sechsten bis zu seinem dreizehnten Lebensjahr lebte er in Saverne (damals Zabern). Später bezeichnete er diese Stadt als „Vorwerk des Paradieses" und machte sie zu einem Schauplatz seiner Romane „Der Fremde" (1909) und „Symphonie für Jazz" (1929). Ob – wie er später behauptet hat – das Techtelmechtel mit Claire der Grund dafür war, dass sein Vater ihn ins bischöfliche Internat von Straßburg schickte, ist eher fraglich. Jedenfalls endete damit unwiderruflich Schickeles Zaberner Kindheit.

Schon ein Jahr später veröffentlichte der frisch gebackene Internatsschüler in der Straßburger Tageszeitung „Der Elsässer" erste Artikel. Bald gehörte er zu den bekanntesten Autoren des Elsass. Während des Ersten Weltkriegs zog er sich in die neutrale Schweiz zurück, wo er die pazifistische Literaturzeitschrift „Die Weißen Blätter" herausgab.

Auch in Saverne hinterließ dieser Krieg Spuren: In der Nacht vom 30. auf den 31. Juli 1918 wurde die Kirche von französischen Fliegerbomben getroffen und schwer beschädigt. Auch die Glasfenster des Chors wurden dabei zerstört. Die heutigen Fenster stammen aus dem Jahr 1930. Im zweiten Fenster auf der rechten Seite haben die Künstler Ott Frères aus Straßburg in der unteren Ecke das Bombardement abgebildet.

Wir gehen um die Kirche herum und stehen vor einem weiteren Flügel des Oberhofs. Eine Gedenktafel erinnert daran, dass hier der letzte französische König, Louis-Philippe I. (1773-1850), auf seiner Reise ins Elsass gewohnt hat. Der als „Roi Bourgeois" (Bürgerkönig) bekannte Herrscher gab sich gerne liberal (er ersetzte das alte Lilienbanner endgültig durch die Trikolore) und bescheiden. Statt mit Krone und Zepter zeigte er sich mit Hut und Regenschirm. Bewusst zog er den einfachen Oberhof dem pompösen Unterhof vor – im Unterschied zu seinen bischöflichen Vorgängern und seinem kaiserlichen Nachfolger.

Bei seinem Einzug in Saverne begegnete ihm der Vater von Marie Hart (s. Bouxwiller), der zur „Garde Nationale" gehörte. Auch hier zeigte sich Louis-Philippe nicht nur als König, sondern ebenso als bürgernaher Familienvater:

Emol het 's g'heiße, d'r Louis-Philippe kummt ins Elsaß. D' Zawerer Steij kummt er herunter, un d' garde nationale mueß ihm ergeije gehen [...]. D' Müsik het g'spielt, m'r sin d' Zawerer Steij nuf un han uns dort bi drei Furlebaim am Weij aufg'stellt. Baal isch aa d'r Louis-Philippe ze ridde kumme mit sinere ganzen escorte. 's han e paar gegrische:

„Vive le roi!"

Un er het uns alli gemuschtert. D'r Riehm, de baumlang Grenadier, isch ihm schiint's in d' Auge g'falle; er het n'e herruefe lon un n'e g'fräut, wie er heißt, wo er gedient un was er for Schlachte mitgemacht het. D'r Riehm, der het ihm B'scheid genn, un uf einmal dit't er mit sim Finger uf die zwei junge Lit, wie newen em Köeni geritte sin, un saat zue dem:

„Sin dies Eieri Söehn?"

D'r Louis-Philippe het lache muen un het in ganz gelaifigem Huchditsch g'antwort:

„Ja, das sind meine Söhne; das ist der Orléans, und das ist der Joinville."

„Ich hab aa su zwei Springer!" het d'r Riehm druf g'sait; do, der Trompeter, des isch d'r Philippe – kumm emol her, Philippel! –, un der dort hinte, der isch d'r Louis – here do, Lüi!"

D'r Köeni het de Philippel un de Lüi artlig begrüeßt un het n'e d' Hand genn.
„Wir können beide stolz auf unsere Söhne sein," het er zuem alte Riehm g'sait, wie er witersch geritten isch. (Hart: G'schichtlen, S. 261f.)

Wir folgen der Straße, die nun „Rue du Tribunal" heißt, noch ein Stück weiter, bis diese einen Rechtsknick macht. Kurz davor steht auf der linken Seite ein klassizistischer Bau von 1758, die frühere Kanzlei des Bistums Straßburg. Seit dem 19. Jahrhundert hat das „Tribunal de Grande Instance" (Landgericht) hier seinen Sitz. Während der deutschen Annexion war hier ein aus der Pfalz zugewanderter Deutscher als Gerichtsschreiber tätig. Sein Sohn Georg, genannt „Schorsch" bzw. „Waldläufer", war mit Schickele befreundet. In dem Roman „Der Fremde" (1908) hat dieser ihm unter dem Namen „Alfred Brauer" ein literarisches Denkmal gesetzt. Im Roman hat er eine Schwester namens Henriette, in die Alfreds Schulfreund Paul Merkel verliebt ist. Gut möglich, dass es sich bei den beiden in Wirklichkeit um René Schickele und jene Claire handelt, die wir in der Kirche kennengelernt haben. Eines Tages weiht Alfred die beiden in ein Geheimnis ein:

Dieses unerhörte Geheimnis: wie die Kinder zur Welt kommen, erfuhr Paul Merkel durch seinen Freund Alfred, den Sohn des Rechtsanwalts Brauer, der eine Villa vor der Stadt bewohnte. Es wurde ihm auf der Gartenterrasse in einer Dämmerstunde des September offenbart. Alfred schilderte den Vorgang, so gut er konnte, Alfreds Schwester, die dreizehnjährige Henriette, die Paul seit einigen Tagen küßte, hörte mit großen Augen zu. Paul hatte ihr vor einer Stunde vorgeworfen, daß sie nichts von der großen Liebe verstünde, und daß er sie deshalb freigäbe [...]. Aber wie Alfred flüsternd die ungeheuren Wahrheiten vor ihm und Henriette enthüllte, fühlte Paul sich seltsam zu ihr hingezogen ... Keiner wagte den andern anzusehen. Es traten lange Pausen ein ... Wenn Alfred wieder das Wort ergriff, stockte seine Stimme und die beiden schauderten [...]. Alfred hatte seine Geschichte oft genug wiederholt, er fragte:
„Habt ihr begriffen?"

Keiner antwortete. Alfred zog eine Grimasse. „Ihr fürchtet euch wohl?"

Henriette stand auf.

„Du bist ein Schwein!" schrie sie ihrem Bruder ins Gesicht und lief wie gehetzt ins Zimmer, ohne Paul anzusehen. (Schickele, Bd. 1, S. 1037)

Wir folgen der „Rue du Bosquet", überqueren die „Grand' Rue" und gehen geradeaus weiter zur „Rue des Murs" Nr. 24. Das Renaissance-Palais ist seit 1804 katholisches Pfarrhaus. Am Abend des 21. Juni 1903 traf hier der Pfarrer und Dichter Heinrich Hansjakob ein (s. Bouxwiller), um seinen hiesigen Amtsbruder zu besuchen:

Auf der Höhe angekommen, wies man mich links in eine enge Gasse, und bald hielt ich vor einem hohen, palastartigen Haus alten Stiles an. Wenn nicht sofort der Pfarrer herabgekommen wäre, hätte ich sicher geglaubt, am „letzten Ort" zu sein; denn einen so stattlichen Herrensitz hätte ich keinem Pfarrer von Zabern zugetraut.

Noch mehr staunte ich, da ich das Innere betrat, in welchem einem überall die architektonische Eleganz eines Edelsitzes der guten, alten Zeit entgegentritt.

Ein Baron von Hohensax, gestorben 1586, Kanonikus in Köln und Straßburg, hat das Haus gebaut und zwar so schön, daß sogar der Keller, wie ich mich selbst überzeugte, steinerne Säulen und gotische Gewölbe hat und mit Leichtigkeit in eine herrliche Kapelle umgewandelt werden könnte [...]. In diesem adeligen Herrensitz wurde mir im dritten Stockwerk ein herrlicher Saal und daneben das Schlafgemach eines Fürsten zur Verfügung gestellt. (Hansjakob, S. 299f.)

Wir kehren auf die „Grand' Rue" zurück und folgen ihr nach links. Der Weg führt vorbei an der „Maison Katz" mit ihrer atemberaubenden Fachwerkfassade im Renaissance-Stil zum „Hôtel de Ville" (Rathaus). Es ist die ehemalige Wirkungsstätte von Schickeles Vater Jacques Antoine Schickele (1847-1924). Als Polizeichef von Zabern-Stadt und Zabern-Land hatte der Sohn eines Weingutbesitzers aus Mutzig hier sein Büro. Doch wegen seiner bäuerlichen und zudem elsässischen Abstammung blieb er in der von Deutschen dominierten Verwaltung ein Außenseiter. 1897 quittierte er daher seinen Dienst und kehrte als Rentner und Weinbauer nach Mutzig zurück. Dort begegnete ihm Otto Flake, ein Freund und Studienkollege von René Schickele (s. Bastberg, Liebfrauenberg, Weißenburg). In seiner Autobiographie „Es wird Abend – Bericht aus einem langen Leben" (1960) hat dieser ihn so charakterisiert:

Der Vater Schickeles war [...] deutscher Polizeikommissar gewesen. Zwar sehe ich den leicht jähzornigen und meist kurz angebundenen Herrn, der jetzt wie ein französischer Rentner in der schwarzen Lüsterjacke herumging und mit dem Einkaufsnetz den Markt besuchte, noch recht deutlich vor mir, aber unterhalten haben wir uns nie. Er gab mir die Schuld an dem ungeregelten Treiben des Sohnes, wie meine Mutter ihrerseits diesen für meinen Verführer hielt. (Flake: Abend, S. 79f.)

Durch einen Torbogen betreten wir den Innenhof des „Hôtel de Ville", wo eine nackte Europa aus Bronze für eine friedliche Vereinigung des Kontinents wirbt. An der Stelle des modernen Erweiterungsbaus gleich dahinter stand bis 1986 die „Maison Winter", das ehemalige Wohnhaus der Schickeles. Hier wuchs der spätere Schriftsteller auf, hier las er seine ersten Bücher, deutsche (Karl May) ebenso wie französische (Erckmann-Chatrian). Hausherrin war seine Mutter Marie Elise Férard (1847-1925), eine „echte Französin", wie Schickele immer wieder betonte. Da sie kaum Deutsch verstand, wurde zuhause nur Französisch gesprochen. Erst später lernte Schickele auf der Straße Elsässisch und in der Schule Deutsch. In einem Brief vom 25. Juni 1934 schildert er diese kuriose Situation:

Meine Mutter hat niemals Deutsch gelernt, kaum, daß sie einige Markt- und Küchenwörter „beherrschte", unfähig, mit ihnen auch nur den einfachsten Satz zu bilden – mit Ausnahme ihres Glanzstückes: „Waas koooscht ... („Ei" oder „Fleisch" oder „Krum-deterre"). Zu Hause sprachen wir natürlich der Mutter wegen französisch [sic]. Als ich mit 6 Jahren in die Zaberner Vorschule kam, verstand ich nicht mehr als die paar Brocken Dialekt, die ich auf der Straße aufgeschnappt hatte. Von da an verdrängte das Deutsch immer mehr und erstaunlich schnell und gründlich das Französisch. (Schickele, Bd. 3, S. 1200f.)

Über die „Rue Poincaré" vollziehen wir Schickeles Schulweg nach. Er führt an der Kirche des ehemaligen Franziskanerklosters vorbei zum heutigen Collège, wo Schickele in den Jahren 1890/91 die Vorschule besuchte. Rechts daneben liegt das Lycée, wo er von 1891 bis 1896 als Gymnasiast ein- und ausging. Mit damals etwa 160 Schülern war es eine kleine, kostenpflichtige Schule für Kinder aus „besserem" Hause (ca. 60-70 Reichsmark Schulgeld jährlich) – viele davon waren Deutsche. Schickeles Vater dürfte dafür Dank und entsprechende Leistungen von seinem Sohn erwartet haben, doch davon konnte keine Rede sein. Schickeles Abgangszeugnis von 1896 verzeichnet in sechs Fächern die Note „ungenügend", darunter auch das Fach Französisch. In einem Brief vom 18. September 1902 bekannte er: „Ich war ein schlechter Schüler von Anfang an." Insbesondere litt er unter den Spannungen zwischen einheimischen Elsässern und zugewanderten Deutschen. Schon früh träumte er daher von einem Brückenschlag zwischen beiden Nationen:

Als Paul in die Vorschulklasse eingetreten war, hatte er in den Aborten, an den Wänden der Gänge und auf den Bänken in preußenfeindlichen Inschriften das vaterländische Vermächtnis seiner Vorgänger gefunden. Es schien ihm vollkommen in der Ordnung, daß trotz aller Strafen auch das letzte freie Plätzchen für derartige Kundgebungen ausgenutzt wurde.

Die Lehrer bevorzugten die Söhne der Eingewanderten. Die andern beantworteten die Vorliebe der Lehrer mit einer Maßregelung der „Feinde". Sie mieden oder sie verfolgten sie. Aber die Feinde waren die Stärkeren. Man ließ sich demütigen und haßte sie. Es war kein endgültiger Sieg über sie möglich.

Manchmal konnte Paul den Haß, den eigenen, an dem er litt, und den der andern, den er überall fühlte, bitter anklagen und wünschte nichts sehnlicher, als mit der Welt in herzlichem Frieden zu leben. Denn der kleine Haß einiger Knaben schien ihm alles zu verdunkeln und ihn in einen Abgrund von Finsternis und Herzensjammer zu stürzen, von wo er zerknirscht in den blauen Himmel sah. (Schickele, Bd. 1, S. 1019)

Doch bevor es zu der von Schickele ersehnten deutschfranzösischen Verständigung kam, standen die Zeichen erst einmal auf Sturm. Um uns die folgenden Ereignisse zu vergegenwärtigen, gehen wir die „Rue Poincaré" wieder ein Stück zurück und biegen rechts in die „Rue des Frères" ein. In dem Haus Nr. 1 wohnte im Jahr 1913 der damals 20-jährige Leutnant Günther von Forstner (1893-1915). In einem Sommermanöver hatte er nachts sein Bett besudelt (s. Hatten). Das Dienstmädchen seines Quartierwirts, dem die Reinigung oblegen hatte und das auch aus Saverne stammte, erzählte die Anekdote natürlich weiter und bald schon lachte die ganze Stadt darüber. Der solchermaßen in seiner Ehre gekränkte junge Adlige beschimpfte daraufhin die Elsässer pauschal als „Dreckwackes" und versprach jedem seiner Rekruten, der einen von ihnen „zusammensticht", zehn Mark.

Tags darauf waren diese Worte im „Zaberner Anzeiger" nachzulesen, woraufhin sich vor Forstners Wohnung wütende Demonstranten versammelten. Da er jedoch keinerlei Anstalten machte, sich zu entschuldigen, fanden an den folgenden Tagen Protestversammlungen im „Gasthof zum Karpfen" statt (heute „La Carpe d'Or"), v. Forstners Stammlokal. Er befindet sich nur wenige Meter entfernt, in der „Grand' Rue" Nr. 58.

Doch auch an anderen Orten schallte v. Forstner immer häufiger das Wort „Bettschisser" entgegen, weshalb es sich schließlich nur noch in Begleitung einer bewaffneten Eskorte auf die Straße wagte. Am 28. November schließlich eskalierte die Situation. Im Dezember-Heft seiner anarchistischen Zeitschrift „Kain. Zeitschrift für Menschlichkeit" schilderte Erich Mühsam (1878-1934) die Ereignisse:

Das Zaberner Straßenbild muß einen recht angenehmen Eindruck gemacht haben. Ein Rudel Leutnants geht spazieren, darunter Herr von Forstner. Spielende Kinder bemerken ihn und eins ruft „Bettschisser". Das Rudel Leutnants zieht die Plempen und jagt hinter den Kindern her, – ein wahrhaft kriegerischer Anblick [...]. Da erscheinen auf der Bildfläche 50 Mann Füsiliere, stellen sich in zwei Gliedern auf, das vordere kniet nieder, die Leute legen auf die Schüler an, und unter Trommelwirbel ertönt die Aufforderung, sich zu zerstreuen. Wer nicht sofort verschwindet, wird festgenommen – im ganzen 27 Personen, darunter zwei Landgerichtsräte und ein Staatsanwalt, die gerade einen Übeltäter gegen die bürgerliche Ordnung verknallt haben.

Die Verhafteten werden im ausgeräumten Kohlenverlies der Regimentskaserne, dem sogenannten Pandurenkeller, untergebracht, einem stinkenden, dunklen Loch, von dessen Bestimmung zur Menschenbehausung sein Erbauer sich nichts hätte träumen lassen [...]. Hier wurden die Sünder eine ganze Nacht hindurch festgehalten. Leider hatte man die Juristen vorher freigelassen. Gerade für sie, denen das Verhängen von Freiheitsstrafen Lebensberuf ist, wäre die Erfahrung am eigenen Leibe vielleicht sehr nützlich gewesen [...].

Die kollerig gewordene Soldateska hatte damit noch nicht ausgetobt. Sie setzte ihre Jagd auf lachende Kinder fort, drang in Häuser ein, verhaftete einen neunjährigen Jungen und ein vierzehnjähriges Mädchen, und der erste Held, Herr von Forstner, schlug bei einer Säbelattacke auf spielende Kinder in einem benachbarten Dorfe einem lahmen Schustergesellen eine tiefe Wunde in den Kopf. (Fröba, S. 9f.)

Mehrere Tage lang währte diese Zaberner „Säbeldiktatur". Die Landesregierung von Elsass-Lothringen tratt daraufhin geschlossen zurück, der Berliner Reichstag sprach dem Reichskanzler v. Bethmann-Hollweg mit großer Mehrheit das Misstrauen aus. Der Fall war zur Staatsaffäre geworden! Im Januar 1914 wurde den verantwortlichen Offizieren in Straßburg der Prozess gemacht. Die Anklage lautete auf widerrechtliche Aneignung der Exekutionsgewalt, Freiheitsberaubung, rechtswidrigen

Waffengebrauch und Körperverletzung. Doch sie wurden alle freigesprochen! Nur drei elsässische Rekruten, die die Presse über Forstners „Stechprämie" informiert und damit die kleine „Revolution vun Zàwere" ausgelöst hatten, wurden mit Arrest bestraft.

Wenige Monate später brach der Erste Weltkrieg aus. Doch nach den Zaberner Ereignissen war das Elsass für Deutschland schon verloren, noch bevor der erste Schuss fiel. Das wusste auch René Schickele. Als er von den Ereignissen in seiner Heimatstadt hörte, arbeitete er gerade an einem Roman über die nationalen Minderheiten im Deutschen Kaiserreich. Dieser blieb jedoch Fragment. 1917 veröffentlichte Schickele in seiner Zeitschrift „Die Weißen Blätter" einen Abschnitt daraus unter dem Titel „Stille Betrachtungen nach den Zaberner Tagen". Es ist ein Abgesang auf das deutsche Elsass:

Seit vierzig Jahren wohnt, bis über die Augen bewaffnet, ein rothaariger Koloß in diesem Land, er hockt auf dem Rand der Vogesen, um seine grob gestiefelten Beine in der Ebene, die Rebhügel hinauf, kommen und gehen die Jahreszeiten. Er drückt auf das kleine Land wie auf die Mitte einer riesigen Schaukel – ja, und das ist denn auch das berühmte europäische Gleichgewicht. Und es geschieht wenig in der Welt und nichts Wichtiges, ohne daß man hier, wo des Kolosses Stiefel stehn, ein leises oder hartes Schwanken spürt. Ein politischer Seismograph könnte die geringsten Erschütterungen der „Weltlage" verzeichnen. – Hier, wo die Absätze auf seinem Leibe drücken, schlägt das Herz Europas am unruhigsten ... und auch am schmerzhaftesten. (Schickele, Bd. 3, S. 988)

Musée du Château des Rohan
F-67700 Saverne
Tel. +33 (0)3 88 91 06 28

Hohbarr und Geroldseck

Vom „Quai des Ecoles" in Saverne führt ein Waldlehrpfad (rotes Rechteck) am „Bildstoeckle" (280 m) vorbei zur

Burgruine Hohbarr (frz. Haut-Barr, 457 m). Autofahrer erreichen sie über die „Rue du Haut-Barr". Die Strecke bietet schöne Ausblicke auf den Rhein-Marne-Kanal und die Synagoge (1900) am anderen Ufer. Bis heute wird diese von der ständig schrumpfenden jüdischen Gemeinde von Saverne genutzt. Beim Haus Nr. 56 zweigt nach rechts ein unmarkierter Pfad zum „Judenberg" ab, an dessen bewaldeten Hängen sich seit dem 17. Jahrhundert der jüdische Friedhof von Saverne befindet.

Die Burg Hohbarr ist eine ehemalige Fliehburg der Straßburger Bischöfe aus dem 12. Jahrhundert, die nach dem Westfälischen Frieden von 1648 geschleift wurde. Geblieben sind einige sehenswerte Reste und natürlich die unverändert grandiose Aussicht, die der Burg den Beinamen „Auge des Elsass" eingebracht hat.

Etwa 200 Meter weiter südlich steht eine optische Telegraphenstation (1798), die bis 1852 Straßburg mit Paris verband. Sie ist nach der von Claude Chappe erfundenen Technik originalgetreu wiederaufgebaut worden. Im Innern befindet sich ein kleines Museum. Den Straßburger Telegraphen beschreibt der deutsche Schriftsteller Jean Paul (eigentlich Paul Richter, 1763-1825) in seiner Erzählung „Des Luftschiffers Gianozzos Seebuch" im „komischen Anhang" des Romans „Titan" (1800-1803; s. Woltersdorff: Straßburg für Leser, Morstadt Verlag).

Von der Hohbarr aus erreichen wir in ca. zehn Minuten über einen Fußweg die Burg Groß-Geroldseck (frz. Grand-Geroldseck, 481 m), die im 12. Jahrhundert zum Schutz der Abtei von Marmoutier errichtet wurde. Einen „vierfachen Kyffhäuser" hat Friedrich Lienhard (s. Bouxwiller, Rothbach) diese Burg genannt. Denn in Mondnächten sollen hier bisweilen die Schatten von vier germanischen Helden aufsteigen, zumal in Zeiten von Not und Sorge: die des Drachentöters Siegfried, des Alemannen-Führers Ariovist, des Römer-Bezwingers Hermann und des Sachsenherzogs Witichind.

In Wirklichkeit ist diese Geschichte eine Erfindung des Barock-Schriftstellers Johann Michael Moscherosch (s. Offendorf, Liebfrauenberg). Er erzählt sie im zweiten Band seines Romans „Wunderliche und Wahrhafftige Gesichte

Die Telegraphenstation nahe der Ruine Hohbarr.

Philanders von Sittewalt" (1642; Kapitel „Ala mode Kehrauß"). Schauplatz seiner Erzählung ist tatsächlich eine Burg namens „Geroltz Eck", bei der es sich aber nicht um die Burgruine „am Wasigen" (Vogesen) handelt, sondern um die gleichnamige Wasserburg „auff dem Waßgau" bei Fénétrange (dt. Finstingen) in Lothringen. Doch die lokale Erzähltradition hat diesen Unterschied, auf den Moscherosch eigens aufmerksam gemacht hat, längst verwischt. Im Original lautet der Text folgendermaßen:

Wie eine Insel ragt der Burgfelsen der Hohbarr aus dem grünen Meer des Waldes hervor.

Jn dem wir nun vberwerchs zu ruck durch den Walt / auff die Matten kommen / erkante ich mich also bald / das wir nicht weit / vnnd nechst bey Geroltz Eck / einem Alten Schloß auff dem Waßgau / waeren / von dem man vor Jahren hero viel Abenthewer erzehlen hoeren: daß nemblich die vralte Teuetsche Helden / die Koenige / Ariouistus, Arminius, Witichindus, der Huernin Siegfrid vnd viel andere / in demselben Schloß zu gewisser zeit deß Jahrs gesehen wirden; welche / wan die Teuetsche in den hoechsten Noethen und am vndergang sein werden / wider daherauß / und mit etlichen Teuetschen Voelckern denselben zu huelff erscheinen solten. (Moscherosch, S. 87)

Von der Groß-Geroldseck führt der Weg weiter zur Nachbarburg Klein-Geroldseck (frz. Petit-Geroldseck, 489 m), dem „Hexentisch" und dem Brotschberg (530 m). Von dem 1897 dort errichteten Aussichtsturm bietet sich ein grandioses Panorama (s. Wasenburg). Autofahrer kehren von hier zum Parkplatz bei der Burg Hohbarr zurück. Wanderern bietet sich die Möglichkeit eines Rundwegs, der über das Dorf Stambach und durch das Zorn-Tal nach Saverne zurückführt (blaues Rechteck).

Marmoutier und Wuestenberg

Von Saverne aus führt die D 102, vorbei an Hohbarr und Geroldseck, zum ehemaligen Kloster Sindelsberg, von wo man einen wunderschönen Blick auf die beiden Burgen hat.

Der nächste Ort ist das Städtchen Marmoutier (els. Maschminster, dt. Maursmünster; 2.500 Einw.). Es geht auf ein im 8. Jahrhundert gegründetes und nach dem Abt Maurus benanntes Kloster zurück, das sich ab dem 12. Jahrhundert zu einem der bedeutendsten Klöster der ganzen Region entwickelte. Um das Kloster herum entstand eine Stadt, deren Blütezeit bis ins 16. Jahrhundert anhielt – die schönen Fachwerkfassaden der alten Bürgerhäuser im Ortszentrum zeugen noch heute davon.

Dass der Alltag der Mönche und der Bürger weniger von klerikaler Strenge als von bürgerlichen Freiheiten geprägt war, erzählt Jakob Frey (1520-1562) in seinen Schwänken und Theaterstücken. Der gebürtige Straßburger und gebildete Humanist arbeitete von 1545 bis zu seinem Tod als Stadtschreiber von Marmoutier. Hier entstand sein Hauptwerk, der „Garten Gesellschaft, darinn vil froehlichs gespręchs, Schimpff reden, Spaywerk vnd sunst kurtzweilig bossen, von Historien vnd Fabulen gefunden werden" (1557). Der Band versammelt insgesamt 129 Schwänke und zählt damit zu den bedeutendsten Sammlungen seiner Art aus der Renaissance. Frey beschreibt darin in recht freizügiger Weise Geistliche und Laien, die vergeblich gegen die Bedürfnisse des Leibes ankämpfen, erzählt von ihrer Lust und Impotenz, von ehelicher Treue und Untreue.

Freys erklärtes Ziel war es, mit seinem Werk die Bürger von Marmoutier von der sie angeblich bedrohenden Melancholie zu befreien – eine leider nicht ganz unbegründete Sorge. Denn mit den Bauernkriegen setzte noch zu Freys Lebzeiten eine Phase des Niedergangs ein, die mit der Zerstörung des Klosters in der Französischen Revolution ihren vorläufigen Höhepunkt fand. Doch die ehemalige Abteikirche „St-Martin" blieb erhalten. Der Pfarrer und Schriftsteller Heinrich Hansjakob (s. Bouxwiller, Saverne, Wœrth), der Marmoutier am 22. Juni 1903

Die Ortsmitte von Marmoutier wird von der ehemaligen Abteikirche dominiert.

besuchte, war von ihrer romanischen Westfassade tief beeindruckt. Sein Kutscher Joseph Ringwald interessierte sich dagegen mehr für den Wein im Wirtshaus nebenan (heute „Hôtel-Restaurant Alsacien"):

Ueber Hügelland fuhr ich nun allein weiter, und bald tauchte am Fuße eines hohen, gänzlich mit Reben bedeckten Hügels die uralte Abtei Maursmünster vor meinen Blicken auf.

Vor einem Wirtshaus unfern der Kirche ließ ich den Joseph halten, weil er nirgends lieber wartet, als in der Nähe von Weinschenken.

Ich war nicht wenig erstaunt, hier ein wunderbares Gotteshaus zu sehen mit romanischer Fassade, romanischen Türmen und einem herrlichen Langhaus im Stile der Frühgotik; alles sorgfältig restauriert [...].

Abseits der Landstraße steht heute einsam dies herrliche Gotteshaus, wie ich in seiner Art noch keines gesehen. Ueber seinem grauen Gestein liegt eine tiefe Schwermut. Es trauert um vergangene Jahrhunderte und um die Mönche, die ehedem seine Hallen belebten und das Lob Gottes sangen.

Als ich nach längerer Zeit wieder zu meinem Wagen zurückkehrte, fand ich den Joseph nach bereits gelöschtem Durst wieder bei den Rossen und im Gespräch mit zwei Bürgern des kleinen Städtchens Maursmünster. (Hansjakob, S. 306f.)

Vielleicht saß Jean-Paul Sartre (s. Hagenau, Pfaffenhoffen, Saverne, Morsbronn) des Öfteren in derselben Wirtsstube. Als französischer Obergefreiter war er vom 11. September bis zum 3. Oktober 1939 in Marmoutier stationiert. Die ersten beiden Wochen war er bei Madame Gross einquartiert, dann nahm er sich ein Hotelzimmer in der Nähe des damaligen Bahnhofs. Die Tage verbrachte er meist lesend in der ehemaligen Knabenschule. Seine Lektüre ließ er sich von seiner Lebensgefährtin Simone de Beauvoir (s. Saverne) schicken: stapelweise französische, aber auch deutsche Literatur, mit der er seit seiner Jugend vertraut war.

Aber Sartre war nicht nur von Lese-, sondern auch von Schreibwut befallen. Er arbeitete an seinem Roman „L'âge de raison", machte sich erste Notizen zu seinem philosophischen Hauptwerk „L'être et le néant" und verschickte täglich mehrere Briefe an Simone de Beauvoir, die er „Castor" nannte (Biber; angeblich abgeleitet von der Ähnlichkeit ihres Nachnamens zum engl. „beaver"), und seine diversen „Nebenfrauen". 1983 wurden sie veröffentlicht. In einem davon schwärmt Sartre von jenem „schmucken und gepflegten kleinen Dörfchen mit grünen und rosa Häusern, umgeben von lauter Gärten, die von Obst überquellen". Simone de Beauvoir revanchierte sich mit zärtlichen Briefen an ihren „doux petit" (süßen Kleinen) – Sartre maß nur 1,56 m! Darin berichtete sie freizügig von ihrem Leben in Paris und ihren diversen Liebschaften (mit Männern sowie Frauen). Seit 1990 liegen auch diese in Buchform vor.

Doch wieder zu Sartre. Während des Krieges führte er zum ersten Mal in seinem Leben ein Tagebuch. Die darin enthaltenen Aufzeichnungen sind Vorarbeiten sowohl zu seiner Erzählung „La mort dans l'âme" (s. Hagenau) als auch zu seiner Autobiographie „Les mots" (s. Pfaffenhoffen). Das aus 15 Heften bestehende Tagebuch selbst galt dagegen lange Zeit als verschollen. Erst seit 1983 liegt unter dem Titel „Carnets de la drôle de guerre" (Aufzeichnungen aus dem Sitzkrieg) eine Veröffentlichung von fünf wieder aufgetauchten Heften vor (1995 kam ein sechstes Heft dazu), darunter auch das aus Sartres Zeit in Marmoutier. Er schildert darin weniger die äußeren Kriegserlebnisse, vielmehr geht es um seinen inneren Kriegszustand („être-en-guerre"), den er als Entzivilisierung erlebte.

Nach der französischen Kapitulation begann auch für Marmoutier eine vierjährige deutsche Besatzungszeit. Besonders die jüdische Gemeinde von Marmoutier war davon betroffen, eine der ältesten des Elsass. Ihre Ursprünge lassen sich bis ins 9. Jahrhundert zurückverfolgen. Im 18. Jahrhundert war jeder fünfte Bewohner von Marmoutier Jude! Zentrum des jüdischen Lebens waren die ehemalige Judengasse (heute „Rue du 22 Novembre") und die ehemalige Synagoge (1822) in der „Rue de la Synagogue". Zu der Gemeinde gehörte auch der in Marmoutier geborene Genremaler Alphonse Levy (1843-1917). Nach dem Krieg von 1870 verließ er seine Heimat und emigrierte nach Algerien. Heute erinnern an das jüdische Marmoutier nur noch ein Ausstellungsraum im lokalen Museum und der jüdische Friedhof am Ortsrand (der Hauptstraße Richtung Saverne folgen und links in die „Rue Neuve" einbiegen). 2006 wurde hier der letzte jüdische Bewohner Marmoutiers begraben. Eine 1.000-jährige Geschichte ging zu Ende.

Wir verlassen Marmoutier über die D 229. Hinter Dimbsthal (els. Dímstel) fahren wir auf der D 117 weiter nach Hengwiller und Reinhardsmunster (els. Rainhardsmínster). An der südlichen Ortsausfahrt von Reinhardsmunster zweigt rechts eine „Route Forestière" (Forststraße) zur „Maison Forestière Haberacker" ab. Hier parken wir und folgen dem Fußweg durch einen urwüchsigen Wald voller knorriger Eichen und ausladender Buchen auf den Wuestenberg (520 m, blauer Kreis). Ob der Name auf den germanischen Gott Wotan zurückgeht, ist nicht bewiesen. Gallorömische Funde weisen aber auf eine alte Kultstätte hin.

Am „Col du Krappenfels" (485 m) – „Krapp" ist die elsässische Bezeichnung für Rabe – zweigt ein Weg (blaues Viereck) zum „Pierre des Druides" (Druidenstein) ab, einer kreisrunden Schale von 60 cm Durchmesser und 30 cm Tiefe. Außerdem ist eine keltische Ringmauer zu sehen, „mur païen" (Heidenmauer) genannt. Ähnliche Funde gibt es auch am Taennchel und am Odilienberg (beide in den Vogesen). In seinem Prosaband „Schwarze Hornissen" (2005) erzählt André Weckmann (s. Hatten, Marienthal, St-Jean-Saverne, Steinbourg), wie er hier oben eine Woche lang zeltete und welche Gedanken ihm dabei durch den Kopf gingen:

Ich hatte mein Zelt auf einem Tafelberg der Zaberner Vogesen, dem 520 m hohen Wuestenberg aufgeschlagen, von dort hatte ich vor, unsere Archäologie abzuwandern, von der Steinzeit bis zum Mittelalter und retour. An jenem ersten Tag picknickte ich am Nordteil der Heidenmauer, wie man hier die Überreste der keltischen Wälle nennt [...].

Die Wälle, hinter denen man sich in Sicherheit wähnte, die doch immer wieder gestürmt wurden, und was dann geschah: Verwüstung, Vergewaltigung, Massaker. Wäre es nicht besser, sagt man sich, man lasse die Eroberer herein, empfange sie mit Salz und Brot, mäste sie dann – frei nach Herrn Keuners Geschichte – und nach sieben Jahren werfe man die stinkenden Leichen hinaus? (Weckmann: Hornissen, S. 129f.)

Musée d'Art et Tradition Populaire
6 Rue du Général Leclerc
F-67440 Marmoutier
Tel. +33 (0)3 88 87 25 59

Schlettenbach und Col de Saverne

Wir kehren über die D 218 und die N 4 nach Saverne zurück und verlassen die Innenstadt gleich wieder über die Straße „Côte de Saverne". Kurz nach dem Bahndamm biegen wir nach links in die „Rue Edmond About" ein. Die Straße führt, an verschiedenen Gebäuden des Krankenhauses vorbei, in das Tal des Schlettenbachs, zu der nach ihrem früheren Besitzer benannten „Villa About" (49 Rue About). Von 1858 bis 1870 verbrachte der ansonsten in Paris lebende lothringische Journalist und Schriftsteller Edmond About (1828-1885) hier die Sommermonate. Da sich die Villa heute in Privatbesitz befindet, ist eine Besichtigung leider nicht möglich.

Zu seinen Lebzeiten zählte About zu den angesehensten Autoren Frankreichs. Er war zeitweise der persönliche Berater von Kaiser Napoleon III.! In Saverne arbeitete er an seinen Büchern und empfing zahlreiche Besucher, darunter die Schriftsteller Hypolite Taine, Emile Erckmann (s. Hammerweyer) und Alexandre Dumas (Dumas Fils, s. Bouxwiller). Auch seine Kinder kamen hier zur Welt. Zu Recht bezeichnete sich About daher als „Wahlelsässer". Am Karlsfelsen (Saut du Prince Charles) an der Zaberner Steige ist zur Erinnerung an About eine Gedenktafel angebracht.

Als 1870 der Deutsch-Französische Krieg ausbrach, verfasste About für die Tageszeitung „Le Soir" Artikel über die Ereignisse im Elsass, musste aber schließlich vor den vorrückenden Deutschen fliehen. 1872 kehrte er zurück, um das nun deutsche Elsass von der Pfälzer bis zur Schweizer Grenze zu bereisen. Seine Eindrücke hat er in seinem Reisebericht „L'Alsace 1871-1872" festgehalten. Unter anderem beschreibt er darin das Wiedersehen mit seinem Haus, den Gang durch den verwahrlosten Garten – die dort aufgestellten Vasen stammen aus dem bischöflichen Schlosspark – und den Blick in sein verlassenes Arbeitszimmer:

Ich laufe darauf zu, und natürlich führt mich mein Weg direkt in mein Arbeitszimmer, dieses teure Arbeitszimmer, wo ich so viel gelesen, geschrieben, mit Künstlern, Dichtern und

Denkern geplaudert habe, die sich hier freundschaftlich niedergelassen haben; dieses Arbeitszimmer, wo Euer Geist, lieber Dumas, so ein schönes Feuerwerk abgeschossen hat; dieses Arbeitszimmer, wo du, mein lieber Sarcey, deine ersten Artikel zur Welt gebracht hast, als du noch nicht schnell, mit raschem Geist und sicherer Hand arbeitetest, wie du es heute tust. Noch immer steht hier unser massiver Tisch, mit dieser Decke aus grünem Tuch, über das du unser dickes Tintenglas geschüttet hast, das du für eine Fliege hieltest. (About, S. 33; Ü: S. W.)

Am Ende seines Aufenthaltes wurde About eines Morgens geweckt und noch auf der Türschwelle verhaftet. Die Anklage lautete auf Hochverrat, Grundlage waren seine deutschfeindlichen Berichte für „Le Soir". About wurde im Zaberner Gefängnis eingesperrt und schließlich nach Straßburg gebracht. Doch nach einer Woche wurde die Anklage wieder fallen gelassen. Im letzten Kapitel seines Reiseberichts schildert About diese Ereignisse:

Um 9 Uhr ging ich zu Bett [...], und ich schlief bereits, als mich das Bellen eines Hundes und die Stimme unseres Pächters weckte. Man sagte mir, dass ein früherer Polizist, der nun für die Preußen arbeitete, mich umgehend sprechen wolle, um einem Unglücklichen zu helfen. Dieser Mann bedürfe meiner Ratschläge, er erwarte mich am Gartenzaun, er müsse am nächsten Tag das Land verlassen und könne nicht länger warten. Ich ließ ihm mitteilen, dass es in jedem Fall etwas spät sei, um Ratschläge zu erbitten, und ich schlief wieder ein, ohne zu verstehen, dass die Polizei von Herrn Bismarck mir als Köder eine gute Tat angeboten hatte, um mich aus meiner Behausung zu locken, und nachts, ohne Aufsehen zu erwecken, nach Straßburg zu verschleppen.

Am nächsten Morgen um 6 Uhr klopfte der Renegat von der Polizei wieder an meine Türe; seinen Helm mit dem kaiserlichen Wappen hatte er mit einem Strohhut vertauscht, wohl um uns in Sicherheit zu wiegen. Wir hatten kaum Zeit zu antworten, dass es zu früh sei, um Besuche zu empfangen; schon eilte auf seinen Absätzen der Polizeikommissar herbei, nachdem er den Wachhund angebunden und unser

Personal festgesetzt hatte, das uns warnen wollte. Auf Deutsch schreit er, dass wir die Türen öffnen sollen, man antwortet, ich sei ausgegangen, da zieht er eine Pfeife aus seiner Tasche und zwei Gendarmen tauchen auf, den Helm auf dem Kopf und den Revolver am Gurt, um Hand anzulegen. (About, S. 293)

Der „Fall About" machte die Villa am Schlettenbach im ganzen Elsass bekannt. Noch Jahre später – die Villa war längst in anderem Besitz – erschien sie dem elsässischen Schriftsteller Friedrich Lienhard (s. Bouxwiller, Rothbach) als Inbegriff des mondänen Dichtertums, aber auch der elsässischen „Krankheit":

Mir hatte sich der Begriff Schriftsteller schon in Knabenzeiten äußerst eindrucksvoll und bleibend veranschaulicht. Wenn man im Wald hinter dem Karlssprung-Felsen bei Zabern ins kleine Schlettenbachtal hinuntergeht, so findet man dort eine Villa geheimnisvoll eingenistet. Sie kehrt dem Waldweg die fensterlose Rückseite zu, liegt etwas tiefer und kann eigentlich vom Weg aus mehr geahnt als betrachtet werden. Durch das Holzgatter erspäht man im Garten einen Teich, allerlei wertvolle Nadelbäume, vorn auch einen Springbrunnen und überhaupt einen eigentlich nicht großen, aber zauberhaft stillen Park, den von drei Seiten Laubwald umrahmt.
Ich meine die Villa About [...]. Es war ein Sinnbild der elsässischen Frage. Man wußte eigentlich nicht recht, wie eigentlich diesem Hause, das nicht mehr französisch war, eine Seele zu schaffen sei; es wechselte fortwährend seine Mieter. (Lienhard, S. 94f.)

Wir kehren wieder auf die Straße „Côte de Saverne" zurück und fahren auf der N 4 – vorbei am Botanischen Garten – zum „Col de Saverne" (Zaberner Steige). Die mustergültige Pass-Straße stammt aus den Jahren 1728-1736. Schon Johann Wolfgang Goethe war von ihr begeistert:

Von der aufgehenden Sonne beschienen, erhob sich vor uns die berühmte Zaberner Steige, ein Werk von unüberdenklicher Arbeit. Schlangenweis, über die fürchterlichsten Felsen aufgemauert, führt eine Chaussee, für drei Wagen neben einander breit genug, so leise bergauf, daß man es kaum empfindet. Die Härte und Glätte des Wegs, die geplatteten Erhöhungen an beiden Seiten für die Fußgänger, die steinernen Rinnen zum Ableiten der Bergwasser, alles ist so reinlich als künstlich und dauerhaft hergerichtet, daß es einen genügenden Anblick gewährt. (Goethe, Bd. 9, S. 416f.)

1802 befuhr Johann Gottfried Seume (1763-1819) auf seiner Rückreise von Paris diese Straße und lobte die „ungewöhnlich schöne" Gegend und die „romantischen Partien" entlang des Weges. Victor Hugo (1802-1885) erschien die Fahrt über die Zaberner Steige 1839 gar als „einer der schönsten Eindrücke meines Lebens". Und Otto Flake (1880-1963) nannte sie „die erste Kunststraße Europas und [...] ein Weltwunder".

Doch zurück zu Goethe: Er setzte seine Reise bis nach Phalsbourg in Lothringen fort, wo am östlichen Stadttor, der „Porte Allemande", eine Gedenktafel an seinen Aufenthalt erinnert. Ein halbes Jahrhundert später kam in Phalsbourg der Schriftsteller Emile Erckmann (1822-1899) zur Welt (s. Hüneburg, La Petite-Pierre). An ihn erinnert eine Gedenktafel, ein Denkmal sowie ein nach ihm benanntes Restaurant. Dort mag diese Fahrt gemütlich ausklingen.

5. Literarische Berg- und Talfahrt: die Nordvogesen

Hammerweyer und Graufthal

Die folgende Route führt durch den elsässischen Teil des Regionalparks „Vosges du Nord". Von Deutschland kommend fahren wir auf der Autobahn A 4 bis Phalsbourg (Pfalzburg) und von dort über die D 104 ins Tal der Zinsel hinunter. Die Gegend ist als „Alsace Bossue" oder „Krummes Elsass" (kurz „'s Krumme") bekannt und ragt wie ein Wurmfortsatz über den Vogesenkamm hinaus in ehemals lothringisches Gebiet hinein. Dieser westlichste Teil des Elsass besteht aus Gebieten der ehemaligen Grafschaften Saarwerden (frz. Sarrewerden) und Lützelstein (frz. La Petite-Pierre), die erst 1793 an Frankreich angegliedert wurden. Über die Geschichte dieser eigentümlichen Gegend informiert ein Museum in Sarre-Union (dt. Saarbockenheim).

Für Friedrich Lienhard (s. Bouxwiller, Rothbach) ist das Krumme Elsass der schönste Winkel seiner Heimat, nicht zuletzt deshalb, weil er hier als pubertierender Jüngling jener „Waldfrau" begegnete, die er jahrzehntelang aus der Ferne anschmachtete und andichtete, um sie schließlich im bereits fortgeschrittenen Alter von 50 Jahren doch noch zu heiraten. Das Dorf Bust (els. Bíst, dt. Büst), wo er ihr zum ersten Mal begegnete, stilisiert er zu einem „locus amoenus" (lieblichen Ort):

Um unser Hochlandsdorf Büst bei Pfalzburg war eine Landschaft ausgebreitet, die besonders zur Zeit der Kirschenblüte von überwältigendem Zauber ist. Man sah das Dorf nicht mehr vor Blüten. Hier war eine andre Stimmung als in den schweren elsässischen Bauerndörfern; hier wohnte ein andrer Volksstamm, nach Sprache und Brauch von unserer Ebene abweichend, von leichterem fränkischem Geblüt. Pfalzburg war nahe; man sah Dagsburg und die Doppelhügel des Donon; der Grenzhof zwischen Elsaß und Lothringen schimmerte abends mit seinem vereinzelten Licht herüber in unser Haus unter dem alten Nußbaum. (Lienhard, S. 53)

Die Felsenwohnungen von Graufthal können als Museum besichtigt werden.

Auf der anderen Seite der Zinsel liegt der Weiler Hammerweyer, von dem ein Waldweg zum „Potaschplatz" führt. Der Name erinnert an die aus verbranntem Buchenholz und Farnkräutern erzeugte Pottasche, ein Grundelement zur Glasherstellung. Tatsächlich ist dieses Handwerk seit dem 15. Jahrhundert hier heimisch. Der Name „Hammerweyer" erinnert an eine Schmiede aus dem 16. Jahrhundert. In dem Roman „Das härtere Eisen" (1942), der während des Zweiten Weltkriegs im Hünenburg-Verlag von Friedrich Spieser erschien (s. Hüneburg), beschreibt Bernd Isemann diesen Ort folgendermaßen:

Das Hammerwerk war nunmehr fertig geworden. Um dem Wasser des Baches genügend Kraft zu geben, hatte man zwei Stauweiher auf beiden Seiten des engen Tals ausgehoben und das Erdreich als Wall auf der abschüssigen Seite angehäuft. Ein Kanal führte das Bachwasser von oberhalb in den einen hinein, der andere erhielt seine Füllung durch ein Rinnsal, das bisher ungenutzt den Berg hinabgelaufen war. Bei Nacht füllten sie sich, und gaben miteinander vereinigt bei Tag ihre Masse an die Schaufelräder ab. Das Hammerwerk klapperte ... (Isemann, Bd. 2, S. 279)

Wer will, kann auch an die Schmiede des Grafen von Saverne denken, in deren Feuer dieser den (unschuldigen) Knecht Fridolin werfen lassen will und in dem statt dessen der (schuldige) Jäger Robert umkommt (s. Saverne). Schiller beschreibt in seiner Ballade „Der Gang nach dem Eisenhammer" (1797) die Schmiede folgendermaßen:

> *Da ritt in seines Zornes Wut*
> *Der Graf ins nahe Holz,*
> *Wo ihm in hoher Öfen Glut*
> *Die Eisenstufe schmolz.*
> *Hier nährten früh und spat den Brand*
> *Die Knechte mit geschäftger Hand,*
> *Der Funke sprüht, die Bälge blasen,*
> *Als gält es, Felsen zu verglasen.*
>
> *Des Wassers und des Feuers Kraft*
> *Verbündet sieht man hier,*
> *Das Mühlrad, von der Flut gerafft,*
> *Umwälzt sich für und für.*
> *Die Werke klappern Nacht und Tag.*
> *Im Takte pocht der Hämmer Schlag,*
> *Und bildsam von den mächtgen Streichen*
> *Muß selbst das Eisen sich erweichen.*
>
> (Schiller, Bd. 1, S. 384)

Von 1868 bis 1877 gehörte die Schmiede dem aus Phalsbourg stammenden Schriftsteller Emile Erckmann (1822-1899), der den Ort aus seiner Kindheit kannte. Zusammen mit seinem ebenfalls aus Lothringen stammenden Freund Alexandre Chatrian (1826-1890), den er einst im Pfalzburger Collège kennengelernt hatte, schrieb er ab 1861 Romane, die unter dem Doppelnamen „Erckmann-Chatrian" erschienen und schon bald Rekordauflagen erzielten. Gemeinsam erfanden sie das Genre des „Roman National", einen Vorläufer des Groschenromans, der sich an Leser aller Altersstufen und gesellschaftlichen Schichten richtete und nur 10 Centimes kostete. In nicht einmal zwei Jahren wurden davon 1,5 Millionen Exemplare verkauft. Damit trugen Erckmann und Chatrian wesentlich dazu bei, den französischen Buchmarkt zu demokratisieren (s. Hüneburg, La Petite-Pierre).

Nur wenige Kilometer talaufwärts liegt an der D 122 der zur Gemeinde Eschbourg (els. Eschburi bzw. Eschburich, dt. Eschburg) gehörende Weiler Graufthal (els. Graufel), bekannt für seine eigentümlichen Felsenwohnungen (Maison des Rochers), die teilweise noch bis 1958 bewohnt waren. Sie sind ein Schauplatz des Romans „Histoire d'un paysan" (1869) von Erckmann-Chatrian. Darin wird die Geschichte der Revolutionskriege aus der Perspektive eines einfachen Bauern der Gegend erzählt, der sich 1792 als Freiwilliger gemeldet hat, um die Errungenschaften der Revolution zu verteidigen. Zu Füßen der berühmten Felsen von Graufthal versammeln sich die Truppen aus den umliegenden Dörfern und nehmen Abschied von ihren Familien:

Am nächsten Tag gegen zehn Uhr waren wir bereits im Tal von Graufthal, auf der anderen Seite des Gebirges, am Fuße der Felsen. Hier sollten sich die Freiwilligen aus dem ganzen Kanton sammeln, bevor sie nach Bitche und Weißenburg weiterzogen [...]. Wir waren früh aufgebrochen, wegen der Hitze, die man schon am Morgen kommen spürte. Marguerite, Chauvel, Meister Jean, mein Vater und die ganze Stadt, Männer, Frauen, Kinder hatten uns bis zu diesem ersten Halt begleitet. Wir schlugen neben dem sandigen Weg unser Lager auf, im Schatten der Buchen, unsere Gewehre bündelweise zusammengestellt. Soweit das Auge reichte, erstreckte sich vor uns das große Tal, mit seinen von Weiden gesäumten Ufern und seinen von Felsen bekrönten Wäldern. (Erckmann-Chatrian, S. 441f.; Ü: S. W.)

Musée Régional de l'Alsace Bossue
Place du Collège des Jésuites
F-67260 Sarre-Union
Tel. +33 (0)3 88 00 11 30

Maison des Rochers
F-67320 Graufthal
Tel. +33 (0)3 88 70 17 70

La Petite-Pierre und Umgebung

Nachdem sie die Messe gehört hatten und die Fahnen ihres jeweiligen Dorfes geweiht worden waren, zogen die Freiwilligen (s. Graufthal) über die heutige D 178 weiter nach La Petite-Pierre (els. Litzelstain, dt. Lützelstein; mhd. „lützel" = klein; 600 Einw.). Ein Weg, den auch wir nun einschlagen. Wahrzeichen dieses wunderschön gelegenen Vogesendorfes ist die auf einem Felsvorsprung errichtete Burg, die 1205 erstmals schriftlich erwähnt wurde.

Bereits im 8. Jahrhundert als Parva Petra gegründet, waren der Ort und sein Umland im Mittelalter eine selbstständige Grafschaft. Ende des 14. Jahrhunderts fiel das Gebiet an die Pfalz. Einige Pfalzgrafen wurden sogar in der Kirche der Oberstadt (1417) beigesetzt, darunter Georg Hans von Veldenz (1543-1592), von seinen Zeitgenossen „Jerrihans" genannt. Das ihm und seiner Gemahlin Anna Maria, einer Tochter des schwedischen Königs Gustav Wasa, errichtete Denkmal in der Kirche wurde während der Französischen Revolution zerstört.

Georg Hans war ein visionärer Herrscher, der schon seine Zeitgenossen faszinierte. Er träumte davon, das Gebiet zwischen Mosel und Rhein, den sogenannten „Westrich", zu einen. Heute entspricht dieses etwa den Bundesländern Rheinland-Pfalz und Saarland auf deutscher sowie Ostlothringen und Nordelsass auf französischer Seite. Das Gebiet sollte durch moderne Straßen und Kanäle erschlossen (s. Saverne) sowie durch den Ausbau von Handel und Industrie (s. Hammerweyer) entwickelt werden.

Unweit der Zaberner Steige, direkt an der großen europäischen Handelsstraße, gründete er die Stadt Pfalzburg (heute Phalsbourg), die er zu einem zweiten Nürnberg machen wollte. Geldmangel zwang Georg Hans jedoch schließlich dazu, die Stadt an den Herzog von Lothringen zu verkaufen.

Er selbst zog sich auf die im 15. Jahrhundert errichtete „neue Burg" Lützelstein zurück, die er völlig neu gestalten ließ. Ihr heutiges Aussehen geht wesentlich auf diesen Umbau zurück: das Portal, die schönen Renaissance-Fenster, die Wendeltreppe und nicht zuletzt die beiden

Die Burg von La Petite-Pierre wurde mehrfach umgebaut und beherbergt heute ein Museum.

unterirdischen Zisternen – die größere von beiden ist als „unterirdischer See" bekannt.

Kein Wunder, dass eine solche Persönlichkeit sowohl deutsche als auch französische Schriftsteller inspiriert hat. Zu erwähnen ist zum einen Emile Erckmann (1822-1899) aus Phalsbourg (s. Hammerweyer, Hüneburg). In seinem Roman „Histoire d'un paysan" (Geschichte eines Bauern) urteilt der gebürtige Lothringer und überzeugte Republikaner allerdings sehr kritisch über diesen Fürsten „von Gottes Gnaden". Ganz anders Bernd Isemann (1881-1967; s. Hüneburg). In seinem Roman „Das härtere Eisen" (1942) deutet er den Jerrihans als einen „Vorkämpfer des Deutschtums" und dessen Burg als „Deutschlands Riegeltor gegen Frankreich". Wegen dieser nationalistischen Geschichtsfälschung ist der Roman heute kaum noch lesbar, auch wenn er hübsche Ortsbeschreibungen enthält. In folgender Szene zum Beispiel schildert Isemann Jerrihans' Besuch auf der Burg während der Bauarbeiten:

Es war ein heller Augustmorgen. Die Sonne brannte auf die ausgedörrten Wagenspuren und die nackte, zerstampfte Erde. Georg Hans kam in Begleitung seines Baumeisters vom Schlosse durchs hohe Gras mit raschen Schritten daher [...]. Jetzt trat der Turm, der diese Ecke zu schirmen hatte, aus den Fundamenten zutage. Man war bereits daran, das erste Stockwerk emporzuführen, nach dem Graben zu erhob sein dickes grobes Mauerwerk sich wie ein Leuchtturm an der Küste. Ein kurzes Stück weit war die Steinmauer an den Turm angeschlossen, dann setzte sich der Erdwall an. Nachdem nun das untere Gewölbe stand, ging die Arbeit sichtbar voran. (Isemann, Bd. 2, S. 67f.)

1708 wurde die mittlerweile französische Burg von Sébastien Le Prestre de Vauban, dem Festungsbaumeister Ludwigs XIV., zu einer modernen Festung und Kaserne ausgebaut. In diesem Zustand sah sie Johann Wolfgang Goethe auf seiner Elsassreise im Jahr 1770. Er war in Eile, das Wetter war schlecht, Lothringen lockte ihn nicht besonders, weshalb er nur wenige Worte für diesen Ort an der Grenze fand:

Als wir nun uns nordwestlich in das Gebirg wendeten und bei Lützelstein, einem alten Bergschloß in einer sehr hügelvollen Gegend, vorbeizogen, und in die Region der Saar und Mosel hinabstiegen, fing der Himmel an sich zu trüben, als wollte er uns den Zustand des rauheren Westreiches noch fühlbarer machen. (Goethe, Bd. 9, S. 418)

Noch unangenehmer waren die Umstände, unter denen René Char (1907-1986) den Ort kennenlernte. Der aus der Provence stammende Autor gehörte vor dem Zweiten Weltkrieg zu den Surrealisten (s. Fort-Louis). Von September 1939 bis Mai 1940 war er als französischer Soldat in Dörfern rund um La Petite-Pierre stationiert

(Petersbach, Struth, Hinsbourg). Nach der Niederlage setzte er unter dem Decknamen „Capitaine Alexandre" den Kampf gegen die Deutschen in der Résistance fort. Seine Gedichte aus dieser Zeit machen ihn zum Inbegriff des „Poète résistant". Heute ist er jedoch vor allem wegen seines hermetischen Spätwerks bekannt. Zu diesem zählen auch zwei Gedichte, die dem Städtchen La Petite-Pierre gewidmet sind. Das erste heißt „Fièvre de la Petite-Pierre d'Alsace" (Fieber von Lützelstein im Elsass). Es entstand in den Fünfzigerjahren und ist stark durch seine Kriegserlebnisse geprägt. 1962 wurde es in dem Gedichtband „La parole en archipel" veröffentlicht. Der folgende Text ist der Versuch einer Übersetzung:

Wir drangen auf der lodernden Weite der Wälder vor, wie der Bug durch die Wellen, die den Nächten entstiegene Woge, nun dem Zusammenspiel von Auflösung und Zerstörung preisgegeben. Gab es hinter diesem wilden Verschlag, jenseits dieser Decke, Rückzugsort einer zum Schweigen und zur Inbrunst verdammten Donnerstimme, einen Himmel? Wir erblickten ihn in dem Moment, in dem uns das Dorf erschien, Bau aus Morgenröte und unbekümmertem Abend, verankertes Schiff, in Erwartung unseres Aufstiegs.
Hartnäckige Sprünge, beschwingter Gang, wir sind gleichzeitig die Passanten und das Großsegel des unbeständigen Meeres, das mit Linien ringt, im Unendlichen, aus Booten. Du lehrst es uns, Unterholz. Sobald das tödliche Feuer durchschritten ist. (Char, S. 366; Ü: S. W.)

In den Sechzigerjahren besuchte der mittlerweile in Paris lebende René Char ein weiteres Mal La Petite-Pierre. Der Aufenthalt inspirierte ihn zu dem Gedicht „Les parages d'Alsace" (Landschaften des Elsass). Im Gegensatz zum ersten erzählt es nicht mehr vom Krieg, sondern von dessen Überwindung durch die Liebe. Es erschien 1971 im Band „Le Nu perdu" (Verlorene Nacktheit). Wieder ist der folgende Text nur der Versuch einer Annäherung an das Original:

Ich habe dir La Petite-Pierre gezeigt, die Mitgift seines Waldes, den aus Geäst geborenen Himmel,

Die Fülle seiner andere Vögel jagenden Jagdvögel,
Den zweifach lebendigen Pollen unter
   der Blütenpracht,
Einen Turm, den man in der Ferne
   aufzieht wie ein Piratensegel,
Einen See, der wieder zur Wiege der Mühle
   geworden ist, zum Schlaf eines Kindes.

Dort, wo mich mein Schneegürtel einengte,
Unter dem Vordach eines von Raben
   gesprenkelten Felsens,
Habe ich die Bedürfnisse des Winters zurückgelassen.
Wir lieben uns heute ohne Jenseits und
   ohne Nachkommenschaft,
Glühend oder erloschen, verschieden,
   aber gemeinsam,
Wir, Sterne umlenkend, deren Natur es ist
   zu fliegen, ohne etwas zu erreichen.

Das Schiff macht Fahrt auf die
   hohe See aus Pflanzen.
Wenn alle Lichter gelöscht sind,
   nimmt es uns an Bord.
Schon vor Tagesanbruch waren wir in
   seiner Erinnerung aufgestanden.
Es beherbergt unsere Kindheiten,
   beschwert unsere goldenen Jahre,
der Gerufene, der wandernde Gast,
   solange wir an seine Wahrheit glauben.

(Char, S. 428; Ü: S. W.)

1978 zog sich René Char in sein Heimatdorf Isle-sur-la-Sorgue zurück. 2003 richtete die Gemeinde in dem zentral gelegenen „Hôtel de Capredon" ein „Centre René Char" ein, wo die Einrichtung seines ehemaligen Arbeitszimmers, seine Bilder und einige seiner Manuskripte zu sehen sind.

Doch auch La Petite-Pierre hat seine Dichter nicht vergessen. Am Ortsrand lädt ein u. a. von Kindern gestalteter „Jardin des Poètes" (Dichtergarten) dazu ein,

Autoren zu entdecken, die sich mit dem Ort und seiner Umgebung befasst haben. Im Herbst 2007 wurde zudem ein „Sentier René Char" eingeweiht, der an den Aufenthalt des Dichters erinnert und von La Petite-Pierre nach Donnenbach führt.

In der Burg von La Petite-Pierre ist heute ein Museum und die Verwaltung des 1975 gegründeten „Parc Régional des Vosges du Nord" untergebracht. Dieser erstreckt sich mit einer Fläche von 1.218 km² von der lothringischen Hochebene bis in die elsässische Ebene. Zusammen mit dem deutschen Naturpark Pfälzerwald (1.798 km²) bildet er ein von der UNESCO anerkanntes Biosphärenreservat.

Parc Naturel des Vosges du Nord
Maison du Parc
B. P. 24
F-67290 La Petite-Pierre
Tel. +33 (0)3 88 01 49 60

Musée des Arts et Traditions Populaires
11 Rue des Remparts
F-67290 La Petite-Pierre
Tel. +33 (0)3 88 70 48 65

Musée du Sceau Alsacien
17 Rue du Château
F-67290 La Petite-Pierre
Tel. +33 (0)3 88 70 48 65

Jardin des Poètes
Iris Gutfried
16 Route d'Ingwiller
F-67290 La Petite-Pierre

Durch den Gebirgswald

Wir verlassen La Petite-Pierre über die D 9 und biegen nach einem Kilometer rechts in eine Forststraße (Route Forestière) ein, die durch das Tal des Donnenbachs zum Donnenbacher Weiher (Etang du Donnenbach) führt. An dessen Nordende befindet sich ein Forsthaus, eine alte Mühle und seit 2003 die „Maison de l'Eau et de la Rivière" (M.E.R.). Der „Parc des Vosges du Nord" hat darin ein Dokumentationszentrum über die Ressource Wasser eingerichtet. Im Kriegswinter 1939/40 war der Dichter René Char (s. La Petite-Pierre) hier stationiert. Unter dem Eindruck der unberührten Landschaft und des drohenden Kampfes verfasste er am 14. November 1939 das Gedicht „Donnerbach [sic!] Mühle". Es erschien 1947 in dem Gedichtband „Le poème pulvérisé" (Das pulverisierte Gedicht). Hier der Versuch einer Übersetzung:

> *Nebelnovember, höre unter dem Holz die*
> *   Glocke des letzten Pfades, der den Abend*
> *   hinter sich lässt und verschwindet*
> *der ferne Wunsch des Windes, die Rückkehr*
> *   in die Ketten zu trennen von der*
> *   Abwesenheit, die vorbeigeht*
> *Zeit friedvoller Tiere, von Mädchen ohne Bosheit,*
> *   ihr bewahrt eine Macht, der meine Macht wi-*
> *   derspricht; ihr habt die Augen meines Namens,*
> *   dieses Namens, den man mich bittet zu vergessen.*
> *Totenglocke einer zu sehr geliebten Welt, ich höre die*
> *   Unholde, die eine Erde ohne Lächeln zerstamp-*
> *   fen. Meine vergoldete Schwester ist schweißnass.*
> *   Meine zornige Schwester ruft zu den Waffen.*
> *Der Mond des Sees fasst Fuß am Strand, wo das*
> *   sanfte Pflanzenfeuer des Sommers in Wellen aus-*
> *   läuft, die es in ein Bett aus tiefen Aschen ziehen.*
> *Von der Kanone vorgezeichnet –*
> *Leben, gewaltige Begrenzung –*
> *ist das Haus im Wald entflammt:*
> *Donner, Bach, Mühle.*

(Char, S. 252; Ü: S. W.)

Auf der D 919 fahren wir über den „Col de Puberg" nach Wingen-sur-Moder (els. Winge; 1.500 Einw.), seit dem 18. Jahrhundert ein Glaserdorf. 1866 ließ der Glasermeister Jacques Henri Teutsch in dem Viertel „Hochberg" (Richtung Rosteig) an der Hauptstraße ein „Château" errichten, das vom Wohlstand und Selbstbewusstsein seines Standes zeugt. Sein Sohn Edouard wurde 1871 in die französische Nationalversammlung gewählt und protestierte dort gegen die bereits beschlossene Abtretung von Elsass-Lothringen an das Deutsche Reich. Drei Jahre später wurde Edouard Teutsch in den Deutschen Reichstag gewählt und trug seinen Protest nunmehr in Berlin vor, natürlich ohne Erfolg. Doch sein Verhalten machte aus ihm eine Symbolfigur des treu zu Frankreich stehenden Elsass. 1908, zehn Jahre vor der Rückkehr seiner Heimat zu Frankreich, starb Edouard Teutsch in Wingen-sur-Moder auf dem Schloss seiner Familie.

1943 wurde im selben Ort der Lyriker Roland Reutenauer geboren. Nach einer langjährigen Tätigkeit als Lehrer in Wimmenau und Westhoffen kehrte er an seinen Geburtsort zurück. Wie die meisten Elsässer seiner Generation schrieb er von Anfang an auf Französisch. Erste Bände erschienen in den Siebzigerjahren. Mit ihnen schrieb er sich in die Tradition der hermetischen Lyrik ein, die Autoren wie René Char vorgezeichnet hatten (s. La Petite-Pierre). Heute gilt Reutenauer als einer der wichtigsten Repräsentanten der elsässischen Literatur nach 1945.

Wie verlassen den Ort über die D 256 in nördlicher Richtung. Kurz vor Meisenthal steht rechts von der D 12 auf einem Rasenstück der „Pierre des 12 Apôtres" (12-Apostel-Stein). Der 3,6 m hohe Sandsteinpfeiler ist ein keltischer Menhir, der genau auf der Grenze zwischen Elsass und Lothringen steht. 713 wurde er erstmals unter dem Namen „Lata Petra" (Felsenstein) erwähnt, das Volk kannte ihn lange als den „Breitenstein". Links von der Straße steht etwas im Wald versteckt ein weiterer, 2,5 m hoher Menhir, der „Pierre Pointue" (Spitzstein).

An diesem ehemals heidnischen Ort verkündete im 16. Jahrhundert der Reformator Philipp Melanchthon (s. Hagenau) Luthers neue Lehre. Der katholischen Kirche war der Ort seitdem erst recht ein Dorn im Auge. Ende des 18. Jahrhunderts rückten daher Bauleute an, um die beiden Menhire mit Hammer und Meisel ein für alle Mal „katholisch" zu machen. In den Spitzstein wurde eine Nische gehauen, die ein heute verschwundenes

Der 12-Apostel-Stein bei Meisenthal.

Madonnenbild aufnahm. Den ehemaligen Breitenstein schmückt seitdem eine Kreuzigungsszene und ein Relief der zwölf Apostel.

Auf der D 12 fahren wir nun ein Stück zurück, bis rechts eine Forststraße (Route Forestière) abzweigt. Sie führt durch das Rothbachtal nach Reipertswiller und Lichtenberg (els. Liechteburi; 520 Einw.). Zwischen den beiden Dörfern liegt der Totenberg, auf dem nachts Kobolde und Hexen tanzen sollen. Wahrzeichen von Lichtenberg ist die gleichnamige Burg, Stammsitz des Grafengeschlechts der Lichtenberger, des mächtigsten im nördlichen Elsass des Mittelalters (s. Bouxwiller). Robert Wolf hat in seiner Sagensammlung „Récits historiques et légendaires d'Alsace" (1922) folgende Gründungslegende überliefert:

Es ist einige hundert Jahre her, da lebte ein reicher Graf in Rothbach. Er hatte die ganze Umgebung als Lehen und begehrte, ein Schloß auf einem hohen Berg zu bauen. Er unternahm eine Reise in die Berge, um eine schöne Stelle, die nicht weit von der Ortschaft entfert lag, ausfindig zu machen [...]. Auf dem Rückweg begegnete er einem jungen Hirten, der ihm sagte: „Ich kenne einen Ort, wo die Felsen immer feucht sind." Der Graf folgte ihm, und der junge Mann führte ihn an eine Stelle, die von gewaltigen Felsen umgeben war. Von dort hatte man einen wunderbaren Blick über das ganze Land. Es gab dort auch gute Quellen. Dem Grafen gefiel das alles so gut, daß er beschloß, dort sein Schloß zu bauen. Und er gab ihm den Namen „Lichtenberg". (Übersetzung nach: Gutbub, S. 221)

Nach der Zerstörung eines älteren Vorgängerbaus ließ Conrad von Lichtenberg, damals Bischof von Straßburg, 1286 die heutige Burg errichten. Unter Vauban wurde sie zur königlichen Festung ausgebaut und im Deutsch-Französischen Krieg von 1870 schwer beschädigt. Seit den Achtzigerjahren des 20. Jahrhunderts wird die Ruine – teilweise in modernem Stil – wieder aufgebaut.

Der Legende nach sollen auf der Lichtenberg einst zwei verfeindete Brüder gelebt haben. Aus Hass schwor der eine, seinen Bruder verhungern zu lassen, woraufhin dieser ihn in ein Verließ werfen und verdursten ließ. Aus Verzweiflung über den Brudermord stürzte er sich bald darauf von einem Felsen in die Tiefe. Vermutlich geht diese Sage auf den historisch belegten Streit zwischen Jakob und Ludwig von Lichtenberg zurück (s. Bouxwiller). Der blinde Dichter Gottlieb Conrad Pfeffel (1736-1809) aus Colmar hat sie zum Gegenstand einer Erzählung gemacht.

In einem Raum des Nordturms sind zwei steinerne Köpfe zu erkennen, die die beiden darstellen sollen, einer davon mit von Durst verzerrten Zügen.

Château de Lichtenberg
F-67340 Lichtenberg
Tel. +33 (0)3 88 89 98 72

Maison de l'Eau et de la Rivière
Route de La Petite-Pierre
F-67290 Frohmuhl
Tel. +33 (0)3 88 01 58 98

Ingwiller und Umgebung

Wir kehren zur D 919 zurück und fahren weiter Richtung Ingwiller (dt. Ingweiler; 3.900 Einw.). Das Städtchen geht auf ein 1472 errichtetes Schloss der Hanau-Lichtenberger zurück. Der aus Schlettstadt (Sélestat) stammende Buchdrucker Johannes Mentelin (1410-1478) verbrachte hier seine letzten Lebensjahre. Als Partner von Johannes Gutenberg arbeitete er ebenfalls an der Erfindung des Buchdrucks. Auch wenn sein Verfahren hinter dem von Gutenberg zurückstand, erlangte er doch großes Ansehen, erwarb das Straßburger Bürgerrecht und schließlich sogar noch den Adelstitel. 1478 starb er als reicher und berühmter Mann in Ingwiller. Von solchem wirtschaftlichen Erfolg konnte Gutenberg nur träumen!

Da sich die Grafen von Hanau-Lichtenberg im 30-jährigen Krieg französischem Schutz unterstellten, wurde in Ingwiller bereits 1633 eine französische Garnison eingerichtet, die erste auf elsässischem Boden! Heute erinnert daran eine Gedenktafel am „Hôtel de Ville" (1825). Dennoch wurde das Schloss 1677 von Marschall Turenne völlig zerstört. Über den teilweise erhaltenen gotischen Kellergewölben wurde 1822 eine Synagoge errichtet, die 1891 ausgebaut und 1903 – für Synagogen eher ungewöhnlich – mit einem Glockenturm versehen wurde. Heute ist sie eine der wenigen noch genutzten ländlichen Synagogen des Elsass.

Ein möglicher Abstecher führt über die D 6 in das südwestlich von Ingwiller gelegene Dorf Obersoultzbach (els. Owersulzbach, dt. Obersulzbach; 400 Einw.), wo Friedrich Lienhard (s. Bouxwiller, Rothbach) im Sommer 1870 als Kind den Deutsch-Französischen Krieg erlebte:

Dann kam der 6. August: die Schlacht von Woerth!
Das Schlachtfeld war reichlich fünf bis sechs Stunden entfernt. Doch der dumpf herrollende Donner der Kanonen und das schwarze Gerücht eines schweren Kampfes drangen rasch in unser entlegenes Bauerndorf. Und dann kamen die ersten flüchtigen Franzosen das Dorf herab – für uns Kinder ein unheimlicher und unfaßlicher Anblick! Sie drängten sich um den Steintrog des Dorfbrunnens, tranken, wuschen sich, bettelten weiterwandernd um etwas Speise – und hatten auf den Lippen immer das stumpfe, eintönig wiederholte „Tout est perdu!" Alles verloren!
Die Bestürzung in unserer Ecke war unbeschreiblich. Die Preußen – so lief es von Mund zu Mund – schonen weder Mann noch Weib, besonders nehmen sie die jungen Männer mit! Darum auf in die Berge! Das Beste wurde versteckt oder vergraben, das Nötigste aufgerafft und mitgenommen. Für uns Jungens ein Heidenspaß! Meine Mutter trug meinen jüngeren Bruder Albert auf dem Arm, einen „Einjährigen", der demnach ebenso wie ich mit einer Flucht in den Wald die neue deutsch-elsässische Epoche begann ... (Finck, S. 37f.)

Nordöstlich von Ingwiller liegt der Schnaizwald, in dem das Irrkraut wachsen soll. Wer darauf tritt, verirrt sich unweigerlich in dem eigentlich eher kleinen Wald. Seit 1992 erschließen zwei gut beschilderte Waldlehrpfade das Gebiet: ein „Sentier poétique" (ca. 1 Stunde) und ein „Sentier botanique" (ca. 2 Stunden). Beide beginnen an der Hütte des Vogesenclubs (Châlet du Club Vosgien) in Ingwiller bzw. am Forsthaus Seelberg (Maison Forestière Seelberg) aus dem Jahr 1840.

Auf dem „Sentier poétique" findet der literaturinteressierte Wanderer 19 Tafeln mit Texten deutscher und französischer Autoren, die sich mit dem Thema „Wald" beschäftigen. Doch auch der „Sentier botanique" ist für Literaturfreunde interessant. Er führt vorbei am

„Hexenhiesel" zur Ruine des gotischen „Tierkirchleins", das mitten im Wald auf einem Felsen liegt. Der Legende nach soll es von den Tieren des Waldes gebaut worden sein. Nachdem sie hier gebetet hatten, waren Pulver und Blei machtlos gegen sie. In Wirklichkeit war es eine Wallfahrtskapelle, wo die Bauern der Gegend für die Gesundheit ihres Viehs beteten. Gustave Groeber (s. Oberbronn) hat darüber ein Gedicht verfasst, das folgendermaßen beginnt:

> *Bei Lichtenberg, im tiefen Forst, vom*
> > *Brüdertal nicht weit,*
> *Da träumt, versteckt auf hohem*
> > *Fels, ein Denkmal alter Zeit.*
> *Nur wenig Steine blieben noch von ei-*
> > *nes Kirchleins Chor,*
> *Zu leeren Fensterhöhlen kriecht*
> > *smaragd'nes Moos empor.*

(Gutbub, S. 223)

Am Fuße des Seelbergs (375 m) befand sich einst das 828 gegründete und im Bauernkrieg zerstörte Dorf Selhofen. Unweit davon war 1175 das kleine Zisterzienserkloster „Selhof" (mhd. für Herrenhof), errichtet worden, das im 30-jährigen Krieg zerstört wurde. Nachts sollen die erschlagenen Mönche als Gespenster um einen großen Kirschbaum tanzen. In den angeblich erhaltenen unterirdischen Kellergewölben sollen ungeheure Schätze lagern. August Stoeber (s. Oberbronn) hat für seine Sammlung „Die Sagen des Elsasses" (1851) mehrere Berichte darüber gesammelt, zum Beispiel diesen:

Ein Bauer kam einst, zu später Nacht, in den Selhof, um nach den Schätzen zu graben. Da trat ihm eine weiße Klosterfrau entgegen, die ihm eine Blume reichte, die solle er auf einen Stein legen, worauf derselbe aufspringen und ihn in den Besitz der gesuchten Güter bringen werde. Bei ihrem Anblicke ergriff ihn aber ein solcher Schreck, daß er seine Werkzeuge im Stiche ließ, nach Hause eilte und bald darauf starb. (Stoeber, S. 325)

Office de Tourisme
68 Rue du Général Goureau
F-67340 Ingwiller
Tel. +33 (0)3 88 89 23 45

Rothbach

Über die D 28 erreichen wir Rothbach (els. Roobach; 510 Einw.). Das kleine Dorf mit seinen zahlreichen Fachwerkhäusern wurde 826 erstmals schriftlich erwähnt. Seine Entstehung verdankt es dem gleichnamigen Bach, dessen Wasser durch den roten Vogesensand eingefärbt wird. An seinen Ufern standen einst mehrere Mühlen, eine davon existiert noch heute. Philippe Loegel hat dem Ort im Jahr 1842 folgendes Gedicht gewidmet:

In dem lieben Elsassland,
Dicht an dem Vogesenstrand,
Liegt ein Dörflein klein,
Findet sich so manches drein.
Hohe Berge, hohe Schanzen,
Tun sich um das Dörflein pflanzen,
Wie wenn's eine Festung wär.

Zieht durch's Dorf ein Wandersmann,
Er sich nicht satt schauen kann,
Durch das Dorf ein Bächlein rinnt,
Treibt das Mühlenrad geschwind,
Oft das Bächlein rot von Sand,
Daher sich's Dörflein Rothbach nannt.
Unser Dörflein ist bekannt,
Weit und breit im ganzen Land.

(Gutbub, S. 222)

In der Ortsmitte stand bis zum Zweiten Weltkrieg die mittelalterliche Dorfkirche, seit 1682 ein Simultaneum, das sich Katholiken und Protestanten teilten. Für Letztere war hier 1833/34 August Stoeber (1808-1884) als Vikar tätig. 1864 heirateten am selben Ort die ebenfalls protestantischen Eltern des späteren Dichters Friedrich Lienhard (1865-1929). Im Jahr darauf wurde dieser hier getauft. Doch am 15. März 1945 wurde die Kirche und mit ihr ein Teil des Dorfes bei letzten Kampfhandlungen zerstört, heute steht an ihrer Stelle ein Neubau.

Geboren wurde Friedrich Lienhard im Haus Nr. 1 der Straße, die heute seinen Namen trägt (Rue Frédéric Lienhard). Die Umstände seiner Geburt schildert Lienhard in seiner Autobiographie „Jugendjahre" (1918):

Als meine Mutter ihrer Niederkunft entgegensah, war es ihr Wunsch, auch dieses ernste Ereignis unter Schirm und Wahrzeichen ihres Pfarrers zu stellen. Zudem überkam sie die Furcht, die schwere Stunde könnte ihre Todesstunde werden; und die kaum zwanzigjährige junge Frau mochte doch lieber in Rothbach als in Mattstall begraben sein. So verbrachte denn mein Vater seine Herbstferien mit der Gattin und deren Mutter in Rothbach [...]. Und dort, in der gemieteten Stube eines fremden Bauernhauses, ist der Verfasser dieser Erinnerungen am 4. Oktober 1865 geboren. Wenige Tage danach fand in der Kirche von Rothbach durch Pfarrer Huser die Taufe statt [...]. Im übrigen ist von den ersten achtzehn Wochen des Kindes Unrühmliches zu melden. Ich war nach schwerer Geburt scheinbar tot zur Welt gekommen, wurde vom Arzt in einen Kübel voll kalten Wassers gesetzt und tüchtig beklopft, worauf ich durch kräftiges Schreien verkündigte, daß ich meine Erdenpflichten zu übernehmen gesonnen war. Diese Versicherung soll ich dann in den nächsten Wochen, ja Monaten so andauernd und ausgiebig wiederholt haben, daß die Eltern und Großmutter geradezu verzweifelten. (Lienhard, S. 9f. u. 16)

Lienhard wuchs in den umliegenden Dörfern Mattstall, Obersoultzbach und Schillersdorf heran, in denen sein Vater als Dorfschullehrer arbeitete. Doch Rothbach blieb für ihn ein wichtiger Ort, nicht nur, weil die Familie am Seelberg einen Weinberg besaß. Hauptgrund war der charismatische Dorfpfarrer Michel Huser (1811-1881), der von 1844 bis zu seinem Tode die evangelische Gemeinde von Rothbach betreute. Seine Forderung nach einer Rückkehr zu den Ursprüngen der Reformation fand bei der ländlichen Bevölkerung ein großes Echo. Wie zahlreiche Bewohner der umliegenden Dörfer gingen daher auch die Lienhards jeden Sonntag zu Fuß nach Rothbach, nur um Husers Predigten lauschen zu dürfen:

Die Missionsfeste am Pfingstmontag zu Rothbach wurden berühmt. Die kleine Kirche war überfüllt bis auf die Straße hinaus. Jedes Haus hatte seine Gäste aus den Nachbardörfern. Es lag ein Geruch von welken Blumen und Festkränzen in der Luft; aus den Nachbarhäusern wurden Stühle und Bänke geholt [...]. Ich erinnere mich noch aus meinen Kinderzeiten der mächtigen Stimmung, die dort an Pfingstmontagen im umwaldeten, vom Scheibenberg überschatteten Rothbach lag. Das Dörfchen, unter der Seelsorge des herrlichen, kindlich großen Predigers Huser, war der Mittelpunkt dieser Seelenbewegung, die nichts Pietistisches oder Sentimentales an sich hatte, vielmehr Kräfte des Lebens auf den Plan rief. Erst war es ein Häuflein, verlacht von den satten Bauern der Umgegend, denen der trockene Rationalismus genügte; dann wuchs die Zahl und der Bekennermut, der sich in Kämpfen gegen andere Parteien und unduldsame Pastoren bewähren mußte. (Lienhard, S. 6f.)

Schließlich kam es zum offenen Konflikt zwischen der immer stärker werdenden „orthodoxen" Bewegung und der „liberalen" Landeskirche, die in der Gründung einer unabhängigen (orthodoxen) Freikirche gipfelte. Noch heute steht im Nachbarort Schillersdorf neben der Dorfkirche eine kleine „Protestkirche", die die Anhänger dieser Bewegung damals auf eigene Kosten errichteten. Auch in Lembach gibt es seit 1909 zwei getrennte evangelische Kirchen (s. dort).

Mehr noch als die Frage nach dem richtigen Glauben beschäftigte den heranwachsenden Friedrich Lienhard die nach der richtigen Nationalität. Seinen Vater beschreibt er als „rabiaten Franzosen" (er besaß fast nur französische Bücher), doch er selbst fühlte sich – obwohl als Franzose geboren – „mit ganzer Seele deutsch". Nach dem frühen Tod der Mutter heiratete der Vater eine Elsässerin, deren Familie großteils im französischen Lothringen lebte. Friedrichs Jugendliebe zu der Nichte seiner Stiefmutter war somit ein Balanceakt zwischen zwei verfeindeten Ländern, bot aber auch die Chance, sich beiden Kulturen zu öffnen:

Ich war mit ganzer Seele deutsch; ihr Vater aber ein leidenschaftlich französisch gestimmter Elsässer, der unsern Bismarck glühend haßte [...]. So wuchsen seine Kinder in Lunéville und Nancy in französischer Schule und Denkweise empor. Und wenn ich einmal in Frankreich die Ferien verbrachte, mit elsässischer Gastfreundschaft gern aufgenommen, so konnte ich nicht genug staunen über den Unterschied zwischen meiner deutschen Phantasiewelt und dieser friedlosen Welt der Politik.

Andrerseits wurden wir ländliche Elsässer durch dieses Grüßewechseln mit dem französischen Kulturgebiet sehr bereichert. Da lasen wir dann Racine, Lamartine, Victor Hugo und andere französische Poeten. Aus Hugos Gedichten „Contemplations" sind mir heute noch die Verse lebendig, die mit jener Hochlandstimmung verwachsen sind:

> *Quand nous habitions tous ensemble*
> *Sur nos collines d'autrefois,*
> *Où l'eau court, où le buisson tremble*
> *Dans la maison qui touche au bois ...*

(Lienhard, S. 64)

Zu Deutsch:

> *Als wir alle zusammen wohnten,*
> *Auf unseren Hügeln von einst,*
> *Wo das Wasser strömt, wo der Strauch zittert,*
> *Im Haus am Waldesrand ...*

(Ü: S. W.)

Leider nutzte Lienhard die Chance zu einer solchen Doppelkultur nicht wirklich. Im Gegenteil: Nach seiner Schulzeit (s. Bouxwiller) studierte er in Straßburg zunächst Theologie, dann Literatur und Geschichte (ohne Examen). In dieser Zeit schloss er sich einer deutschnationalen Studentenverbindung an und veröffentlichte erste patriotische Texte. Später wurde Lienhard zum Wortführer der „Heimatkunstbewegung" und propagierte eine Synthese von Regionalismus und Nationalismus, ähnlich wie Maurice Barrès in Frankreich (s. Niederbronn), nur unter einer anderen Fahne. Heute wird sein Werk nicht mehr verlegt.

Wanderfreunde können von der Kirche aus eine dreistündige Rundwanderung machen, die durch das Tal des Rothbachs zur Pulvermühle (rot-weiß-rotes Rechteck) und von dort über die Burg Lichtenberg (s. dort) und den Weiler Champagne – so benannt, weil aus dieser Region die Festungsarbeiter stammten – nach Rothbach zurückführt (blauer Kreis).

Oberbronn

Rothbach grenzt unmittelbar an Offwiller (dt. Offweiler; 880 Einw.), wo bis heute ein alter, heidnischer Brauch gepflegt wird, der im 19. Jahrhundert noch in der ganzen Gegend verbreitet war: das „Schieweschlaawe" (Scheibenwerfen). Jedes Jahr am Ende der Fastnacht werden brennende Holzscheiben („Schiewe") in die Winternacht geschleudert, um mit diesen kleinen Sonnen die Dämonen der Finsternis zu vertreiben. Der Scheibenfelsen über Rothbach ist nach diesem Brauch benannt.

Wir folgen der D 28 durch Zinswiller und Oberbronn-Sud bis Oberbronn (els. Owerbrunn; 1.400 Einw.), einst Stammsitz der Grafen von Born. Der Dichter Gustave Groeber (gest. 1973; s. Ingwiller) nannte den Ort augenzwinkernd ein „Dornröschenstädtchen". Er hat ihn in seinen „Oberbronner Gedichten" literarisch verewigt. Dass er der Schlusspointe und des Reimes wegen den Ort in „Oberborn" umbenannt hat, wollen wir ihm nachsehen:

Alter Flecken
Mit Giebeln gar kecken,
umgeben vom Weben
Rankender Reben,
Welliger Wiesen und goldener Felder,
Fruchtbarer Gärten und rauschender Wälder.

[...]
Wirtshausschilder voller Kunst
Werben um des Wandrers Gunst.
Keine Rose ohne Dorn:
Wespen von besondrem Zorn,
Die gibt's nur in Oberborn.

(Serfass, S. 327)

Kurz vor der südlichen Ortseinfahrt liegt links der jüdische Friedhof. Er erinnert daran, dass die jüdische Gemeinde des Ortes im 18. und 19. Jahrhundert eine der größten der Gegend war (etwa 10 % der Einwohner). Heute gibt es hier keine jüdischen Bürger mehr. An der Stelle der nach (!) 1945 abgerissenen Synagoge steht seit 1952 die Post (32 Rue Principale).

Wir folgen der „Rue Principale", bis links die „Rue de l'Eglise" abzweigt. Nach wenigen Schritten erreichen wir die 1432 eingeweihte Ortskirche, eine trutzige Wehrkirche. Den Grafen von Leiningen, unter denen Oberbronn evangelisch wurde, diente der Chor im 16. und 17. Jahrhundert als Grabstätte (s. Wasenburg). Nach der Angliederung des Elsass an Frankreich wurde die Kirche lange Zeit als Simultaneum genutzt (1691-1942): Der Chor gehörte den Katholiken, das Langhaus den Lutheranern. Seit der Einweihung einer eigenen katholischen Kirche im Zweiten Weltkrieg wird sie wieder in Gänze von der protestantischen Gemeinde genutzt.

Im Juli 1791 weigerte sich der katholische Ortspfarrer Franz Ignaz Anselm, den Eid auf die neue Verfassung abzulegen und flüchtete auf das rechte Rheinufer. Daraufhin schickte der revolutionsfreundliche Straßburger Bischof François Brendel am 14. August 1791 einen neuen Pfarrer nach Oberbronn: Eulogius Schneider (s. Hagenau, Bouxwiller). Bereits am darauffolgenden Tag bezog dieser eine Wohnung in der „Rue du Cimetière" Nr. 161. Einige seiner Oberbronner Predigten wurden später gedruckt. Doch trotz seiner verzweifelten Appelle boykottierte die Gemeinde seine Gottesdienste – ein Sendbrief des im Exil lebenden Bischofs Louis René de Rohan (s. Saverne) hatte sie dazu aufgestachelt. Als der Gemeinderat schließlich

Der malerische Ortskern von Oberbronn.

das Militär zu Hilfe rief, kam es zu gewaltsamen Ausschreitungen. Am 23. Oktober, nach nur sechs Wochen, musste Schneider das Handtuch werfen und kehrte nach Straßburg zurück.

In der elsässischen Hauptstadt lernte Schneider den erst zwölfjährigen Ehrenfried Stoeber (1779-1835) kennen, den er ermutigte, Gedichte zu schreiben. Und tatsächlich wuchs der Junge zu einem Schriftsteller heran, der als Erster Gedichte auf Elsässisch schrieb, darunter die heimliche elsässische Nationalhymne „'s Elsass unser Ländel". Auch seine beiden Söhne August (1808-1884) und Adolf Stoeber (1810-1892) machten sich als Schriftsteller einen Namen. Von 1833 bis 1839 hielten sich die beiden im Haus ihrer Tante Saloméa Hautry in Oberbronn auf, dem heutigen „Stoeber-Hiesel" (4 Rue des Fontaines). Wir erreichen es, indem wir der „Rue de l'Eglise" stadtauswärts Richtung Friedhof folgen. Seit 1956 erinnert hier eine Gedenktafel an den Aufenthalt der beiden Brüder.

August Stoeber kam 1833 nach Oberbronn, wo er als Hauslehrer und im benachbarten Rothbach als Vikar des Ortspfarrers Schweppenhäuser arbeitete. Im Jahr darauf wurde sein Bruder Adolf protestantischer Ortspfarrer von Oberbronn und damit Hausherr im Langhaus der Kirche.

Vor allem aber begannen die beiden in Oberbronn damit, elsässische Märchen und Sagen zu sammeln. Bereits 1836, also noch während ihrer Zeit in Oberbronn, erschien ihr gemeinsamer Band „Alsabilder. Vaterländische Sagen und Geschichten". Er brachte den beiden Autoren zwar Lob aus dem deutschnationalen Lager ein, aber auch Kritik von Jakob Grimm und Georg Büchner, die sie beide persönlich kannten. Ersterer bemängelte die zu große dichterische Freiheit, Letzterer eine Geisteshaltung, „die immer rückwärts ins Mittelalter greift, weil sie in der Gegenwart keinen Platz ausfüllen kann".

August Stoeber nahm sich die Kritik zu Herzen und berücksichtigte sie bei seinen späteren Veröffentlichungen. Seine Sammlung „Elsässisches Volksbüchlein" (1842) enthält Lieder, Reime, Sprüche und Märchen in allen elsässischen Dialekten, auch im französischen Patois („Welsch"). Deutschtümelei konnte ihm also nicht mehr vorgeworfen werden. Seine in Oberbronn begonnene Arbeit mündete schließlich in die schon mehrfach zitierte und heute klassische Sammlung „Die Sagen des Elsasses" (1851), von denen einige in Oberbronn angesiedelt sind.

Sein Bruder Adolf dagegen zog sich aus dem gemeinsamen Projekt zurück und verlegte sich ganz aufs Dichten. Am bekanntesten ist sein Lied vom „Hans im Schnokeloch" (1842), der zu einer Symbolfigur des ewig unzufriedenen Elsässers geworden ist. Der Refrain des Originaltextes lautet:

> *Der Hans im Schnokeloch hett Alles was er will!*
> *Unn was er hett, diss will er nitt,*
> *Unn was er will, diss hett er nitt.*
> *Der Hans im Schnokeloch hett Alles was er will!*

> *(Wackenheim, Bd. 2, S. 131)*

Wir folgen der „Rue de l'Eglise" weiter, bis links ein Torbogen der ehemaligen Stadtbefestigung (1592) auftaucht. Kurz vor Ende des Zweiten Weltkriegs wurde er zerstört und zehn Jahre später wieder aufgebaut. Dieser Platz war Gustave Groebers Lieblingsort. In mehreren Gedichten hat er ihn besungen, zum Beispiel in „Vision":

Dort wo im alten Mauerwerke,
Das Oberbronn noch heut umsäumt,
Efeuumsponnen, sonnenbeschienen,
Die halb verfall'ne Pforte träumt,

Dort sitze ich im kühlen Schatten;
Einschläfernd eine Grille geigt.
Ein Mäher mit der blanken Sense
Ins Mettental hinuntersteigt [...].

(Serfass, S. 328)

Folgen wir der Straße, die nun „Rue des Fontaines" heißt, weiter stadtauswärts, erreichen wir nach einigen Kilometern das alte Waschhaus am „Waschbach". August Stoeber berichtet, dass dort bisweilen eine weiß gekleidete Frau zu sehen sei, die schweigend ein Totenhemd wäscht. Ihr Erscheinen kündigt den baldigen Tod eines Bürgers aus Oberbronn an.

Nördlich des Dorfes entspringt eine weitere Quelle, die wegen ihrer Heilkräfte berühmt ist und „Gräbels-" oder „Heilebrunnen" heißt. Den beiden Quellen verdankt Oberbronn („Oberer Brunnen") auch seinen Namen.

Von Oberbronn aus kann man auf das Wasenkoepfel (521 m) wandern. Wir folgen hierzu der „Rue Gelders" (rechts von der „Mairie"), von der nach wenigen Schritten links ein beschilderter Wanderweg abzweigt. Er führt durch den „Hexenwald", vorbei an dem Felsplateau „Bickel-" bzw. „Pickelstein", angeblich ein ehemaliger Hexentanzplatz. August Stoeber hat auch hierzu eine Legende überliefert:

Oberhalb des freundlich gelegenen, von Reben und Kastanien umgrünten Fleckens Oberbronn befindet sich eine große hervorragende Felsplatte, der Bickel- oder Pickelstein genannt, auf welcher, sowie auf dem nahegelegenen Bergkopfe Daumen und in dem östlich gegenüber gelegenen Walde Froret, die Hexen der Umgegend zusammen kommen.

Seinen Namen soll er von einer Frau Bickel oder Pickel erhalten haben, welche in einem armseligen Häuschen in der Daumengasse wohnte und nichts als eine Ziege im Vermögen hatte. Die weidete einst auf der mit Gesträuch umwachsenen Felsplatte und fiel in den Abgrund. Darüber grämte sich die arme Frau so sehr, daß sie sich in ihrer Verzweiflung zum Felsen hinabstürzte. (Stoeber, S. 330f.)

Auf dem Gipfel des Wasenkoepfels steht seit 1887 ein mittelalterlich wirkender Aussichtsturm. Er ist einer von insgesamt neun Türmen, die zur Zeit des Deutschen Kaiserreichs auf dem Vogesenkamm errichtet wurden (s. Hohbarr). Der mit 25 Metern höchste befindet sich auf dem benachbarten Grand-Wintersberg zwischen Niederbronn und Philippsbourg. Im Unterschied zu den acht anderen Türmen ist der auf dem Wasenkoepfel eine literarische Gedenkstätte. Er soll an den sechsjährigen Aufenthalt von August Stoeber in Oberbronn erinnern und trägt deshalb den Namen „Tour Stoeber" (Stoeber-Turm). Eine Gedenktafel zitiert Verse aus einem von Stoebers Gedichten:

> *Hier schaut ich mit heiteren Blicken,*
> *Mit herzinnigem Entzücken*
> *In das schöne Land am Rhein,*
> *In mein schönes Alsaland hinein.*

Maison du village
42 Rue de la Libération
F-67340 Offwiller
Tel. +33 (0)3 88 89 36 56

Die Wasenburg

Wir verlassen Oberbronn über die D 28 in nördlicher Richtung. Am Ortsrand führt die Straße am einstigen Schloss der Grafen von Leiningen vorbei. Seit 1857 ist es das Mutterhaus des Ordens der Barmherzigen Schwestern von Niederbronn (Congrégation des Sœurs du très Saint-Sauveur). An der Kreuzung mit der N 632 biegen wir nach links in Richtung Bitche ab. An der Ausfahrt Niederbronn-Nord befindet sich rechts von der Straße ein Parkplatz, wo wir den Wagen abstellen können. Auf der anderen Straßenseite führt ein Wanderweg (ca. 50 Gehminuten) hinauf zu der kleinen, aber sehr gut erhaltenen Ruine der Wasenburg (auch Wasichenburg, frz. Wasenbourg; 432 m).

Die noch sichtbaren Reste der Wasenburg gehen auf einen um 1280 von Konrad von Lichtenberg errichteten Bau zurück. In der Folgezeit war die Burg Stammsitz der Edlen von Born (auch „Buren" bzw. „Borno"), die über Ober- und Niederbronn herrschten und der Legende nach mit dem südfranzösischen Ritter und Minnesänger Bertran de Born (1140-1215) verwandt waren. Tatsächlich waren die Born als Förderer des Minnesangs bekannt.

1406 soll der Minnesänger Raffan von Kirchheim die Familie sogar vor dem Bankrott gerettet haben, indem er sich deren Gläubiger Johann von Lichtenberg freiwillig als Dienstmann zur Verfügung stellte. Nachdem Raffan durch sein Verhandlungsgeschick einen drohenden Krieg mit dem Herzog von Lothringen abgewendet hatte, erhielt er die Wasenburg als Lehen, des Burgherrn Tochter Susanna wurde seine Gattin. 1677 wurde die Burg schließlich zerstört.

Während des kurzen Aufstiegs zu der Ruine mag jeder für sich entscheiden, ob die Landschaft tatsächlich an Thüringen erinnert, wie Theodor Fontane (1819-1898) fand:

Das erste Drittel ist eine Fahrt quer durch die Vogesen und bietet eine Fülle der reizendsten Landschaftsbilder. Die Ähnlichkeit mit Thüringen ist frappant; nur herrscht hier, wie überall im Lande, das Laubholz vor. Dicht vor Niederbronn passiert man eine pittoreske Ruine (Wasenberg, wenn ich nicht irre), die ähnlich daliegt wie die Lützelstein oder die Ruinen um Pfalzburg und Savern. (Fontane, S. 348f.)

Fontane kam im Frühjahr 1871 als Kriegsberichterstatter in das besetzte Elsass-Lothringen und liefert eine eindrückliche Momentaufnahme von dem Land an der Schwelle vom französischen zum deutschen Kaiserreich. Die Wasenburg – die er fälschlich „Wasenberg" nennt – sah er nur flüchtig vom Fenster seines Zuges aus – er reiste gerade von Bitche (dt. Bitsch) nach Straßburg.

Im Jahr 1770 besuchte Goethe die Wasenburg.

Details blieben ihm verborgen, etwa die rätselhafte Inschrift rechts vor dem Eingang zur Burg. Da einige Buchstaben nicht mehr zu entziffern sind und das Wort „teguliciam" in keinem lateinischen Wörterbuch zu finden ist, hat sie Generationen von Philologen beschäftigt. Hier der vermutlich vollständige Wortlaut, gefolgt von einem Übersetzungsversuch:

DEO MERCVRIO ATTEGIAM TEGVLICIAM COMPOSITAM SEVERINIVS SATVLLINVS CAII FILIVS EX VOTO POSVIT LVBENS LIBENTER MERITO – *Dem Gott Merkur hat Severinius Satullinus, Sohn von Cajus, dieses aus Ziegelstein an Felswand angebaute Häuschen infolge eines Gelübdes freiwillig errichtet.*

Schon Johann Wolfgang Goethe plagte sich mit der Übersetzung dieser Inschrift herum. Er hatte sie gegen Ende seiner Elsassreise von 1770 zufällig während einer Wanderung zur Wasenburg entdeckt:

So verehrte ich auch, als wir die nahe gelegene Wasenburg bestiegen, an der großen Felsmasse, die den Grund der einen Seite ausmacht, eine gut erhaltene Inschrift, die dem Merkur ein dankbares Gelübde abstattet. Die Burg selbst liegt auf dem letzten Berge von Bitsch her gegen das Land zu. Es sind die Ruinen eines deutschen, auf römische Reste gebauten Schlosses. Von dem Turm übersah man abermals das ganze Elsaß, und des Münsters deutliche Spitze bezeichnete die Lage von Straßburg. (Goethe, Bd. 9, S. 425)

Zur Erinnerung an Goethes Besuch brachte die von dem Hotelier und Hobby-Archäologen Charles Matthis (s. Niederbronn) gegründete Vogesen-Club-Sektion Niederbronn im Jahr 1897 eine Gedenktafel am Eingang der Burg an. Sie zitiert Verse aus Goethes Schauspiel „Torquato Tasso" (1790), in dem er am Beispiel des gleichnamigen italienischen Dichters (1544-1595) das problematische Verhältnis des Künstlers zur Gesellschaft thematisiert. In der ersten Szene des ersten Aktes bekränzt Leonore von Este den Dichter mit einem Lorbeerkranz und spricht dabei die Worte, denen das Zitat auf der Tafel entnommen ist. Hier der vollständige Wortlaut der Tafel:

> *Die Stätte, die ein guter Mensch betritt*
> *Ist eingeweiht; nach hundert Jahren klingt*
> *Sein Wort und seine That dem Enkel wieder.*
>
> *(Tasso)*

Unserm großen Dichter GOETHE, der im Jahre 1770 von der Wasenburg aus dieses herrliche Elsaßland bewundert hat, gewidmet von der V.C.S. Niederbronn

Zum Abschluss besuchen wir noch den nordöstlich von der Burg gelegenen „Wachtfelsen", den das sogenannte „Tor des Merkur" schmückt. Es handelt sich dabei um die Reste eines römischen Tempels aus dem 3. Jahrhundert, die zu Beginn des 20. Jahrhunderts von Charles Matthis (s. Niederbronn) bei einer Grabung auf der Wasenburg entdeckt und an dieser Stelle wieder verbaut wurden. Bis heute ist nicht geklärt, ob dieser Tempel auf ein ehemaliges römisches Lager, eine Kultstätte oder eine Totenstadt verweist. So bleibt die Wasenburg ein bis heute rätselhafter Ort.

Niederbronn-les-Bains

Wir kehren zurück zu dem Parkplatz an der nördlichen Ortseinfahrt von Niederbronn-les-Bains (els. Nidderbrunn, dt. Bad Niederbronn; 4.300 Einw.). Die elsässische Bäderstadt ist eine römische Gründung des 1. Jahrhunderts und somit eines der ältesten Heilbäder überhaupt. Für Johann Wolfgang von Goethe hatte dies eine besondere Bedeutung. Jahre vor seiner italienischen Reise kam er hier erstmals unmittelbar mit Zeugnissen der von ihm verehrten klassischen Antike in Berührung:

Hier in diesen von den Römern schon angelegten Bädern umspülte mich der Geist des Altertums, dessen ehrwürdige Trümmer in Resten von Basreliefs und Inschriften, Säulenknäufen und -schäften mir aus Bauernhöfen, zwischen wirtschaftlichem Wust und Geräte, gar wundersam entgegenleuchteten. (Goethe, Bd. 9, S. 425)

Vor allem zwei – vermutlich bereits den Kelten bekannte – salzhaltige Heilquellen sind es, die die Römer anzogen. Die „Source Celtique" (früher „Lichteneckquelle") entspringt nur wenige Schritte von besagtem Parkplatz entfernt, ein kleines Tempelchen markiert den Ort. Bis weit in die Neuzeit hinein soll die Jugend dort das steinerne Relief einer keltischen Liebes- und Fruchtbarkeitsgöttin, die „Große Liese", verehrt haben. Am „Col de la Liese" kann dieses vermutlich 1.800 Jahre alte (im Zweiten Weltkrieg leider schwer beschädigte) Kunstwerk bis heute bewundert werden. Von der Quelle führt ein Wanderweg auf den „Grand Wintersberg", vorbei an einem keltischen Lager (Camp Celtique). Das Wasser der Quelle – das an Mineralstoffen reichste von ganz Frankreich – wird heute unter dem Namen „Celtic" vermarktet.

Die zweite Quelle ist die 18 °C warme „Source Romaine" (früher „Niederbrunnen"). Sie entspringt direkt vor dem Spielkasino auf der zentralen „Place des Thermes". Wir erreichen den Platz, indem wir über die „Route de Bitche" – vorbei an der „Fonderie Dietrich" – und die „Rue de la République" Richtung Stadtzentrum fahren. An der Stelle des im Zweiten Weltkrieg zerstörten Pavillons steht heute ein Neubau aus dem Jahr 1949. Doch die schattenspendenden Bäume davor – die ersten ließ der Großindustrielle Jean de Dietrich (s. Reichshoffen) 1786 pflanzen – haben den Krieg überlebt. Otto Flake (s. Bastberg, Liebfrauenthal, Weißenburg) erblickte sie bei einem Besuch in Niederbronn im Jahr 1911 und war wenig davon angetan:

Zur Zeit ist der Kurplatz ein quadratisches Stück, auf der einen Seite vom Kurhaus, auf den drei andren von Baumlinien begrenzt [...]. Die Stelle, welche die stark strömende Quelle birgt, war im Laufe nachlässiger Jahrhunderte zu einem Sumpf geworden. Als man an die Schaffung des Platzes, an seine Bepflanzung ging, hätte man darauf bedacht sein müssen, den feuchten Eindruck, der er leicht machen konnte, zu verwischen. Statt dessen hat man ihn durch die Bäume, die man wählte, verstärkt [...]. Erst wenn abends hoch in den Platanen die Bogenlampen ihr blaues Mastenlicht mit dem Grün der erhellten Blätter mischen, das weiße Säulendach über der Quelle wie Marmor schimmert, als stünde noch das Römerbad, erst dann übt der Platz einen Reiz aus. (Flake: Oberrhein, S. 89f.)

Bei verschiedenen Grabungen wurden in der Quelle zahlreiche römische Münzen aus dem 1. bis 4. Jahrhundert gefunden, die die Badegäste der Antike einst hineingeworfen hatten. Da die mittelalterliche Kirche öffentliche Bäder ablehnte, geriet die Quelle für lange Zeit in Vergessenheit. Im 16. Jahrhundert jedoch ließ Philipp von Hanau-Lichtenberg ihr Wasser von vier Straßburger Ärzten analysieren und auf Grundlage dieser Expertise die Anlage wieder herrichten.

Als sich im 18. Jahrhundert Jean de Dietrich im benachbarten Reichshoffen niederließ, erlebte der Badebetrieb einen weiteren Aufschwung. Die evangelische „Eglise St-Jean" (Johanniskirche) von 1763 – der Bau wurde von Dietrich finanziert – erinnert noch an diese Zeit („Rue Clemenceau", gleich hinter der „Place des Thermes"). An der Stelle des heutigen Spielkasinos ließ Dietrich 1787 ferner eine „Maison de Promenade" (Wandelhalle) errichten, die 1827 nach englischem Vorbild zu einer „Vauxhall" (Kurhaus) erweitert wurde. Ab 1838 dirigierte hier häufig der elsässische „Walzerkönig" Emile Waldteufel (1837-1915), bevor er als Musikdirektor an den kaiserlichen Hof Napoleons III. wechselte.

Die 1871 vollzogene Angliederung des Elsass an das Deutsche Kaiserreich bedeutete einen Rückschlag für Niederbronn. Die französischen Gäste blieben aus, während die Deutschen das mondänere Baden-Baden vorzogen. Entsprechend trist erlebte Otto Flake die Atmosphäre im alten Kurhaus:

Es fehlt an Allem, was Bäder, die auf Zufluß rechnen, zu bieten gezwungen sind. Kein Spielplatz, keine Unterhaltungsstätte, keine jungen Herren, kein Kursaal, in dem man konzertieren, tanzen, flirten könnte. Der Lesesaal, der eine gar klägliche Lektüre enthält, ist im Erdgeschoß des Kurhauses untergebracht, finster, groß gewölbt, zu kaum mehr als Stallungen oder Kulissenböden zu gebrauchen. Im ersten Stock hat man einen Theatersaal eingerichtet – auch er zeigt mit seinen staubigen Dielen und nackten Wänden wenig Freundlichkeit. (Flake: Oberrhein, S. 91)

Nur ein Hotel vermochte in jener Zeit ein wenig Glamour zu verbreiten: das 1892 von Charles Matthis (1851-1925, s. Wasenburg) an der Südfront des Platzes eröffnete „Hôtel Matthis". Das Haus bot seinen Gästen 50 geräumige Zimmer, geschmackvoll gestaltete Salons und Terrassen, eine wertvolle Bibliothek (mit seltenen Ausgaben über das Elsass) und nicht zuletzt für damalige Verhältnisse hochmoderne Thermaleinrichtungen. Heute ist in dem im Zweiten Weltkrieg teilweise zerstörten Bau das „Etablissement Thermal" untergebracht (18 Rue du Maréchal Leclerc).

Angesichts des heute eher tristen Äußeren fällt es schwer, sich das mondäne Leben vorzustellen, das einst im „Hôtel Matthis" herrschte. Zu den illustren Gästen aus dem In- und Ausland zählten der französische Baron Hervé Gruyer (mit Familie und Bediensteten), der deutsche Prinz Alexander von Hohenlohe-Schillingsfürst (mit Gattin und Gefolge) und der italienische Autobauer Ettore

Nichts erinnert mehr an den Glanz des einstigen „Hôtel Matthis" (rechts). Sein Besitzer Charles Matthis lebte in der Villa links daneben. (© Morstadt Verlag)

Bugatti, dessen Unternehmen in Molsheim im Elsass ansässig war. Auch der deutsche Schriftsteller Otto Flake (s. Bastberg, Liebfrauenthal, Weißenburg) hat hier gewohnt. Es war der einzige Ort der Bäderstadt, dem er etwas Positives abgewinnen konnte:

Jeder Einheimische weiß, daß hier mit dem Haupthotel das Hotel Matthis gemeint ist. Man sitzt sehr hübsch in seinem kleinen Innenhof, um den sich die vier Seiten des Baues, die Hinterfront des Wohnhauses, die Veranda, die Küche, die Bäder schließen.

   Das Wohngebäude sieht wie ein gutes, anspruchsloses Bürgerhaus aus, mit seinen zwei Stockwerken, ein freundliches Dach, ein turmähnliches Mittelstück von rotem Sandstein mit einer Sonnenuhr, südliche Feigenbäume, ein blauer, weißer Himmel darüber, das bringt eine Wirkung hervor, daß man sich in den weißen Hof eines Bozener halbitalienischen Besitzes entrückt glaubt. Reiche Überreste aus Römerzeit, kleine Statuetten, ein Marmorköpfchen, ein

Relief, Ziegelsteine, Mosaikboden. Proben sind über den Rasen zerstreut oder hängen an den Wänden des Torwegs, und man denkt, in einen Korbsessel geschmiegt, lässig, wie viel vernünftiger es doch ist, solche Sachen so anzubringen, daß man sie beim Vorübergehen sieht, als sie in Museen, diesen Massengräbern, darauf warten zu lassen, bis sich einmal eine bebrillte Nase, die gewiß nicht von römischem Schnitte ist, über sie beugt. (Flake: Oberrhein, S. 94f.)

Flake ist nicht der einzige Schriftsteller, der im „Hôtel Matthis" Quartier bezog. Zu erwähnen ist ferner der elsässische Dichter und Begründer des Elsässischen Theaters Gustave Stoskopf (1869-1944) sowie sein lothringischer Kollege Maurice Barrès (1862-1923), mit dem Charles Matthis in Briefkontakt stand. Im Rahmen der Dreyfus-Affäre, die Paris damals beherrschte, hatte Barrès als Gegenspieler von Emile Zola und Sprecher der „Anti-Dreyfusards" zweifelhaften Ruhm erlangt. Nach so viel Politik suchte er nun Muße in der „Provinz" und verbrachte so den gesamten Sommer 1899 in Niederbronn. Unter anderem lernte er hier Henri Albert kennen, der als Erster den von Barrès verehrten Philosophen Friedrich Nietzsche ins Französische übersetzt hatte. Barrès seinerseits erkundete von Niederbronn aus die Schauplätze des Deutsch-Französischen Krieges (s. Wœrth) und arbeitete an seinem Roman „Appel au soldat", dem zweiten Band der Trilogie „Roman de l'Energie Nationale". Darin schilderte er das Heranwachsen seines „Alter Egos" Stuvel in einem durch die Niederlage von 1870 gedemütigten Frankreich. Eine Reise durch Lothringen und das deutsche Rheinland hilft Stuvel, sich seiner regionalen Wurzeln bewusst zu werden und daraus eine Vision für die Zukunft abzuleiten. Stuvel alias Barrès träumt von einer Synthese von Regionalismus, Nationalismus und Sozialismus, eine nicht unproblematische Mischung. Tatsächlich tauchten einige Wortprägungen von Barrès später in deutscher Übersetzung als NS-Parolen wieder auf.

Charles Matthis selbst wohnte in der Hoteliersvilla gleich nebenan. 1910 legte er die Leitung des Hotels nieder und widmete sich nun verstärkt dem Schreiben. In deutscher und französischer Sprache verfasste er etwa 40 Zeitungsartikel, mehrere Reiseführer durch seine nähere Heimat und eine Autobiographie (1924/25). Vielleicht hatten ihn seine 23 Jahre jüngeren Halbbrüder (aus zweiter Ehe seines Vaters) Albert (1874-1930) und Adolphe Matthis (1874-1974) dazu angeregt. Seit 1893 verbrachten sie regelmäßig ihre Sommerferien in Niederbronn, machten aber auch viele Wochenend- und Sonntagsausflüge hierher. In ihrem Wohnort Straßburg standen die beiden in Kontakt mit den Künstlerkreisen „Junges Elsass" um Gustave Stoskopf (s. o.) und „Jüngstes Elsass" um René Schickele (s. Saverne). Heute gelten sie als die bedeutendsten Dialektlyriker der elsässischen Literatur. Einige ihrer Gedichte sind Niederbronn und seiner Umgebung gewidmet, zum Beispiel „E' Schlittebardhie vun Niederbrunn in's Jägerthaal", „D' Niederbrunner Kinddaif", „D' Waseburri im Morjeroot" und „D' Hochzit in Niederbrunn vun unserem Niècel Berthe".

Nach dem Ersten Weltkrieg träumte Niederbronn von einem neuen Aufschwung und legte sich nach dem Vorbild von Baden-Baden sogar ein Spielkasino zu. Doch der Zweite Weltkrieg machte alle Hoffnungen wieder zunichte. Über ein Drittel der Stadt wurde zerstört. An die schrecklichen Kämpfe erinnert ein deutscher Soldatenfriedhof am Ortsrand, dem eine deutsch-französische Jugendbegegnungsstätte angeschlossen ist. Der Spaziergang dorthin führt an einigen interessanten Orten der Stadtgeschichte vorbei. Wir verlassen hierzu die „Place des Thermes" in östlicher Richtung über die „Avenue Foch".

Eines der ersten Häuser ist die „Maison Haug" (1786), in der der Kunsthistoriker und Schriftsteller Hans Haug (1890-1965) geboren wurde. Lange Jahre leitete er als Konservator und Direktor die Straßburger Museen (u. a. gründete er das „Musée de l'Œuvre Notre-Dame"). Daneben verfasste er zahlreiche Werke über die elsässische Kunstgeschichte.

In ihrem weiteren Verlauf weitet sich die Straße zu einem großen Platz. Rechts standen einst die römischen Thermen, links befindet sich das Stammhaus der „Barmherzigen Schwestern von Niederbronn" (s. Oberbronn), eines 1849 von der Niederbronnerin Elisabeth Eppinger (1814-1867) gegründeten Ordens. Die dahinter verlaufende „Rue Sœur E. Epppinger" ist nach ihr benannt. Sie führt an der katholischen Kirche St-Martin (1886) und an der ehemaligen Synagoge (1869) vorbei, in der seit 1992 das katholische Pfarrheim untergebracht ist.

Wir folgen der „Avenue Foch" weiter stadtauswärts bis zum Haus Nr. 21-23. Seinen Eingang schmücken zwei römische Säulen, die fast 2000 Jahre lang die „Source Romaine" zierten (1949 wurden sie abgebaut). Weitere Reste aus antiker Zeit befinden sich in der „Maison de l'Archéologie" am Ende der „Avenue Foch", wo auch der Nachlass von Charles Matthis aufbewahrt wird. Links davon zweigt die „Rue de la Forêt" ab, die in die „Rue du Cimetière Militaire" übergeht. Sie führt zu der oben erwähnten Begegnungsstätte, von der aus der Spaziergänger mit einem schönen Blick auf Niederbronn belohnt wird.

Maison de l'Archéologie
44, Avenue Foch
F-67110 Niederbronn-les-Bains
Tel. +33 (0)3 88 80 36 37

Centre de Rencontre Albert Schweitzer
17 Rue du Cimetière Militaire
F-67110 Niederbronn-les-Bains
Tel. +33 (0)3 88 80 81 27

Reichshoffen

Der Nachbarort von Niederbronn ist Reichshoffen (els. Rishoffe, dt. Reichshofen; 5.300 Einw.), dessen Geschichte eng mit der der Hugenotten-Familie Dietrich verbunden ist. 1578 flüchtete Demange Didier aus dem lothringischen St-Nicolas-de-Port ins damals noch deutsche Elsass, wo er seinen Namen in „Sonntag Dietrich" abänderte. Dessen Nachfahre Jean III. stieg im 18. Jahrhundert zum reichsten Grundbesitzer des Elsass und einem der größten Fabrikanten Frankreichs auf, wofür er von dem

Wie in einem Zauberschlaf liegend wirken die Industrieruinen von Jaegerthal in der grünen Idylle des Waldes.

französischen König Ludwig XV. 1761 in den erblichen Adelsstand erhoben wurde. Kein Wunder, dass Johann Wolfgang Goethe auf seiner Elsassreise im Jahr 1770 immer wieder auf den Namen dieses Mannes stieß:

Hier kam uns durch Gespräche einiger Fußbegleiter der Name von Dietrich wieder in die Ohren, den wir schon öfter in diesen Waldgegenden ehrenvoll hatten aussprechen hören. Die Tätigkeit und Gewandtheit dieses Mannes, sein Reichtum, die Benutzung und Anwendung desselben, alles erschien im Gleichgewicht; er konnte sich mit Recht des Erworbenen erfreuen, das er vermehrte, und das Verdiente genießen, das er sicherte. Je mehr ich die Welt sah, je mehr erfreute ich mich, außer den allgemein berühmten Namen, auch besonders an denen, die in einzelnen Gegenden mit Achtung und Liebe genannt wurden; und so erfuhr ich auch hier bei einiger Nachfrage gar leicht, daß von Dietrich früher als andre sich der Gebirgsschätze, des Eisens, der Kohlen und des Holzes, mit gutem Erfolg zu bedienen gewußt und sich zu einem immer wachsenden Wohlhaben herangearbeitet habe [...]. Wir ritten durch Reichshofen, wo von Dietrich ein bedeutendes Schloß erbauen ließ ... (Goethe, Bd. 9, S. 425)

Das hier erwähnte Dietrich-Schloss war nur ein Jahr vor Goethes Besuch fertiggestellt worden. Sein Architekt war der berühmte Joseph Massol (1706-1771), der unter anderem das von Robert de Cotte begonnene bischöfliche Schloss von Straßburg vollendet hatte. Die katholische Kirche am Ende der Straße wurde zwei Jahre nach Goethes Besuch geweiht. Auch sie geht teilweise auf die Familie Dietrich zurück. Obwohl diese ja Calvinisten waren, finanzierten sie den Bau des Chors und des Turms, die restlichen Kosten trug die Gemeinde.

In Reichshoffen wuchs auch Philippe Frédéric de Dietrich heran, Jean Dietrichs Sohn. Während der Französischen Revolution wurde er zum ersten „Maire" (Bürgermeister) von Straßburg gewählt. In seiner Stadtwohnung an der „Place Broglie" soll Rouget de Lisle zum ersten Mal die Marseillaise gesungen haben, ein Ereignis, das Stefan Zweig (1821-1942) zu den „Sternstunden der Menschheit" zählte und in der 2. Auflage des gleichnamigen Bandes (1943) beschrieben hat. Von Eulogius Schneider (s. Hagenau, Bouxwiller, Oberbronn) der Konspiration mit den Deutschen verdächtigt, wurde der Maire jedoch 1793 verhaftet und in Paris hingerichtet.

1804 wurde das Schloss verkauft und wechselte in der Folgezeit mehrmals den Besitzer. Im August 1870 richtete der französische Marschall Marie Edme Patrice Maurice Mac-Mahon (1808-1893), Oberbefehlshaber der „Armée d'Alsace", hier sein Hauptquartier ein. Von hier meldete er dem französischen Kaiser Napoleon III. seine Niederlage bei Wœrth. In französischen Geschichtsbüchern ist daher bis heute von der „Bataille de Reichshoffen" die Rede.

1939 waren hier erneut französische Soldaten untergebracht. Durch Unachtsamkeit verursachten sie einen Brand, der das Schloss großteils zerstörte. Die Ruine wurde 1950 von der Familie Dietrich zurückgekauft und restauriert. Heute sind darin die Dietrich-Stiftung und das Firmenarchiv untergebracht. Besuche sind nur auf Anfrage möglich.

Vor kurzem hat die Familie Dietrich auch Eingang in die Literatur gefunden. In dem Roman „Les Alsaciens ou Les deux Mathildes" (1996) erzählen die Autoren Henri de Turenne und François Ducher die Geschichte einer elsässischen Industriellen-Dynastie, die sich unübersehbar an den Dietrichs orientiert. Parallel dazu verfassten sie ein Drehbuch, das einem vierteiligen Fernsehfilm zugrunde liegt. Er wurde von Arte produziert und 1996 erstmals ausgestrahlt.

Wer sich eingehender mit der Geschichte der Dietrichs beschäftigen möchte, dem sei ein Besuch im Museum des Ortes empfohlen. Sehenswert ist auch die alte Schmiede von Jaegerthal (ca. 6,5 km von Reichshoffen auf der D 53), deren Ruinen aus dem 18. Jahrhundert von den Anfängen der Industrialisierung im Elsass und dem einstigen Imperium der Dietrichs zeugen.

Musée du Fer
9 Rue Jeanne d'Arc
F-67110 Reichshoffen
Tel. +33 (0)3 88 80 34 49

Morsbronn und Gunstett

Wir verlassen Reichshoffen über die D 86 Richtung Schirlenhof. Eine Gedenktafel am Haus Nr. 26 erinnert daran, dass hier am 24. Juli 1870, kurz nach Ausbruch des Deutsch-Französischen Krieges, ein von Ferdinand von Zeppelin angeführter deutscher Spähtrupp hier von französischen „Chasseurs à cheval" gestellt wurde (s. Lauterbourg). Bei dem kurzen Feuergefecht kamen ein Deutscher und ein Franzose ums Leben. Das zur „Bataille du Schirlenhof" hochstilisierte Ereignis wurde damals auf beiden Seiten als Sieg gefeiert: von den Franzosen, da sie die deutsche Patrouille zerschlagen und sieben Gefangene gemacht hatten, und von den Deutschen, da Hauptmann Zeppelin die Flucht gelang.

Über Eberbach-Wœrth fahren wir weiter nach Morsbronn-les-Bains (els. Morschbrunn; 530 Einw.). Der Name „Todesbrunnen" ist spätestens seit dem 6. August 1870 gerechtfertigt. Während der Schlacht im benachbarten Wœrth hatten preußische Truppen das Dorf besetzt. Beim anschließenden französischen Gegenangriff wurden in wenigen Minuten ca. 700 französische Kürassiere niedergemetzelt. Einige von ihnen liegen auf dem Friedhof neben der Kirche begraben. Zu den wenigen Überlebenden gehörte der Urgroßvater des Dichters Roland Reutenauer (s. Wingen-sur-Moder).

Gegenüber der Kirche steht an der Stelle eines im 30-jährigen Krieg zerstörten Vorgängerbaus das 1865 errichtete neue Pfarrhaus (43 Rue Principale). Während der Schlacht vom 6. August 1870 nahm der damalige Ortspfarrer Schaeffer Verletzte beider Lager in seinem Haus auf, wovon er später berichtet hat:

Am Abend jenes denkwürdigen Tages brachte man Verwundete des Schlachtfelds in mein Pfarrhaus. Ich hatte bereits 40 Krieger beider Heere aufgenommen; alle Räume, sogar der Hausflur waren belegt; da brachte man auf einer Bahre den schwerverwundeten Lieutenant-Colonel Archambault de Beaune.

Auf sein Flehen hin betteten wir ihn auf einer Matratze im kleinen Salon, wo bereits zwei deutsche Offiziere lagen.

Der Bedauernswerte, der bereits die rechte Hand im Krimkriege verloren hatte, litt große Schmerzen, da ihm eine Kugel in die Niere gedrungen war. Der Militärarzt schüttelte nur den Kopf; es war hoffnungslos [...] Er verstarb in der selben Nacht und wurde auf der katholischen Seite des hiesigen Friedhofs begraben. (Braeuner, S. 26)

Von der Kirche fahren wir weiter zum „Etablissement Thermal" (12 Route de Haguenau), wo wir den Wagen abstellen können. Vor dem repräsentativen Bau steht noch immer die alte Pumpe, mit der man im Jahr 1904 Erdöl fördern wollte und stattdessen auf eine 44 °C heiße Mineralquelle stieß. Bald schon entwickelte sich ein bescheidener Badebetrieb, an den noch die halb verfallene Badehütte aus dem Jahr 1907 erinnert, die vor dem modernen Erweiterungsbau des Thermalbads steht. 1911 besuchte der Schriftsteller Otto Flake (s. Bastberg, Liebfrauenthal, Niederbronn, Weißenburg) diesen Ort und war von dem „Bädchen im Land" sehr angetan. Ein „Bronn gegen den Tod" sollte es werden, ein volkstümliches Heilbad für die „kleinen Leute" (im Unterschied zum vornehmeren Niederbronn):

Niederbronn lauschte nur, an jenem Tage von Wörth, auf den Donner der Geschütze; aber Morsbronn rauchte im Brüllen ihrer Feuerschlünde [...]. Wie in einem grauenhaften Märchenland füllte strömendes Blut statt Wassers einen weidengesäumten Bach, und in grüner Landschaft vollzog sich stumm ein Sterben, Ächzen, Krachen, dessen Höllentosen man doch jeden Augenblick zu vernehmen glaubte [...].

Vor ein paar Jahren stieß man beim Bohren [...] auf etwas Unerwartetes, eine heiße Quelle von 45 Grad, die sich bald als heilkräftig erwies. Diesmal waren es die kleinen Leute der Umgebung, die die ersten Gläubigen abgaben und die ersten Wallfahrten nach dem sprudelnden Bohrloch unternahmen. Der Bauer ist sonst mißtrauisch gegen alles Neue, aber in der Heilkunst vertraute er zu allen Zeiten auf das, was die unmittelbare Natur ihm bietet [...]. Man kam mit dem Bähnchen, stieg aus, nahm ein Bad, stillte den Hunger mit den mitgebrachten Vorräten, während man zugleich der nötigen Ruhe nach dem Baden pflegte und fuhr dann mit dem Zug [...] nach Hause zurück.

So ist es noch heute. Die Quelle ist zwar mit einem Bretterhäuschen überdacht und die Wannen sind nicht mehr umsonst, aber die Kur gehört darum noch nicht zu den teureren. (Flake: Oberrhein, S. 98f.)

Erst nach dem Ersten Weltkrieg wurde damit begonnen, Morsbronn zu einem „echten" Badeort auszubauen. 1922-1924 wurde das bereits erwähnte „Etablissement Thermal" errichtet, weitere Hotels folgten in rascher Folge. Doch es schwebte kein guter Stern über Morsbronn. Im Winter 1939/40 kehrte der Krieg zurück und die Hotels wurden zu Kasernen umfunktioniert. Im „Etablissement Thermal" wurden Offiziere und ein Soldatenradio einquartiert, die übrigen Einheiten wurden auf die kleineren Hotels verteilt. Eines davon war das „Hôtel Belle Vue". Der Bau, der heute ein Appartementhaus ist, steht gegenüber dem Erweiterungsbau des „Etablissement Thermal" (5 Route de Haguenau).

Jean-Paul Sartre (s. Hagenau, Pfaffenhoffen, Marmoutier) bewohnte von Anfang Dezember 1939 bis Februar 1940 und erneut – nach einem Zwischenaufenthalt in Bouxwiller und Brumath – im Mai und Juni 1940 ein

Hinterzimmer im ersten Stock dieses Hotels: mit eigenem Bett, eigenem Schreibtisch und Blick auf das „Etablissement Thermal" – ein ungeahnter Luxus! Im Erdgeschoss war die Telefonzentrale eingerichtet, die er zu bedienen hatte.

Doch das „Belle Vue" war ihm nicht nur Arbeits- und Wohnstätte, sondern auch Lebensmittelpunkt. Hier feierte er mit Champagner und Gebäck das Weihnachtsfest 1939 und hier erfuhr er im Mai 1940 vom deutschen Angriff. Dazwischen vollendete er seinen Roman „L'age de raison" – eine Abrechnung mit seiner bisherigen Existenz als Bohemien. Ferner verfasste er hier einen kritischen Essay über den Schriftsteller Jules Romains (1885-1972) und begann mit den Vorarbeiten zu seinem Hauptwerk „L'être et le néant", das die Philosophie des Existenzialismus begründen sollte. Daneben las er französische, aber auch deutsche Klassiker (im Original!), darunter die Gedichte von Heinrich Heine und „Dichtung und Wahrheit" von Johann Wolfgang von Goethe – die Bände hatte er in der Bibliothek des Hotels aufgestöbert. Die Atmosphäre, die damals in dem Haus herrschte, beschreibt er in seinem Kriegstagebuch:

Alle Dienste sind hier untergebracht. Die Soldaten und die Offiziere schlafen im Hotel, der Colonel nimmt sein Frühstück in einem der Speisezimmer ein – und dort essen die Offiziere auch zu Mittag, an einem runden, mit einem Wachstuch bedeckten Tisch, wo fast den ganzen Tag ihr Gedeck liegt, mit Serviettenringen, in die sie mit Messern ihre Dienstnummern eingeritzt haben [...]. Von außen ist es noch ein Hotel – eines zweiter Klasse (offenbar lassen sich vor allem kleine Leute in Morsbronn behandeln – diverse Kassenpatienten). Aber sobald man es betritt, schlägt einem ein Geruch von Vernachlässigung, von langsamer Fäulnis in die Nase, der so typisch für evakuierte Gebäude ist. Die Zimmer riechen nach Schimmel [...].

Überall da, wo es Toiletten für Frauen und Toiletten für Männer gibt, in den Schulen, den Postämtern und Rathäusern, nehmen die Offiziere die Toiletten für Frauen für sich in Anspruch, man schreibt darüber W. C. „Officiers".

Das gibt ihnen einen Hauch von Fräulein, der gut zu ihrer Uniform passt, zu ihrer Wespentaille. Ich gebe es gerne zu, die Offiziere sind das weibliche Element der Armee. Und wir Hornissen, mit unseren breiten Latschen und starren Zügen, wir sind die Männchen [...].

Zweihundert Meter von unserem Hotel entfernt, hatte die Feldküche Stellung bezogen, aber der Colonel Deligne verlangte, dass sie wieder verschwände, da ihm der Anblick der Männer mit ihren Essgeschirren den Appetit verderbe. (Sartre: Carnets, S. 308-311; Ü: S. W.)

Schließlich trieb die Langeweile und das elsässische Wetter den ständig frierenden Sartre am 18. Mai 1940 sogar ins gegenüberliegende Thermalbad, wovon er Simone de Beauvoir noch am selben Tag berichtete. Noch heute strahlt der Bau jene etwas dekadente Atmosphäre aus, die Sartre in seinem Brief beschreibt:

Mein Leben ist fade und fleißig. Heute morgen war ich baden in der Badeanstalt. Auch sie ist von oben bis unten besetzt – zumindest 12 Badezimmer, in denen man noch baden kann – von Soldaten, die sich in den Badewannen oder daneben Betten aufschlagen. Auch sie sieht jetzt komisch aus: sie ist ganz grün und in dieses Aquariumslicht getaucht, das für Badeanstalten typisch ist. Niedrige Flure, meergrün erleuchtet, mit dicken Wänden. Und dann zu beiden Seiten Kabinen. Sie wirkt, ich weiß nicht, warum, wie ein Bordell und ein alter Palast, nur weil man weiß, daß sie jetzt von Männern bewohnt ist, die darin ihre Geschichte und ihr Schicksal haben. Man trifft selbstverständlich überall Soldaten. Das Wasser ist natürlich schwefelhaltig, warm und stinkt nach faulen Eiern. (Sartre, Briefe, S. 518)

Wir folgen der Straße in östlicher Richtung bis zum Hotel-Restaurant „Beau Séjour" (3 Route de Haguenau), in dessen erstem Obergeschoss 1939/40 ein „Foyer du Soldat" der Heilsarmee untergebracht war. Wenn Sartre Ruhe suchte, zog er sich zum Lesen und Schreiben in diesen großen, etwas düsteren Saal zurück.

Gehen wir weiter, erreichen wir einen Kreisverkehr. Rechts liegt der ehemalige Bahnhof, heute das „Syndicat des Eaux", an Stelle der Schienen verläuft ein Radweg. Schräg gegenüber steht das ehemalige „Restaurant de la Gare" (4 Route de Haguenau). Es war Sartres liebste Adresse in Morsbronn, ein bescheidener Ersatz für die Literatencafés von Paris. Er feierte hier nicht nur das Neujahrsfest 1940 (mit elsässischer „Choucroute"), sondern hielt sich auch sonst so oft wie möglich in dem Gasthof auf, möglichst schon zum Frühstück. Seinem Tagebuch vertraute er die Gründe dafür an: Einerseits war der Gasthof besser beheizt als sein Hotel, andererseits hatte Sartre an einer jungen Kellnerin Gefallen gefunden. Sie hieß Charlotte Maier, von Sartre „La belle Serveuse" getauft. Als ein Sartre-Liebhaber sie 1997 besuchte, konnte sie sich an den Dichter jedoch nicht mehr erinnern.

Wir verlassen Morsbronn über die D 27 und biegen bald darauf auf die D 250 Richtung Gunstett ab. Wo die Straße das Flüsschen Sauer überquert, befindet sich die „Bruckmühle", der Geburtsort von Johann Valentin Embser (1749-1783). Schon als junger Mann lernte er auf seinen zahlreichen Reisen berühmte Dichter und Denker der europäischen Aufklärung kennen: die Deutschen Euler und Klopstock, die Franzosen d'Alembert und Rousseau. Der von Goethe und Herder ins Leben gerufene „Sturm und Drang" blieb ihm dagegen fremd. Im Alter von nur 26 Jahren wurde er Präzeptor am Gymnasium von Zweibrücken, eine Stelle, die er bis zu seinem Tode behielt. In dieser Zeit gab er Werke griechischer und lateinischer Klassiker heraus und veröffentlichte eigene Schriften zur Pädagogik, auf Deutsch und Französisch. Als sein Hauptwerk gilt „Die Abgötterei unseres Jahrhunderts" (1779), in der er die Möglichkeit des von Rousseau propagierten „ewigen Friedens" bezweifelt.

Wie recht er damit hatte, zeigte sich kaum hundert Jahre später, als ausgerechnet sein Geburtshaus zum Schauplatz kriegerischer Auseinandersetzungen wurde. Während der Schlacht von Wœrth schloss der damalige Müller die Schleuse, um den preußischen Soldaten den Übergang zu erschweren. Tatsächlich ertranken viele in den anschwellenden Wassern der Lauter. Ihre Gräber sind noch heute zu sehen.

Wœrth und Umgebung

Wir beginnen unseren Rundgang durch das Städtchen Wœrth (els. Werth, dt. Wörth im Elsass; 800 Einw.) vor dem alten Schloss (2 Rue du Moulin). Von der mittelalterlichen Burg, ursprünglich vermutlich ein Vorposten der Herzöge von Lothringen, ist nur noch der Bergfried aus dem 13. Jahrhundert erhalten. 1480 fiel der Ort an die Grafen von Zweibrücken, die die Burg 1534 abtragen und an ihrer Stelle eines der ersten Renaissance-Schlösser des Elsass errichten ließen. Der linke Flügel (1534-1540) ist seit der Französischen Revolution in Privatbesitz, im rechten Flügel (1554/55) sind das Bürgermeisteramt und ein Museum untergebracht.

1570 fiel Wœrth an die Grafen von Hanau-Lichtenberg, die den Ort zur Münzstätte und das Schloss zur Vogtei erhoben. Ab 1571 war hier Bernhard Hertzog (1537-1596/97, s. Bouxwiller) als „Amtmann" tätig. Der gebürtige Weißenburger zählt zu den elsässischen Humanisten, seine Tochter war mit dem Straßburger Stadtschreiber und Dichter Johann Fischart (1546-1590) verheiratet. Nur zwei Werke Hertzogs sind überliefert: die Schwanksammlung „Schiltwacht" (1560) und eine 10-bändige „Edelsasser Chronik" bzw. „Chronicon Alsatiae" (1592). In diesem in deutscher und lateinischer Sprache abgefassten Werk stellt Hertzog erstmals die Geschichte des Elsass von Julius Caesar bis ins Jahr 1592 dar. Auch wenn seine Schilderungen oft sehr spekulativ und die Tendenz sehr herrschaftsfreundlich ist, so legte er damit doch den Grundstein zu einer eigenen elsässischen Geschichtsschreibung.

Während des 30-jährigen Krieges wurde Wœrth am 18. August 1632 von kaiserlichen Truppen verwüstet. Eineinhalb Jahrhunderte später, am 22. Dezember 1793, fand bei Wœrth eine Schlacht zwischen Österreichern und Franzosen statt, die Letztere für sich entscheiden konnten. Weltweit bekannt geworden ist der Name dieses Dorfes jedoch erst durch die Schlacht vom 6. August 1870. Sie kostete mehr als 20.000 Menschen das Leben, darunter etwa genauso viele Deutsche wie Franzosen. Es war

eine der blutigsten Schlachten in der an kriegerischen Auseinandersetzungen nicht gerade armen deutsch-französischen Geschichte. Das Museum im Schloss erinnert daran. Außerdem werden hier ein deutscher Führer über das Schlachtfeld aus dem Jahr 1911 (Nachdruck) sowie ein französischer aus dem Jahr 1991 zum Kauf angeboten. Beide bemühen sich redlich, den im Grunde chaotischen Ablauf dieses Tages in geordneter Weise darzustellen.

An jenem denkwürdigen 6. August standen sich in Wœrth der französische Marschall Mac-Mahon (später Präsident der Republik) und der preußische Kronprinz Friedrich Wilhelm (später Kaiser Friedrich III.) gegenüber. Doch sie bekamen einander gar nicht zu

Gesicht. Mac-Mahon konnte von seinem Feldherrnhügel aus nicht einmal alle eigenen Truppen einsehen und begriff lange nicht den Ernst der Lage. Friedrich Wilhelm tauchte erst am frühen Nachmittag am Ort des Geschehens auf, nachdem er noch bis Mittag mehrfach – ohne Erfolg – die Einstellung der Kämpfe befohlen hatte. Keiner von beiden hatte für diesen Tag eine Schlacht geplant, da der Aufmarsch ihrer Truppen noch gar nicht abgeschlossen war. Vielmehr wurden die Kämpfe ausgelöst und im Grunde auch entschieden durch mehr oder weniger unkoordinierte Aktionen einzelner Truppenteile.

Als am Abend die Siegesnachricht in Deutschland eintraf, fühlten sich auch viele Dichter berufen, auf dieses Ereignis zu reagieren, darunter Theodor Fontane (1819-1898) und Georg Herwegh (1817-1875). Beide hatten einen engen Bezug zu Frankreich. Fontane war der Abkömmling einer Hugenottenfamilie aus Südfrankreich, Herwegh hatte einen großen Teil seines Lebens in Paris verbracht. Dennoch fiel ihre Bilanz sehr unterschiedlich aus: Fontane feierte begeistert den deutschen Sieg, während Herwegh – auf Gretchens Abschiedsworte an Faust, „Heinrich, mir graut vor dir", anspielend – diesen als das Ergebnis eines Pakts mit dem Teufel brandmarkte, womit er damals in Deutschland ziemlich alleine stand.

Fontane:

Neujahr 1871

[...]
In welch ein Jahr! Es ruht das stille Schaffen!
Der Dinge schönes Gleichmaß ist gestört,
Vom Rhein zum Njemen klingt es: „Zu den Waffen!
Das Unrecht schreit, die Schmach ist unerhört!" –
Und bis zu dieser Stunde kein Erschlaffen
Seit jenem Tag von Weißenburg und Wörth,
In jedem Kampf aufs neue ruhmbereichert,
Was ward seit Spichern alles aufgespeichert!
[...]

(Fontane, Bd. 6, S. 570)

Herwegh:

Epilog zum Kriege

[...]
Nach vierundzwanzig Schlachten liegt
Der Feind am Boden, überwunden;
Bis in die Stadt voll Blut und Wunden,
Die keinen Retterarm gefunden,
Brichst du dir Bahn – du hast gesiegt!

Schwarz, weiß und rot! um ein Panier
Vereinigt stehen Süd und Norden;
Du bist im ruhmgekrönten Morden
Das erste Land der Welt geworden:
Germania, mir graut vor dir!
[...]

(Herwegh, S. 189)

Auch in Paris war zunächst von einem Sieg bei Wœrth die Rede – bis die Nachricht durch eine neue Depesche korrigiert wurde (s. Reichshoffen). Es dauerte sehr viel länger, bis französische Schriftsteller die richtigen Worte dafür fanden, einer davon war Emile Zola (1840-1902). Als überzeugter Republikaner war er zunächst ein Gegner des von Napoleon III. gewollten Krieges. Doch nach dessen Gefangennahme arbeitete er für die provisorische Regierung (als Sekretär eines Delegierten) und forderte die Fortsetzung des Kampfes im Namen der Republik.

Noch vor der Schlacht von Wœrth, am 25. Juli 1870, veröffentlichte Zola in der Zeitschrift „La cloche" den Artikel „Le petit village" (Das kleine Dorf), in dem er beschrieb, wie der Krieg über ein friedliches Dorf hereinbricht. Als er den Text 1874 in dem Essayband „Nouveaux contes de Ninon" (Neue Erzählungen von Ninon) nachdrucken ließ, gab er dem Dorf den Namen Wœrth. Nach dem Krieg verfasste Zola zahlreiche Romane, die ihn weltberühmt machten. Doch erst 1892 veröffentlichte er ein Buch über den Krieg von 1870: „La débâcle" (Das Debakel). Durch vorangegangene Recherchen, Reisen an

Originalschauplätze und Interviews mit Augenzeugen versuchte der seit 1878 in Médan bei Paris lebende Dichter, der Wahrheit möglichst nahe zu kommen. Folgenden Bericht legte Zola dem einfachen Soldaten Coutard in den Mund, der bei Wœrth gekämpft hatte:

Alles fing an in Wœrth, einem netten Dorf mit einem lustigen Kirchturm, der wie ein Ofen aussieht, wegen der Kacheln, die man drangeklebt hat. Ich weiß verdammt nicht, warum wir es am Morgen verlassen mussten, denn wir haben uns die Zähne dran ausgebissen, es wieder zu bekommen, ohne Erfolg. Oh, Kinder, wie wir da verbrannt wurden, die offenen Bäuche, die zerspritzten Gehirne, es ist unglaublich! ... Nachher ging es um ein Dorf, an dem wir uns festgekrallt hatten: Elsasshausen, ein Name zum Davonlaufen. Aus der Deckung heraus wurden wir von einem Haufen Kanonen beschossen, wie es ihnen gerade passte, von einem verdammten Hügel herüber, den wir auch am Morgen erst aufgegeben hatten [...]. Das Dorf brannte wie ein Streichholz, die ganze Bande hatte uns schließlich eingekesselt, mehr als hundertzwanzigtausend dieser Halunken, das hatte man später gezählt. Na von wegen, und wieder fing die Musik an, lauter als zuvor, rund um Frœschwiller. Denn, das ist die reine Wahrheit, Mac Mahon ist vielleicht ein Gimpel, aber er ist tapfer. Hättet ihn sehen sollen, auf seinem großen Pferd, im Kugelhagel. Ein anderer wäre gleich am Anfang abgehauen, weil er gedacht hätte, ist doch keine Schande, dem Kampf auszuweichen, wenn man nicht die Kraft dazu hat. Aber er, weil es ja nun schon mal angefangen hatte, wollte die Prügel bis zum Schluss einstecken. Und wie ihm das gelungen ist ... (Zola, S. 89f.; Ü: S. W.)

Wir verlassen das Museum und machen einen Streifzug über das ehemalige Schlachtfeld, das der Pfarrer und Schriftsteller Heinrich Hansjakob (s. Bouxwiller, Marmoutier) in seinem Reisebericht „Sommerfahrten" (1903) als „einen großen Kirchhof" bezeichnet hat.

In der Ortsmitte von Wœrth erhebt sich an einer Kreuzung das Denkmal der bei Wœrth gefallenen bayerischen Soldaten. Es ist eines von etwa achtzig, die nach den Kämpfen errichtet wurden. In Wirklichkeit handelt es sich dabei um ein Massengrab, in dem nicht nur Bayern, sondern Deutsche und Franzosen gemeinsam beigesetzt wurden, insgesamt 452 Menschen. Doch die bayerischen Veteranen brauchten offenbar einen Ort der Heldenverehrung, worüber sich schon der bayerische Schriftsteller Ludwig Thoma (1867-1921) mokierte – z. B. in dem Volksstück „Die Medaille" und in den „Neuen Lausbubengeschichten". Wie unheroisch der Tod in diesem Krieg (und allen anderen) war, schildert Emile Zola in dem Roman „La débâcle" am Beispiel des bayerischen Soldaten Gutmann:

Doktor Dalichamp behandelte verwundete Deutsche ebenso wie verwundete Franzosen, darunter zwölf Bayern. Als Feinde waren sie sich gegenseitig an die Kehle gegangen, jetzt lagen sie stöhnend nebeneinander [...]. Als Henriette ins Spital eingetreten war, hatte sie einen Bayern wiedererkannt: mit seinem Bart [...] und seiner dicken, quadratischen Nase. Er hatte sie weggezerrt, als man in Bazeilles ihren Mann erschossen hatte. Auch er erkannte sie wieder. Aber er konnte nicht sprechen. Eine Kugel hatte [...] ihm die Hälfte seiner Zunge weggerissen [...].

Er schien ein paar Worte Französisch zu verstehen und gab Zeichen mit dem Kopf: Verheiratet? Ja, ja! Kinder? Ja, ja! [...] Heute, erzählte Henriette, hat er mir einen Kuss zugeworfen ... Ich kann ihm nichts zu Trinken bringen, nicht den kleinsten Dienst erweisen, ohne dass er seine Finger an die Lippen führt [...].

Am gleichen Abend fing es heftig an zu schneien, und am Morgen, als Henriette zitternd in das Spital zurückkehrte, sagte man ihr, dass Gutmann gestorben sei [...]. Sie war die einzige, die ihn auf den Friedhof begleitete, wo die gefrorene, fremde Erde stumm auf seinen Fichtensarg fiel, vermischt mit Schneeklumpen.

Als sie am nächsten Morgen wiederkam, sagte sie: „Das arme Kind ist tot", und sie weinte um ihn. – „Wenn sie ihn im Todeskampf gesehen hätten. Er nannte mich: Mama! Mama! [...] Tatsächlich hatte er so sehr abgenommen, dass er nicht mehr wog als ein kleiner Junge ... Und ich wiegte ihn, damit er zufrieden sterben konnte." (Zola, 437-445; Ü: S. W.)

Vom Bayerndenkmal führt die D 28 in westlicher Richtung nach Frœschwiller (els. Fréschwiller, dt. Fröschweiler; 570 Einw.) auf den einstigen französischen „Feldherrnhügel". Der am Abend des 6. August 1870 mit Leichen übersäte Weg führt am Ort eines ehemaligen französischen Denkmals vorbei, das die deutschen Besatzer 1941 zerstörten. Frœschwiller selbst hat stark unter den Kämpfen gelitten. 28 Gebäude wurden an jenem 6. August 1870 zerstört, darunter auch die erst 1856 eingeweihte Simultankirche.

Das einstige Schloss des Grafen Eckbrecht von Dürckheim-Montmartin (1812-1891; 21 Rue Principale, rechts neben der Kirche) – in Familienbesitz seit 1407 – überstand die Kämpfe dagegen weitgehend unbeschadet. Vor und während der Schlacht war das Schloss Hauptquartier von Mac-Mahon, in den Tagen danach war es ein preußisches Feldlazarett. Mit beiden Parteien scheint sich der Graf gut verstanden zu haben. Vor 1870 arbeitete er als hoher Beamter für den französischen Kaiser Napoleon III., u. a. war er Präfekt in Colmar und Inspektor des französischen Telegraphennetzes. Danach sagte er sich in einem offenen Brief von Frankreich los und war fortan als Landrat für den deutschen Kaiser Wilhelm I. tätig.

Während der Kämpfe flüchteten zahlreiche Bewohner von Frœschwiller in den Keller des Schlosses, unter ihnen auch Carl Klein mit seiner Familie, 1897-1982 Ortspfarrer von Frœschwiller. In seiner „Fröschweiler Chronik. Kriegs- und Friedensbilder aus dem Jahre 1870/71" hat er seine Erlebnisse beschrieben. Sein Bericht fällt recht deutschfreundlich aus. Die Franzosen nennt er undiszipliniert, die Deutschen begrüßt er als Befreier. Dies dürfte auch der Grund dafür gewesen sein, dass sein Text bereits 1877 und dann nochmals 1895 in Deutschland in einer „Illustrierten Jubelausgabe" veröffentlicht werden konnte. Unter anderem beschreibt Klein die gut bestückte Feldküche Mac-Mahons und deren Wirkung auf seine hungernden Soldaten:

Ganz früh war auch der Marschall Mac-Mahon hier eingetroffen und hatte sein Hauptquartier im Schloß Dürckheim genommen. Der Speisesaal war als Vorzimmer von

Während der Schlacht vom 6. August 1870 bot das Schloss von Frœschwiller zahlreichen Einwohnern Zuflucht.

Ordonnanzoffizieren und Adjudanten besetzt, und in dem daran stoßenden, gegen die Straße hinaus gelegenen großen Salon weilte mit einigen vertrauten Generalen der oberste Feldherr. Dort spazierte er auf und ab oder saß, allen Blicken sichtbar, am offenen Fenster [...].

Vor dem Schloßhof auf der Straße stand ein außergewöhnlich großer geschlossener Wagen. Darauf stand geschrieben: „Cuisine du Maréchal", „Küche des Marschalls". Nach oben hin bildete das massive Vehikel eine Art von Käfig, darin hausten allerlei lebendige Mundvorräte: Welschhühner, Fasane und sonstige edle Bissen in Menge. Diese Cuisine du Maréchal machte auf die Offiziere und Soldaten und auf uns alle einen seltsamen, peinlichen Eindruck, denn der Mangel an Lebensmitteln war infolge der zahlreichen Truppenansammlungen aufs höchste gestiegen. Es war nicht bloß eine angstvolle, peinliche, sondern in der That eine desperate, empörende Situation. (Klein, S. 84)

In den Jahren 1872-1876 wurde mit Hilfe von Spenden aus ganz Deutschland am Ort der zerstörten Kirche ein Neubau errichtet: die protestantische „Eglise de la Paix" (Friedenskirche). Am Einweihungsgottesdienst, den Carl

Klein unter das Motto „Friede sei mit Euch!" stellte, nahm auch der Gymnasiast und angehende Schriftsteller Friedrich Lienhard teil (s. Bouxwiller, Rothbach). Zu den Besuchern der Kirche gehörten ferner Kaiser Wilhelm I. (1876) und Kaiser Wilhelm II. (1895). Die Spenden reichten sogar noch für den Bau einer kleineren, katholischen Kirche, in der das Tabernakel aus dem zerstörten Vorgängerbau aufbewahrt wird. Mehr als über diese Neubauten freute sich Heinrich Hansjakob (s. Bouxwiller, Marmoutier) bei seinem Besuch in Frœschwiller im Jahr 1903 jedoch über die Begegnung mit einem Schweinehirten, der ihm als wahrer Friedensbote erschien:

Ein friedliches und ein erfreuliches Bild bot mir an der blutigen Stätte heute in der Dorfgasse der eben mit seiner Herde heimkehrende Schweinhirt. Er blies fortwährend in sein Horn, um die Leute aufmerksam zu machen, daß ihre Schweine kämen, die richtig ihre Quartiere kannten und bald rechts bald links von der Herde abschwenkten, ihren Ställen zu.

Daß, wie mir mein Führer sagte, im Unterelsaß noch jede Gemeinde ihren Kuh-, Schweine- und Gänsehirten hat, freute mich; denn, wo die Haustiere noch der Obsorge der ganzen Gemeinde angehören, herrschen noch poesievolle, patriarchalische Zustände, die in unserer Zeit so selten geworden sind. (Hansjakob, S. 283)

Um nach Wœrth zurückzukehren, machen wir einen kleinen Umweg über den zu Frœschwiller gehörenden Weiler Elsasshausen. Der Weg führt vorbei an weiteren Denkmälern und an einem Aussichtsturm. Das letzte Denkmal kurz vor Wœrth ist zugleich das jüngste. Es befindet sich an der Stelle, an der Mac-Mahon unter einem Nussbaum das Schlachtfeld beobachtet haben soll. Da sich in den folgenden Jahren zahlreiche Touristen als Souvenir ein Blatt abrissen, ging der schließlich völlig entlaubte Baum ein. An seiner Stelle wurde eine deutsche Siegessäule errichtet, mit dem Reichsadler an der Spitze. 1919 wurde dieser heruntergeholt und 1945 schließlich die gesamte Säule gestürzt – wohl als Rache für die Zerstörung des französischen Denkmals während der deutschen Besatzung. 1956 wurde hier ein neues französisches Denkmal eingeweiht.

In Wœrth biegen wir vor dem Bayerndenkmal in die D 28 ein und folgen ihr in östlicher Richtung zum ehemaligen deutschen „Feldherrnhügel". Noch vor der Ortseinfahrt nach Dieffenbach ist auf der rechten Seite ein verrosteter Zaun zu erkennen, der das Gelände des einstigen „Kaiser-Fritz-Denkmals" umgibt. Nach dem Ersten Weltkrieg wurde das Denkmal gesprengt, geblieben ist nur ein gewaltiger Felsbrocken.

Wie bereits erwähnt, hatte der preußische Kronprinz, der spätere deutsche Kaiser Friedrich III., den Oberbefehl über die deutschen Truppen bei Wœrth. 1895 weihte sein Sohn und Nachfolger Wilhelm II. das Denkmal ein, das sich zur touristischen Hauptattraktion von Wœrth entwickelte. Es zeigte den Kronprinzen hoch zu Ross auf einem Felsen, darunter einen flügelschlagenden deutschen Adler und zwei germanische Krieger, die sich vor dem Wappenschild des deutschen „Reichslandes Elsass-Lothringen" die Hände reichten. Zu Füßen des einen lehnte ein sächsischer Schild, zu Füßen des anderen kauerte der bayerische Löwe. Dadurch sollte die angeblich auf dem Schlachtfeld geschmiedete Einheit zwischen Nord- und Süddeutschland symbolisiert werden.

Die Symbolik des Denkmals wies zurück auf die Schlacht im Teuteburger Wald und deren Deutung durch Heinrich von Kleist (1777-1811). Sein Stück „Die Hermannschlacht" (1808), während Kleists Kriegsgefangenschaft im französischen Châlons-sur-Marne verfasst, erzählt vom gemeinsamen Sieg des Cheruskers Hermann (ein Norddeutscher?) und des Sueben Marbod (ein Süddeutscher?) über den Römer Varus (ein Franzose?). Das Denkmal spann diese Parallele weiter und deutete die Schlacht von Wœrth als neue Hermannsschlacht. Vor den Folgen einer solchermaßen auf Krieg begründeten Einheit hatte schon Georg Herwegh in seinem Gedicht „Epilog zum Kriege" (Feburar 1871; zitiert auf S. 240) gewarnt.

Wir folgen der D 28 bis zur Abzweigung nach Preuschdorf (els. Prischdorf; 890 Einw.), einem zum Bauerndorf heruntergekommenen, spätmittelalterlichen Städtchen.

Während der Schlacht von Wœrth befand sich hier das deutsche Hauptquartier. Als Erstes suchen wir das Pfarrhaus in der „Rue de l'Eglise" Nr. 46 auf. Der während des Krieges von 1870/71 dort tätige Pfarrer Ernst Albert Schuler (1812-1872) hat wie sein Amtskollege Carl Klein aus Frœschwiller einen Bericht über seine Erlebnisse vom 6. August verfasst. Allerdings macht er darin keinen Hehl aus seiner Sympathie für die Franzosen, während er die deutsche Besatzung sehr kritisch beurteilt. Wohl deshalb wurde dieser Text nicht gedruckt, sondern schlummerte hundert Jahre lang unentdeckt auf dem Speicher des Pfarrhauses. Als der örtliche Lehrer Alfred Jung ihn 1970 als Privatdruck veröffentlichte, war dies eine kleine Sensation. Seit 1987 liegt eine mit Anmerkungen und Illustrationen versehene zweite Ausgabe vor, die Wolfgang Heise besorgt hat. Pfarrer Schuler berichtet darin auch von den Einquartierungen im Pfarrhaus. Diverse Fehler in Grammatik und Zeichensetzung wurden absichtlich nicht korrigiert:

Freitags den 5., morgens zwischen 8 und 9 Uhr, hörte ich deutsche Rufe vom Schulhaus her. Es waren vier preussische Husaren welche auf das Pfarrhaus zu sprengten. Einer ritt in den Hof hinein mit gesogenem [sic] Säbel und gespannten [sic] Carabiner. Ich ging ihm entgegen und sprach: „Meine Herren, dies ist das Pfarrhaus, ich bin der Pfarrer, was ist ihr Wunsch? Kann ich ihnen mit etwas dienen? – Gut, sagte der eine, in welchem sich Kühnheit und Angst zu paaren schien [sic], sind keine Franzosen da? – Ich habe keine gesehen, war meine Antwort [...].

Schon bald nach Mittag klirrten Sporen die Stufen des Pfarrhauses herauf. Es war ein Quartierbesteller in grüner Uniform, mit einem Helm von Eisenblech, ein Unteroffizier wie es schien und einige Gemeine. Der Quartiermeister kündigte in gewählten, freundlichen Worten an: daß wir zu logieren hätten seine Excellenz den General von Kirchbach, vom 5. (Posenschen) Armee Corps, einen gottesfürchtigen Herrn; ferner Herrn Obersten von Esch vom Generalstab, einen guten Mann, dann einen Professor und Maler, nebst Soldaten und Bedienten. (Schuler, S. 15f.)

Während der folgenden Tage konnte Pfarrer Schuler kaum das Haus verlassen, die Schlacht verfolgte er von einem Speicherfenster aus. Die deutsche Siegesfeier blieb ihm in schlechter Erinnerung, da den Bauern zahlreiche Pferde, Kühe und Ochsen weggenommen und geschlachtet wurden. Sein Garten war danach völlig zertrampelt. Doch weitaus schrecklicher war der Anblick, der sich ihm auf dem Schlachtfeld bot:

Jetzt erst sah ich genauer unser schrecklich verwüstetes Feld, wo die vielen Soldaten gelagert gewesen oder durchgezogen waren. Ganze Strecken waren dem festgetretenen Wege gleich – Totengeruch in der ganzen Gegend [...]. In der Nähe des Dorfes auf einer Wiese sah ich, in einem halbzugedeckten Massenloch, mitten unter Couverten, noch einen Toten eine Hand herausstrecken. (Schuler, S. 30 u. 34)

Die Aufräumarbeiten auf dem Schlachtfeld von Wœrth sollten Wochen dauern. Zu den Sanitätern, die die Verwundeten notdürftig zu versorgen und die Toten zu identifizieren hatten, gehörte auch der deutsche Schriftsteller und Philosoph Friedrich Nietzsche (1844-1900). Da er im vorangegangen Jahr im Alter von gerade mal 25 Jahren und ohne abgeschlossene Dissertation (!) eine Professur in Basel übernommen hatte und daher Staatsbürger der neutralen Schweiz geworden war, blieb ihm der Dienst an der Waffe erspart. Stattdessen war er im August 1870 in Erlangen zum Krankenpfleger ausgebildet worden. Am 27. August traf er in Soultz-sous-Forêts (dt. Sulz unterm Wald) ein, ca. 10 Kilometer von Wœrth entfernt. Später wurde seine Einheit nach Hagenau und schließlich nach Nancy verlegt. Als er einen Verwundetentransport nach Karlsruhe begleitete, erkrankte er selbst an der Ruhr. Physisch und psychisch angeschlagen, schied er daraufhin aus dem militärischen Dienst aus. Zur vollen Gesundheit fand er nie wieder zurück.

Für an Technik Interessierte sei noch erwähnt, dass das Gebiet zwischen Wœrth und Soultz-sous-Forêts auch als „elsässisches Texas" oder „Karichschmierländle" bekannt ist. Der Name geht auf die Erdölquellen der Gegend zurück, die bereits ab 1735 durch die aus Toulouse stammende Familie Le Bel industriell erschlossen wurden. 1857 entstand in Merkwiller-Pechelbronn (els. Màrikwiller-Pàchelbrunn; 800 Einw.), dem Nachbarort von Preuschdorf, die erste französische Raffinerie, die 1975 ihre Tore für immer schloss. Heute erinnert ein Museum an dieses wichtige Kapitel der elsässischen Industriegeschichte.

Wer sich mehr für Volks- und Heimatkunde interessiert, sollte es nicht versäumen, noch ein Dorf weiter bis nach Kutzenhausen (els. Kutzehüse; 800 Einw.) zu fahren. In einem alten Hof aus dem 18. Jahrhundert wurde dort ein Museum eingerichtet, das dem ländlichen Alltag im Nordelsass des 19. und frühen 20. Jahrhunderts gewidmet ist. Demonstrationen alter Berufe und Traditionen, Konzerte und Workshops runden das Programm ab. Im Museumscafé mag dieser Abschnitt unserer Literaturreise ausklingen.

Musée de la Bataille du 6 août 1870
2 Rue du Moulin
F-67630 Wœrth
Tel. +33 (0)3 88 09 30 21

Musée Français du Pétrole
4 Rue de l'Ecole
F-67250 Merkwiller-Pechelbronn
Tel. +33 (0)3 88 80 91 08

Maison Rurale de l'Outre-Forêt
1 Place de l'Eglise
F-67250 Kutzenhausen
Tel. +33 (0)3 88 80 53 00

6. Weingeist und Schlossgespenster: Wasgau und Weißenburg

Liebfrauenberg und Liebfrauenthal

Der letzte Abschnitt unserer literarischen Rundreise durch das Nordelsass führt uns durch den gebirgigen westlichen Teil des „Outre-Forêt" bzw. des „Unterlandes", in dessen Ostecke (Lauterbourg) unsere Fahrt begonnen hat. In Deutschland wird diese Gegend (zusammen mit der Südpfalz) bisweilen als „Wasgau" bezeichnet. Der Name ist erstmals bei dem Dichter Hans Michael Moscherosch (s. Offendorf, Geroldseck) belegt, der auch dessen Ursprung – wenn auch nicht ganz korrekt – erläutert:

Es wolle hie der hochgeneygte Leser zur Nachricht wissen, daß das groß Elsasisch Vorgebürg genannt wird auff Latein Vogesus, auff Französisch Voge, auff Teutsch Wassigin ... und daß Land so hinder selbigem Gebürg und im Gebürg ligt, bis auf Weissenburg, wird geheißen der Waßgau. (Chaussée, 10/2002, S. 7)

Von Wœrth kommend fahren wir zunächst über die D 677 nach Gœrsdorf (els. Gehrschdorf; 990 Einw.). Von dort führt eine kleine Straße auf den Liebfrauenberg. Vermutlich befand sich an dem Ort, an dem eine heilige Quelle entspringt, einst eine heidnische Kultstätte, die später in einen Ort der Marienverehrung umgewandelt wurde. Die Jungfrau soll hier einst einem Hirten erschienen und anschließend in einer hohlen Eiche verschwunden sein. Der Hirte fand dort ein Madonnenbildnis, das sich als wundertätig erwies. Bald entwickelte sich daraus eine volkstümliche Wallfahrt zu „Unserer Lieben Frau zur Eichen".

Bereits 1384 wurde neben der heiligen Eiche eine Kapelle errichtet, deren Turm bis heute erhalten ist. Nachdem der katholische Graf Reinhard von Zweibrücken von einer Körperlähmung geheilt worden war, ließ er an dieser Stelle eine dreischiffige Votivkirche errichten, die der evangelische Graf Philipp von Hanau-Lichtenberg 1580 wieder abreißen ließ. Das jahrhundertelang verehrte Marienbild soll er als vermeintliches Götzenbild dem

Feuer übergeben haben. Doch einige Zeit später tauchte es unversehrt in der am Liebfrauenberg entspringenden Quelle wieder auf. Seit 1895 wird es in der katholischen Kirche von Gœrsdorf aufbewahrt.

Nachdem auf dem Berg lange Zeit nur Einsiedler gelebt hatten, wurde 1737 auf Wunsch der (katholischen) französischen Königin Maria Leszczynska (s. Marienthal, Weißenburg) eine neue Kirche und schließlich ein Klösterlein des Franziskanerordens errichtet. Es wurde von drei Kloster- und drei Laienbrüdern bewohnt, die während der Französischen Revolution vertrieben wurden. 1825 erwarb die Familie Le Bel das Anwesen (s. Preuschdorf), ab 1844 ließ sich der deutsch-französische Forscher Jean-Baptiste Boussingault (1802-1887, seine Mutter war Deutsche, sein Vater Franzose) mit seiner Frau Adèle, einer geborenen Le Bel, hier nieder. Die Kirche diente ihm als Privatlabor. Der „erste Landwirt Frankreichs" und Begründer der Agrarchemie war auch ein überzeugter Republikaner – während der Zweiten Republik (1848-1851) vertrat er in Paris das Elsass als Parlamentsabgeordneter. Seine umfangreiche Bibliothek ging leider während des Zweiten Weltkriegs verloren. 1955 vermachten Boussingaults Erben das Anwesen der Evangelischen Kirche, die darin ein Kongress- und Begegnungszentrum einrichtete.

Vom Liebfrauenberg führen ein Fußweg (ca. 15 Gehminuten) sowie eine Fahrstraße hinunter ins Liebfrauenthal. Schon im 13. Jahrhundert stand hier eine Mühle, im 17. Jahrhundert ein Vitriolbergwerk (Schwefelsalzbergwerk). Nach der Französischen Revolution wurde in den Gebäuden eine Tuchfabrik eingerichtet, deren Besitzer nach dem Krieg von 1870/71 auswanderten. Das einstige Verwalterhaus wurde in einen Gasthof und nach dem Zweiten Weltkrieg in ein Rehazentrum umgewandelt.

In dem Gasthof wohnte 1911 der Schriftsteller Otto Flake (s. Bastberg, Niederbronn, Weißenburg). Er hatte sich gerade von seiner Frau Minna getrennt – sie hatte ein Verhältnis mit Flakes ehemaligem Freund, dem Schriftsteller René Schickele –, suchte Abstand zu seiner neuen Geliebten Johanna, genannt „Hansimädchen", und wurde hier von seiner allerneuesten Eroberung, genannt „die Geiß", besucht. Nebenbei machte er Ausflüge in die nähere Umgebung (s. Morsbronn) und schrieb an seinem ersten Roman „Schritt für Schritt" (1912). Außerdem verfasste er einen Essay über das von ihm so bezeichnete „Tälchen":

Es ist nicht breiter als hundert Meter, und es hat gerade Platz für folgende Dinge: eine Eisenbahn, ein Flüßchen, eine Straße und das Haus, dann setzt schon wieder die Talwand an [...].

Der Hang ist meine ganze Liebe. Blauer Salbei, rote Nelken, weiße Margueriten und tausend blühende Gräser ... keiner mäht ihn, denn es ist kein Vieh da, und so wird er ein wildes Paradies, aus dem manchmal ein aufgescheuchter Fasan emporrauscht: wie eine kleine Flugmaschine, die knattert und saust. Und wenn ein Ding in der Welt das Attribut würzig verdient, dann ist es ein solcher Hang der Gräser und der Blumen, über denen den ganzen, ganzen Tag die Sonne steht: es duftet herrlich – stark, wild, sinnlich.

Wenn aber ein Wind sanft von der Anhöhe streicht, ein Wind, der in seiner Wärme wie ein leiser Strahl der Sonne selbst erscheint, dann mischt sich noch ein Duft hinzu, der Balsam ist: der Duft von Tannen, der Duft des durchglühten Nadelwalds. (Flake: Oberrhein, S. 139f.)

Trotz oder gerade wegen der unmittelbaren Nähe zum todbringenden „Kessel von Wœrth" erscheint Flake das Liebfrauenthal, dessen Landschaft er in der Manier des ausklingenden Jugendstils beschreibt, wie eine Allegorie des ewigen Friedens. Zugleich aber macht er deutlich, dass diese Utopie seiner Meinung nach nur jenseits der menschlichen Gesellschaft möglich ist, in der Einsamkeit des Waldes:

Man muß den Abend abwarten, um das ganz zu begreifen. Dann, nach dem Abendessen, steigt man zu ihm hinauf, um in dem heitersten, wärmsten Lichte, dem einer Junidämmerung, das Konzert im Hain zu hören. Es gibt Tage, und im Mai waren sie noch häufiger, wo auf jeder Spitze, die eine dieser Tannen emporstreckt, eine Nachtigall oder eine Amsel saß und sie alle zu gleicher Zeit mit geschwellter Kehle flöteten.

Nie, gewiß nie habe ich schönere Abende verbracht als da oben. Denn auch die letzte Schönheit der Landschaft wird erst hier offenbar [...]. Aus den Abhängen steigt der heilige Duft der Gerste, die Waldhöhen wiegen sich in einem Rauschen, das die Ruhe nicht stört.

Denn die Ruhe ist das Eigentliche, das Letzte dieser Abende. Sie ist von einer erhabenen, sieghaften Kraft, der kein geschaffenes Wesen widersteht. Kein Zweifel, es liegt so nahe, an einen Menschen zu denken, mit dem man zum Tannenhain hinaufsteigen könnte, Nachtigall und Amsel zu hören, und doch ist es noch schöner, noch tiefer, allein durch den Abend zu wandern, durch nichts gestört, nach nichts begehrend, voll Einsamkeit und Frieden. (Flake: Oberrhein, S. 141f.)

Liebfrauenberg
B. P. 9
F-67360 Gœrsdorf
Tel. +33 (0)3 88 09 31 21

Lembach

Über die D 27 fahren wir weiter Richtung Lembach. Wer will, kann über die D 327 einen kleinen Abstecher in den Weiler Mattstall machen, wo der Schriftsteller Friedrich Lienhard (1865-1869, s. Bouxwiller, Rothbach) seine ersten vier Lebensjahre verbrachte. In seiner Autobiographie erinnert er sich daran und erklärt, weshalb er sich zeitlebens als „Waldelsässer" gefühlt hat:

In dieser Waldecke habe ich die ersten drei bis vier Lebensjahre verbracht. Ich betrachte den Wald als meine Heimat; auch die beiden andern Dörfer, in denen mein Vater nachher wirkte, hatten Wald und Berge in ihrer Nähe. Und zeitlebens ist mir Selbstbesinnung in der ernsten Stille des Waldes ein Bedürfnis geblieben [...]. Als ich nach Jahrzehnten an einem stillen, leuchtenden Herbstsonntag den kleinen Ort Mattstall wieder besuchte, mutete mich alles ungemein idyllisch, ja niedlich an. Ein gleichmäßig mit Laubwald bedeckter, nicht hoher Berg schaut in den Dorfplatz hinein; auch nach der Glashütte zu überall Wald.

Das Schulhaus grenzt mit einem winzigen Vorgärtchen an Kirchhof und Kirche. In jenem Eckchen zwischen Schule und Kirche bin ich auf allen Vieren umhergekrochen und habe mich mit Busch und Baum, Tier und Pflanze früh befreundet. (Lienhard, S. 16f.)

Kurz vor der Ortseinfahrt nach Lembach (1.700 Einw.) führt rechts eine Abzweigung zum „Four-à-Chaux" (Kalkofen), einer gut erhaltenen Festung der Maginot-Linie. Die nach dem damaligen Verteidigungsminister André Maginot benannte Verteidigungslinie wurde in den Dreißigerjahren des 20. Jahrhunderts errichtet. Allein im Elsass entstanden damals fast 2.000 Bunkerwerke, von denen einige besichtigt werden können. Doch statt den Frieden zu sichern, kam schon mit den Bauarbeiten der Unfrieden ins Land. Der Schriftsteller Paul Bertololy (1892-1972) hat diese Zeit miterlebt und in seiner Autobiographie „Im Angesicht des Menschen" (1956) beschrieben:

Und eines Tages traf die erste Kolonne eines dreitausendköpfigen Arbeiterheeres ein, um die Berge in kilometerlangen Gängen zu unterminieren, Luftschächte, Blockhäuser zu errichten und betonierte Laufgräben auszubauen zu einem riesigen Befestigungswerk, das einen strategischen Knotenpunkt in dem frontalen Verteidigungsgürtel bildete.

Die anrückenden Trupps, die sich wie eine Insekteninvasion auf die Gegend niederschlugen, waren aus aller Herren Ländern [sic], aber nur aus einer sozialen Schicht, der Hefe des Volkstums zusammengesetzt. Es war ein aus Nationalitäten und Rassen, aus Arbeitslosen, entlassenen und entsprungenen Sträflingen aller Art, verkappten Spionen und Agitatoren, Abenteurern und Dunkelgestalten zusammengewürfeltes, in der Eile zusammengerafftes Arbeitsheer, das in Lagern und Baracken untergebracht war und in kurzem einen Wildwestbetrieb wie zu den Zeiten des Goldsuchertums entfaltete. Der Vielheit der Sprachen und Temperamente, den persönlichen Streitigkeiten und gruppenhaften Rivalitäten gegenüber erwies sich auch der verstärkte Ordnungsdienst als unzureichend, so daß die Gewalttaten an der Tagesordnung waren. (Bertololy, S. 434f.)

Die Maginot-Linie vermochte weder den deutschen Vormarsch von 1940 noch den amerikanischen von 1944 aufzuhalten. Allein über den Ort Lembach wanderte die Frontlinie viermal hinweg, große Teile des Dorfes sanken in Schutt und Asche. Doch in den Romanen von Paul Bertololy lebt das Lembach der Vorkriegszeit bis heute weiter. Die von ihm errichtete, ockerfarbene Villa, in der er auch seine Arztpraxis eingerichtet hatte, befindet sich in der „Rue de Wœrth" Nr. 17, bald nach der Ortseinfahrt auf der rechten Seite. Unweit davon steht in einer Seitenstraße die lutherische Freikirche von Lembach (1909), nach der von Schillersdorf die zweite ihrer Art im nördlichen Elsass (s. Rothbach).

Bertololy gehört zu jener Generation von Elsässern, die im Laufe ihres Lebens dreimal die Nationalität wechseln mussten: 1918, 1940 und erneut 1945. Am Ersten Weltkrieg nahm er als deutscher Soldat, am Zweiten Weltkrieg als französischer Militärarzt teil. Zwischen den Weltkriegen ließ er sich als „einer der letzten Landärzte, wenn nicht der letzte" in Lembach nieder und blieb hier bis zu seinem Tod. 1935 erschien sein erster Roman „Dora Holdenrieth" (in deutscher Sprache), dem zahlreiche weitere folgten.

In einer bisweilen an Hermann Hesse erinnernden Sprache schildert er seine Erlebnisse als Arzt, erzählt von zarten Liebesgeschichten und erbitterten Feindschaften, von gewollten und ungewollten Schwangerschaften, von Geburten und Todesfällen. Seine erste Begegnung mit dem Bürgermeister von Lembach beschreibt er folgendermaßen:

Das Dorf mit seinen teils ärmlichen, teils patriarchalisch imposanten Fachwerkhäusern lag in einem von Feldern schmal umgrenzten Talkessel. Ich traf den Bürgermeister zu Hause. Ein Mädchen mit hellblonden, kranzartig um den Hinterkopf geschlungenen Zöpfen führte mich ohne viel Worte in eine geräumige Bauernstube und stellte einen Krug mit Obstwein vor mich auf den glattpolierten Kirschbaumtisch. Die Mittagssonne brütete herein, die Hähne krähten, Holzschuhe klapperten über den Hof, und ich hörte das Hü und Hott, unter dem ein Pferd angeschirrt wurde.

Die Bunkeranlagen des „Four à Chaux" bei Lembach können besichtigt werden.

Nach einer Weile bewegte sich etwas hinter dem Vorhang des Alkovens, der die gesamte Innenwand einnahm, eine Hand kam zum Vorschein, dann nach und nach eine sehr lange, sehr hagere, nur mit Hemd, Zipfelmütze, Hosen und Strümpfen bekleidete Gestalt mit einem verwitterten Sperberkopf, weißhaarig und steif, wohl achtzigjährig. Er rutschte über das Bett, schleifte über die Dielen, ließ sich auf die Wandbank gleiten und streckte mir über den Tisch seine knochige Hand entgegen:

„So, so, der neue Doktor!" murmelte er ein über das andere Mal, und kein Scharfsinn vermochte in seinem sonnengegerbten, verwitterten, nur von schlauen Augen belebten Gesicht zu enträtseln, was dahinter stand, Spott, Mißtrauen oder Hochachtung.

[...] Unterdessen hatte es in dem anderen Alkoven geraschelt, und die Bürgermeisterin, eine dicke, ungemein mütterlich aussehende Bäuerin mit einem stark beschnurrbarten

Gesicht, schob sich ächzend hinter dem Vorhang hervor und setzte sich mit an den Tisch [...]. Als der Bürgermeister mir schließlich ein jährliches Fixum und einen Beitrag von zwanzig Ster Buchenstammholz in Aussicht stellte, sagte ich mit dem üblichen Handschlag zu. (Bertololy, S. 12f.)

Wir folgen der Hauptstraße bis zur „Mairie", einem Neubau aus dem Jahr 1957. Der Vorgängerbau (1845) war 1940 zusammen mit allen übrigen Gebäuden am alten Dorfplatz gesprengt worden, um den drohenden deutschen Vormarsch zu behindern. Heute beginnt auf dem Platz ein „Circuit Historique" (Historischer Rundweg), der zeigt, dass Lembach schon immer Grenzort gewesen ist. Der Ortsteil rechts der Sauer („Flecken") gehörte einst zum Bistum Speyer, der Ortsteil am linken Ufer („Dorf") zum Bistum Straßburg.

Vor der „Mairie" biegen wir nach links in die „Rue de Bitche" ein. An der Stelle des Hauses Nr. 8 stand bis zum Zweiten Weltkrieg das Geburtshaus des Dichters Henri Mertz (1919-1999). Heute ist nur noch die alte Scheune erhalten. Ab 1946 veröffentlichte Mertz Gedichte in elsässischer, deutscher und französischer Sprache. In den Siebzigerjahren zählte er neben André Weckmann (s. Steinbourg) zu den renommiertesten Vertretern der „Protest-Mundart". Mit seinen engagierten Versen schuf er einen in der elsässischen Dialektliteratur völlig neuen Stil. In dem Gedicht „Zwei Ammen haben mich gstillt" (1980), in dem er die innere Zerrissenheit des Elsass als Chance zu einer Doppelkultur begreift, heißt es:

> *Zwei Ammen haben mich gstillt*
> *Und mir zwei Sprachen eingedrillt,*
> *Das war bei uns so Sitte!*
> *„Le veau: das Kalb! Le vin: der Wein!*
> *Le rendez-vous: das Stelldichein!"*
> *Das war methodisch, bitte!*
>
> *Man schleppte mich von Brust zu Brust,*
> *Ich war der Ehre nicht bewußt*
> *Und schmatzte wie ein Säulein!*
> *Als ich dann nicht mehr tanken konnt',*

Verließ ich diese Busenfront
Und haßte jedes Fräulein'!
[...]
Wie schön, daß beide Zungen sich
In meinem Mund geschwisterlich
Ergänzen und vertragen!
Ich hab sie alle beide gern,
Und deshalb läge es mir fern,
Die eine zu verjagen.

(Bernecker, S. 24)

Wanderfreunde können den Besuch von Lembach mit einem Spaziergang zur Hütte des Vogesenclubs abrunden. Man erreicht sie über die „Rue du Stade" und die „Rue du Hochfirst" (blaues Rechteck). Von dort führt ein sich bergauf schlängelnder Pfad (grünes Rechteck) zum Waschhaus von Wasserfelden und – nach einer kurzen Steigung – zu den „Cascades des Ondines" (Undinen-Wasserfälle). Der von dort weiterführende Höhenweg (gelber Punkt) bietet herrliche Ausblicke auf die Umgebung. An einer Mühle und einem kleinen Weiher vorbei, führt er in in einer knappen Stunde zu einer Grotte, in der die Bewohner von Lembach während der Kämpfe vom Dezember 1944 Zuflucht fanden. Ein wunderschöner Ausblick belohnt den Wanderer.

Ouvrage du Four à Chaux
F-67510 Lembach
Tel. +33 (0)3 88 94 48 62

Der Wasigenstein

Wir verlassen Lembach über die D 3. Nach gut drei Kilometern erreichen wir die „Tannenbrück", die durch die Kämpfe der von General Hoche befehligten Revolutionsarmee von 1793 bekannt wurde. Die Straße selbst trägt den stolzen Namen „Route Royale" und geht auf die Regierungszeit Ludwigs XV. zurück. Vor der Eingliederung Lothringens in das französische Königsreich war sie die einzige Verbindung zwischen dem Elsass und dem französischen Mutterland.

Wir folgen dieser Straße entlang des sich durch das Tal schlängelnden Steinbachs bis zum Dorf Niedersteinbach. Von dort führt ein schöner Wanderweg – vorbei an malerischen Sandsteinfelsen – in ca. 1,5 Stunden zur Burgruine Wasigenstein. Wer lieber mit dem Auto fährt, biegt nach der Ortsausfahrt rechts auf die D 190 Richtung „Col du Gœtzenberg" ab und stellt den Wagen kurz nach der Passhöhe am „Klingenfels" (385 m) in einer scharfen Rechtskurve ab. Ein Schild weist auf den Fußweg zum „Château de Wasigenstein" hin (ca. 5 Minuten).

Eigentlich handelt es sich um zwei Burgen aus dem 12. Jahrhundert, Alt- und Neu-Wasigenstein, die eine tiefe Felsspalte voneinander trennt. Bis zu vierzehn verschiedene Familien haben hier nicht immer friedlich zusammen gelebt. Zu den Bewohnern der Burg zählte im 13. Jahrhundert ein schönes Burgfräulein, das der Minnesänger Konrad Puller von Hohenburg leidenschaftlich geliebt und in seinen Liedern besungen hat (s. Vier-Burgen-Weg). Im 17. Jahrhundert wurde die Doppelburg auf Anordnung Ludwigs XIV. zerstört.

1857 besuchte der romantische Dichter Ludwig Uhland (1787-1862) die Ruinen und erkannte in dem natürlichen Felsentor zwischen den beiden Burgen einen wichtigen Schauplatz des „Walthari-Liedes" (Walthari poesis), einer lateinischen Dichtung des frühen 10. Jahrhunderts. In 1.456 Versen wird darin eine Geschichte erzählt, die sowohl an den deutschen Nibelungen-Stoff als auch an die französische „Chanson de Geste" anknüpft. Drei Germanenkönige, der Franke Gibich aus Worms, der Burgunder Herrich aus Chalon und der Aquitanier Alpher, schließen einen Friedensbund mit dem Hunnenkönig Attila, im „Nibelungenlied" Etzel genannt. Jeder schickt eine Geisel an dessen Hof: Hagano von Troja – das „Nibelungenlied" kennt ihn als Hagen von Tronje – bürgt für die Franken (die ihre Abstammung auf die Trojaner zurückführen), die Königstochter Hiltgunt bürgt für die Burgunder und der Königssohn Walthari für Aquitanien (im „Nibelungenlied" heißt er Walther von Spanie). Die drei Geiseln werden von Attila gut aufgenommen,

Die Burg Wasigenstein gilt seit Mitte des 19. Jahrhunderts als ein Schauplatz des Walthari-Liedes.

Walthari und Hagano werden Freunde, Walthari und Hiltgunt ein Liebespaar. Doch als Gibichs Sohn und Nachfolger Gunthari – als „Gunther" ist auch er aus dem „Nibelungenlied" bekannt – den Frieden bricht, müssen die drei um ihr Leben fürchten und fliehen. Da der geldgierige Gunthari Walthari im Besitz des Hunnenschatzes wähnt, zwingt er seinen Vasallen Hagano dazu, gegen diesen zu kämpfen. Am Burgfelsen vom Wasigenstein kommt es zum Entscheidungskampf zwischen den Franken (Deutschen?) Gunthari und Hagano auf der einen und dem Aquitanier (Franzosen?) Walthari auf der anderen Seite:

> *Walthari ritt indessen landeinwärts von dem Rhein,*
> *In einem schattig finstern Forste ritt er ein.*
> *Das war des Weidmanns Freude, der*
>   *alte Wasichenwald,*
> *Wo zu der Hunde Bellen das Jagdhorn lustig schallt.*
> *Dort ragen dicht zusammen zwei Berge in die Luft,*
> *Es spaltet sich dazwischen anmutig eine Schluft,*
> *Umwölbt von zackigen Felsen, umschlungen*
>   *von Geäst'*
> *Und grünem Strauch und Grase, ein*
>   *rechtes Räubernest.*
>
> (Scheffel, S. 393)

Im Verlauf des erbitterten Kampfes verliert Gunthari ein Bein, Hagano das rechte Auge und sechs Backenzähne, Walthari seine rechte Hand. Unfähig zu weiteren Kämpfen lassen sich die drei invaliden Helden von Hiltgunt ihre Wunden verbinden. Nach dem Genuss von großen Mengen Wein kommt es beim nächtlichen Lagerfeuer zur Erneuerung des (deutsch-französischen?) Freundschaftsbundes. Gunthari und Hagano kehren anschließend nach Worms zurück, von ihrer anhaltenden Gier nach Schätzen – dem Rheingold – erzählt das „Nibelungenlied". Walthari und Hiltgunt heiraten, aus der Verbindung von Aquitanien und Burgund entsteht später Frankreich. Der anonyme Autor des „Walthari-Liedes" weiß davon freilich noch nichts. Er lässt das Lied so enden:

> *Nach Worms die Franken zogen, Walthari ritt*
>   *nach Haus.*
> *Da ward mit hohen Ehren begrüßt der junge Held,*
> *Und bald war auch Hiltgunde dem Treuen*
>   *anvermählt.*
> *Nach seines Vaters Tod tät er der Herrschaft pflegen*
> *Und führte dreißig Jahre sein Volk mit Glück und*
>   *Segen;*
> *Noch in manch schwerem Kampfe gewann er Sieg*
>   *und Ruhm,*
> *Doch stumpf ist meine Feder und billig schweig'*
>   *ich drum.*

Hochweiser Leser du, schenk' meinem Werke Gnade:
Wohl gleicht mein rauher Reim dem Sang nur
  der Zikade,
Doch für das Höchste ist mein junger Sinn erglüht.
Gelobt sei Jesus Christ! – So schließt Waltharis Lied.

(*Scheffel, S. 415*)

Dass der Verfasser des „Walthari-Liedes" anonym bleibt, ist typisch für die mittelalterliche Heldendichtung, im Unterschied zum Höfischen Roman des Mittelalters. Auch der Autor des „Nibelungenliedes", der den Kampf am Wasigenstein allerdings nur beiläufig in der Schluss-Szene erwähnt, ist uns ja nicht namentlich bekannt. Ungewöhnlich dagegen ist, dass das „Walthari-Lied" – anders als das fast 200 Jahre jüngere „Nibelungenlied" (entstanden um 1200) – nicht in der Volkssprache, sondern auf Latein verfasst wurde, also in der Sprache der Kirche. Dies und die Anrufung von Jesus Christus im letzten Vers lassen vermuten, dass der Autor ein Kleriker war, doch welcher Nationalität? War er Franzose oder Deutscher oder gar ein elsässischer Mönch aus Weißenburg?

Im 19. Jahrhundert versuchte Jakob Grimm (1785-1863) nachzuweisen, dass es sich bei dem Autor um den Mönch Ekkehard I. aus St. Gallen handelte, der in einer Chronik des dortigen Klosters erwähnt wird. Diese (umstrittene) These inspirierte Joseph Victor Scheffel (1826-1886) zu seinem historischen Roman „Ekkehard. Eine Geschichte aus dem 10. Jahrhundert" (1855), dem auch die obige Übersetzung des „Walthari-Liedes" entnommen ist. Er war eines der erfolgreichsten deutschen Bücher des 19. Jahrhunderts. Allein zu Scheffels Lebzeiten erlebte er 90 Auflagen! Scheffel erzählt darin die Geschichte eines Mönchs, der aus der kirchlichen Ordnung ausbricht und zum Dichter wird. Das von ihm verfasste „Walthari-Lied", dem ja ein heidnischer Stoff zugrunde liegt, erscheint so als Austrittserklärung aus der römisch-katholischen Kirche und als Bekenntnis zur heidnisch-nordischen Heldentradition. Bezeichnend hierfür ist die Art, wie der in die Anonymität abtauchende Ekkehard seinen Text „in die Welt" schickt: Er heftet die Pergamentblätter an einen Pfeil und schießt diesen der Herzogin Hadwig von Schwaben, mit der ihn einst eine zarte Liebesgeschichte verband, als Abschiedsgruß über die Burgmauer:

Ein zischender leiser Ton schreckte die Herzogin auf, ihr Auge streifte an dem Felsabhang vorüber, über den einst der Gefangene entronnen, eine dunkle Gestalt entschwand im Schatten, ein Pfeil kam über Frau Hadwigs Haupt geflogen und sank langsam zu ihren Füßen nieder. Sie hob das wundersame Geschoß auf. Nicht Feindeshand hatte es dem Bogen entschnellt, feine Blätter Pergamentes waren um den Schaft gewunden, die Spitze umhüllt mit einem Kränzlein von Wiesenblumen. Sie löste die Blätter und kannte die Schrift.

Es war das Waltharilied. Auf dem ersten Blatt stund mit blaßroten Buchstaben geschrieben: „Der Herzogin von Schwaben ein Abschiedsgruß!" und dabei stund der Spruch des Apostels Jakobus: „Selig der Mann, der die Prüfung bestanden!"

Da neigte die stolze Frau ihr Haupt und weinte bitterlich.
(Scheffel, S. 426)

Die Umdeutung des „Walthari-Liedes" in ein antiklerikales „Denkmal deutschen Geistes, die erste große Dichtung aus dem Kreis heimischer Heldensage" ist typisch für den engagierten Burschenschafter Scheffel, dessen Werk nicht frei von nationalistischen Tönen ist. Dies dürfte auch der Grund für seinen großen Erfolg in der Bismarck-Ära sein. Doch als unterhaltsames Historienspektakel bleibt sein Roman „Ekkehard" bis heute lesenswert. Er endet mit dem Verschwinden des Titelhelden, erwähnt allerdings, dass einige Jahre später am Hof der sächsischen Kaiser ein gewisser Ekkehard auftaucht, der schon bald zum Kanzler und Vertrauten der Kaiserin Adelheid aufsteigt (s. Seltz). Doch zu Recht lässt Scheffel offen, ob es sich dabei um dieselbe Person handelt.

Maison des Châteaux Forts
42 Rue Principale
F-67510 Obersteinbach
Tel. +33 (0)3 88 09 50 98

Vier-Burgen-Weg

Wir fahren zurück nach Niedersteinbach und folgen der D 3, bis rechts die D 925 abzweigt, die zu dem deutschen Grenzort Hirschthal führt. Nicht weit von hier gelang Ferdinand von Zeppelin am 26. Juli 1870 die Flucht in die damals zu Bayern gehörende Pfalz (s. Lauterbourg). Ein Menschenalter nach ihm, am 20. Juni 1903, überquerte der Pfarrer und Schriftsteller Heinrich Hansjakob die Grenze in umgekehrter Richtung (s. Bouxwiller, Wœrth, Saverne). Die vorangegangene Nacht hatte er im Hause seines Amtsbruders in Dahn verbracht. Nachdem er drei Wochen lang Baden und die Pfalz bereist hatte, schickte er sich nun an, das Elsass kennenzulernen:

Das Dorf Hirschthal ist die letzte Station im Bayernlande, und das Elsaß grüßt mich gleich darauf mit einer schönen Allee, wie ich in ihrer Art noch keine gesehen. Sie besteht aus großen Birken, meinen Lieblingsbäumen, und das Elsaß hätte sofort mein Herz um dieses einzigen Straßenschmuckes willen erobert, wenn dasselbe nicht einstweilen noch in der Pfalz geblieben wäre [...]. Völlig vereinsamt war die schöne Straße, und nur ich störte mit meinem rollenden Wagen die Sonne und Berg und Tal in ihrem lautlosen Verkehr. (Hansjakob, S. 277)

Noch bevor wir Hirschthal erreichen, zweigt rechts eine Straße zur Burg Fleckenstein (370 m ü. N. N.) ab. Wir stellen den Wagen auf dem Parkplatz ab und gehen das letzte Stück zu Fuß. Schon von Weitem ist der gewaltige – 115 m lange, 20 m hohe und 7 m breite – Sandsteinfelsen zu sehen, dessen Vielfarbigkeit dem Ort seinen Namen gab. Die vermutlich im frühen 12. Jahrhundert darauf errichtete Burg war Stammsitz des mächtigsten Rittergeschlechts des Nordelsass nach den Lichtenbergern. Seine männlichen Vertreter standen sowohl in Diensten der deutschen Kaiser als auch der französischen Könige. 1720 starb der letzte Freiherr von Fleckenstein.

Beim Bau des Brunnens soll der Sage nach der Teufel die Finger mit im Spiel gehabt haben. Als der Schlossherr am Grunde des Schachtes an Stelle des Wassers Flammen

und grässliche Teufelsfratzen erblickte, ordnete er an, geweihtes Wasser in den Brunnen zu schütten. Von da an spendete er frisches Quellwasser.

Während des Pfälzischen Erbfolgekriegs wurde die Burg wie alle anderen der Gegend auf Befehl des französischen Barons de Montclar 1680 gesprengt. Erst um 1960 wurden die gewaltigen Schuttberge beseitigt und die erhaltenen Teile der Anlage der Öffentlichkeit zugänglich gemacht. Der Arzt und Schriftsteller Paul Bertololy (s. Lembach) hatte die Ruinen bereits vor dieser Aktion auf dem Rücken seines Pferdes erkundet und seine Eindrücke in einer „gotischen Vision" beschrieben:

Das Tal verzweigte sich in einem weiten Wiesendreieck; zur Rechten schob sich, ganz im Profil, ein oben unbewaldeter Bergrücken vor, der einen gewaltigen, zur Burg ausgebauten, langgestreckten Felskoloß trug. Gegen den freien

Die Räume der Burg Fleckenstein sind zum Teil direkt in den Fels geschlagen.

Himmel sich hebend, mit hochstrebenden, vom Wetter zernagten Turmresten, glich die Felsruine einem dem Mythos der Zeiten entstammenden Geisterschiff, das über die roten Wellenkämme des Gebirges dahinbraust, seinem eigentlichen Element, Nebeln und brodelnder Nacht entgegen.

[...] Das Tal dampfte wie ein Kessel, der Nebel schlug sich in das Geisterdunkel des Waldes und leckte an der Ruine hoch. Das Traumleben der Elfen und Nixen, der Waldgeister und Faune, der nächtlichen Mysterien und Gespenster wurde wach und schien nur auf den Mond zu warten, um sein scheues Treiben zu entfalten. Der feurige Himmelsstreifen lohte immer tiefer und greller, gähnend wie ein Tor der Ewigkeit. Ein verlorener Windstoß strich um die verwaschenen Quader des Turmes, die dürren Grasbüschel an seinem zerfallenden Rand stoben auf und legten sich wieder. Das Laub raschelte in den Buchenwipfeln, als klapperten die Gebeine Auferstandener. Ein Käuzchen schrie klagend aus dem Gemäuer. Der Eichenbaum neben dem schwarzen, in den Fels gehauenen See im Burghof streckte seine gnomenhaften, halb entlaubten Äste gegen den grau zufallenden Himmel. Zeitlose Stille legte sich über das zeitlose Antlitz der Burg. (Bertololy, S. 269 u. 273f.)

Heute ist die Fleckenstein mit ca. 80.000 Besuchern pro Jahr die am häufigsten besuchte Burg des Elsass nach der Hohkönigsburg (els. d'Kínschburig, frz. Haut-Koenigsbourg). Zu Füßen der Burg befindet sich ein altes Forsthaus, wo der Eintritt zu entrichten ist. Unter dem Namen „Le P'tit Fleck" wurde ferner eine spielerische Ausstellung eingerichtet, die sich an Familien mit Kindern richtet. Hinter dem Forsthaus erhebt sich der eindrucksvolle „Langenfels". Zu dessen Füßen beginnt ein grenzüberschreitender Rundwanderweg, für den etwa ein halber Tag einzurechnen ist. Der Wanderer kann zwischen dem mit einem roten Rechteck markierten Spazierweg und dem mit einem roten Dreieck markierten „Sentier des Roches" (Felsenpfad) wählen, der einige spektakuläre Felsformationen erschließt. Beide Wege führen in einer guten halben Stunde auf die Passhöhe „Col Hohenbourg" (475 m). Von dort folgen wir dem roten Rechteck bis zum Maidenbrunnen, einer Quelle, die rechts vom Weg, etwas hinter Bäumen versteckt, aus einem Felsen sprudelt.

Im Mittelalter soll Robert, der Herr der benachbarten Wegelnburg, an dieser Stelle Hedwig, die Tochter des Herrn von Hohenburg, vor einem wilden Eber gerettet haben. Die beiden verliebten sich ineinander und sollen sich regelmäßig hier getroffen haben. Doch Hedwigs Vater missbilligte diese grenzüberschreitende Verbindung und erstach Robert. Vom Schmerz überwältigt, brach Hedwig daraufhin tot zusammen. Seit jenem Tag wachsen zwei Büschel Vergissmeinnicht an dieser Stelle.

Nachts soll bisweilen eine „Dame Blanche" (Weiße Frau) zu sehen sein, die lächelnd von der Hohenburg herabsteigt, an der Quelle ihre schönen langen Haare wäscht und weinend zur Burg zurückkehrt. Es ist der Geist von Hedwig, die noch immer auf die Erfüllung ihrer Liebe wartet. 1896/97 erschien in der elsässischen Literaturzeitschrift „Erwinia" eine Erzählung, die diese Geschichte in der Manier des Jugendstils fortschreibt:

Leise, leise breitet die Nacht ihre Fittiche immer tiefer auf die schlummernde Erde [...]. Zwölf helle Glockenschläge klingen durch die Stille; bei dem letzten Tone öffnet sich geräuschlos ein Seitenpförtlein der Hohenburg, und eine schlanke Maid von unbeschreiblicher Schönheit tritt aus demselben heraus [...]. An der Quelle lässt sie sich nieder; sie badet ihr Angesicht in der kühlenden Flut [...]. Sie horcht, sie lauscht und merkt nicht, dass im nahen Gebüsch ein fremder Geselle mit flammenden Augen sich an ihrer berückenden Schönheit berauscht.

Jetzt hat die Gestalt mit von Leidenschaft zitternden Händen das Dickicht durchbrochen und sich der Jungfrau genähert. Sie erblickt ihn, und wonnige Freude spiegelt sich auf ihrem Antlitz.

„Wer bist du, Gesell?" kommt es fragend von ihren Lippen, „was führt Dich hierher? Kommst Du, mich zu befreien? [...] Hast Du die Liebeskraft, den Bann zu brechen, der mich in jenen Mauern festhält?"

„Ob ich sie habe!" antwortete der Geselle [...]. „Du hast's gesagt!" jubelt die Jungfrau. Da beginnt es zu flimmern und zu funkeln: Gold und Silber bedecken die Erde wie der Tau die Felder zur Zeit der Ernte.

Geblendet haftet das Auge des Mannes an dem nie gesehenen Reichtum. In demselben Augenblick zischt eine Schlange unter dem Gold hervor. „Küsse sie!" spricht die Maid, „Reiner Minne kann auch Schlangengift nichts anhaben, und dann bin ich Dein, Dein, Dein!"

„Ich liebe Dich!" klingt es zu der Maid herüber; doch der Jüngling vermag sich von dem schillernden Goldglanze nicht abzuwenden. Er nimmt es nicht wahr, wie die Schlange sich um seine Brust windet und ihn verwundet, zu Tode verwundet.

Ein heftiger Windstoss fährt durch den Wald; ein furchtbarer Donnerschlag begleitet ihn, vom Fleckensteiner Schloss und der Wegelnburg mächtig wiederhallend [...]. Der Maidebrunnen aber steht wieder einsam und verlassen; weinend und weheklagend ist die Jungfrau in die verwitterte Burg zurückgekehrt. Nur einen im Tode erblassten Jüngling findet man des Morgens am Quellenrand ...
(Stintzi, Bd. 1, S. 251)

Am Maidenbrunnen gabelt sich der Weg. Wir folgen der Abzweigung nach links und stehen schon bald an der Grenze zur Pfalz. Von hier sind es nur noch wenige

Minuten bis zur Wegelnburg, der höchstgelegenen Burg der Pfalz (572 m). Sie wurde im 12. Jahrhundert als Reichsburg errichtet und 1679 zerstört. Bei gutem Wetter kann man von hier das Straßburger Münster erkennen, manchmal sogar die Alpengipfel des Berner Oberlandes.

Während des 30-jährigen Kriegs, im Jahr 1635, saß hier der selbst ernannte „Doktor Simplizissimus" gefangen, ein pfiffiger Quacksalber. Unter dem Namen „Goldwasser" hatte er gefärbten Brandwein als Wunderheilmittel verkauft und damit ein Vermögen verdient. Doch die Raubritter, die damals die Wegelnburg besetzt hielten, nahmen ihm alles wieder ab. Diese Geschichte regte den Barock-Schriftsteller Hans Jakob Christoph von Grimmelshausen (1621-1676) zu seinem berühmten Roman „Der Abenteuerliche Simplicissimus Teutsch" (1668) an. So ist die Wegelnburg auch ein wichtiger Ort der deutschen Literatur.

Vor der Burg führt von einem Picknickplatz im Wald ein schmaler Pfad zu einigen skurril geformten Felsen, einer davon ist der „Krötenstuhl". Hier soll sich bisweilen das Schlossgespenst der Wegelnburg zeigen, dessen traurige Geschichte uns August Stoeber (s. Oberbronn) mitteilt:

Auf dem Schlosse Nothweiler oder Wegelburg [sic], welches einst zum Elsass gehörte, und hart an unserer nördlichen Gränze [sic] liegt, lebte vor alten Zeiten die schöne Tochter eines Herzogs, die aber so stolz war, daß sie keinen ihrer vielen Freier gut genug fand und viele umsonst das Leben verlieren mußten. Zur Strafe wurde sie dafür verwünscht und muß so lange auf einem öden Felsen bei der Burg hausen, bis sie erlöst wird.

Nur einmal die Woche, nämlich den Freitag, darf sie sichtbar erscheinen, aber einmal in Gestalt einer Schlange, das zweite Mal als Kröte und das dritte Mal als Jungfrau in ihrer natürlichen Art. Jeden Freitag wäscht sie sich auf dem Felsen, der noch heutigen Tags der Krötenstuhl heißt, an einem Quellborn und sieht sich dabei in die Weite um, ob Niemand nahe, der sie erlöse.

Wer das Wagstück unternehmen will, der findet auf dem Krötenstuhl eine Muschel mit drei Wahrzeichen: einer Schlangenschuppe, einem Stück Krötenhaut und einer gelben Haarlocke. Diese drei Dinge bei sich tragend, muß er einen Freitag Mittag in die wüste Burg steigen, warten, bis sie sich zu waschen kommt, und sie drei Wochen hinter einander [sic] in jeder ihrer Erscheinungen auf den Mund küssen, ohne zu entfliehen. Wer das aushält, bringt sie zu Ruhe und empfängt alle ihre Schätze. (Stoeber, S. 346)

Mit oder ohne Schätze kehren wir nun zum Maidenbrunnen und damit ins Elsass zurück. Rechts von der Quelle führt ein Weg hinauf auf den Schlossberg (rot-weiß-rotes Rechteck), auf dessen Gipfel sich die Ruine der Hohenburg (frz. Hohenbourg, 553 m) erhebt. Sie wurde im 13. Jahrhundert unter Kaiser Friedrich II. errichtet. Das hier lebende Rittergeschlecht war vermutlich mit den Fleckensteinern verwandt und trug den ungewöhnlichen Beinamen „Puller". Vielleicht geht er auf Godefrid von Hohenburg, genannt „Pullaere", zurück, der für Friedrich II. in Apulien gekämpft hatte, vielleicht aber auch auf dessen Nachfahren Konrad von Hohenburg, der als „Polterer" aufgefallen war. Als „letzter Minnesänger des Elsass" ging er in die Literaturgeschichte ein.

Konrad war ein Zeitgenosse König Rudolfs von Habsburg (Regierungszeit: 1273-1291), der sich bemühte, das nach dem Ende der Stauferherrschaft geschwächte Reich nach innen und außen wieder zu stärken. Gewaltsam zwang er die auf Unabhängigkeit bedachten Ritterfamilien des Nordelsass in die Knie, darunter auch die Fleckensteiner und Hohenburger. An Kunst und Literatur dagegen war er kaum interessiert. Spruchdichter seiner Zeit verspotteten seine Sparsamkeit, von epischer Dichtung an seinem Hof ist nichts bekannt (s. Hagenau).

1276-1278 musste Konrad als Geisel an Rudolfs Heerzug gegen König Ottokar von Böhmen – Rudolfs Rivale um die Kaiserkrone – teilnehmen. Von dort sandte er wehmütige Liebeslieder „gegen elsasen lant" an sein „vil saelik wîp". Vermutlich handelte es sich dabei um ein Burgfräulein von Burg Wasigenstein (s. dort). Drei von Konrads Liedern sind erhalten: ein Frühlings-, ein Sommer- und ein Winterlied. Sie kennzeichnen ihn als einen typischen Vertreter des nachstaufischen Minnesangs, der zwar nichts Neues mehr erfinden, dafür aber Altes kunstvoll variieren will. Unverkennbar orientiert sich Konrad an seinem Zeitgenossen Gottfried von Neifen. Doch anders als bei diesem beginnt in seinen Versen die Fassade der idealisierten Minnewelt bereits zu bröckeln. Konkrete Bezüge zu Orten und Persönlichkeiten kündigen den Übergang zur realistischeren Lyrik des späten Mittelalters an. Hier ein Auszug aus Konrads „Winterlied", gefolgt von einer Prosaübersetzung:

> *Will ieman gegen elsasen lant*
> *der sol der lieben tuon bekannt*
> *daz ich mich senen*
> *wenen*
> *kann sich min herze nach ir*
> *si sol mich geniesen lan*
> *daz ich ir bin mit ganzen triuwen under tan*
> *han*
> *ich trost den git diu liebe mir*
> *irret mich ieman an miner frouwen*
> *da ist der künig vil schuldig an*
> *solde ich si schouwen*
> *so wer ich ein selig man*
> *froemde mac vil lichte schaden mir.*

(Holderith, S. 14f.)

Auf Hochdeutsch:

Wenn jemand ins Elsass kommt,
soll er meiner Geliebten ausrichten,
dass ich mich nach ihr sehne.
Dauerhaft binden
kann sich mein Herz an sie.
Sie soll mir die Freude gönnen,
mich ihr mit Leib und Seele zu unterwerfen.
Trost
finde ich nur in der Liebe.
Stört jemand das Verhältnis zu meiner Geliebten,
so trägt der König große Schuld daran.
Sollte ich sie erblicken,
wäre ich ein glücklicher Mann.

*Der Aufenthalt in der Fremde könnte mir
sehr leicht zum Schaden gereichen.
(Ü: S. W.)*

Im 15. Jahrhundert wurde der letzte Nachfahre der „Puller" wegen Sodomie zum Tode verurteilt und verbrannt. Die Hohenburg fiel daraufhin an das mächtige Geschlecht derer von Sickingen. Dessen bekanntester Vertreter ist Franz von Sickingen (1481-1523), der die Burg um 1520 um eine bis heute erhaltene Barbakane erweitern und damit zu einer modernen Festung ausbauen ließ. Doch der Pfälzer Kurfürst, der hessische Landgraf und der Erzbischof von Trier verbündeten sich gegen den ehrgeizigen Ritter und ließen seine Burgen niederbrennen, darunter auch die Hohenburg. Franz selbst fand bei der Belagerung seiner Burg Landstuhl den Tod. In seinem Sturm-und-Drang-Stück „Götz von Berlichingen mit der eisernen Faust" (1773) hat Johann Wolfgang Goethe diesem alten Haudegen ein literarisches Denkmal gesetzt.

1542 erhielt Franz-Konrad von Sickingen, eines der sechs Kinder von Franz, die Hohenburg zurück. 1568-1578 ließ er sie zu einer komfortablen Residenz im Renaissance-Stil ausbauen, woran u. a. das „Narrentor" erinnert. Die Reliefs zeigen eine Burgdame und einen Landsknecht, die miteinander sprechen (flirten?), Weinreben sowie einen Narren und einen Skorpion, Symbol der damals beliebten Satire. Den Türsturz schmückt das Sickinger Familienwappen (fünf Kugeln). 1680 wurde auch dieses Schloss niedergebrannt.

Nur wenige Gehminuten von der Hohenburg entfernt liegt die Burgruine Löwenstein (530 m), die etwa zur gleichen Zeit wie die Wegelnburg errichtet wurde. Im 14. Jahrhundert wurde sie zweigeteilt, ein natürlicher Felsspalt wurde zu diesem Zweck künstlich erweitert. Die beiden Hälften bewohnten zwei Raubritter: Hans Streuff von Landenberg, genannt „Hennel", bezog den talwärts gerichteten Südteil, Hans von Bitsch, genannt „Albe", den Nordteil. Da die beiden mit ihren Raubzügen die Gegend unsicher machten, wurde ihre Burg 1386 von einem Söldnerheer der Stadt Straßburg unter Führung Johanns von Lichtenberg gestürmt und zerstört. Der elsässische

Pfarrer und Chronist Jakob Twinger von Königshofen (1346-1420) schildert das Ereignis in bunten Farben:

Do man zalte M.CCC.LXXXVI jor do hette Juncher Johans von Liechtenberg einen grossen krieg mit zweien edelknechten, genannt Johans Stroffe vnd Johans von Albe. Das ze biden siten gros schade geschach. Diese zwene edele knechte enthieltend sich uf einer vesten genant löwenstein. Das was gar eine gute burg von gelegenheit vnd böse von roubende [...]. Also zogetent die von Strosburg mit dem von Liechtenberg für Löwenstein die burg vnd stürmetent die, vnd undergrubent den berg vnd den veils. Do die burg uffe stunt gar sere, das sich die inern entsossent. Dovon so gobent sü die burge uf vnd lies men sü enweg gon. Do zerbrach men die burg zu grunde abe ... (Fuhrmann-Stone, S. 18)

Hennel und Albe verschmolzen in der Sage zu der Gestalt des Raubritters Lindenschmidt (oder Linkenschmidt). Um seine Verfolger in die Irre zu leiten, soll dieser die Pferde seines Trosses verkehrt herum beschlagen haben. Doch schließlich soll er von einem Bauern verraten und zusammen mit seinem Sohn und seinem Reitknecht in Baden-Baden hingerichtet worden sein. Ein altes Volkslied erzählt davon. Johann Wolfgang Goethe zeichnete Text und Melodie auf und schickte beides seinem Freund Johann Gottfried Herder. Leider ging die Melodie verloren, doch zwei Abschriften des Textes sind erhalten (s. Sessenheim). Die letzte Strophe lautet:

> *Sie wurden alle drei gen Baden gebracht,*
> *sie saßen nit lenger denn eine nacht;*
> *wol zu der selbigen stunde*
> *da ward der Lindenschmid gericht,*
> *sein son und der reutersjunge, ja junge.*
>
> *(Stoeber, S. 344)*

Seit jener Hinrichtung spukt es auf Burg Löwenstein. Vor allem dann, wenn ein neuer Krieg droht, hört man den Lindenschmidt und sein Gefolge unter großem Getöse die

Burg verlassen und durch die Lüfte reiten. Unverkennbar lebt in dieser Sage die Vorstellung von Gott Wotan und seinem Wilden Heer fort, das über den Himmel jagt und die Götterdämmerung vorbereitet. Und tatsächlich gibt es nicht weit vom Löwenstein entfernt einen Ort, der vielleicht an einen früheren Wotanskult erinnert: den „Krappenfels" (423 m). „Krapp" ist das elsässische Wort für „Rabe" und verweist damit auf den Wappenvogel des finsteren Gottes. Wir erreichen diesen Ort, indem wir dem rot-weiß-roten Rechteck folgend vom Schlossberg herabsteigen. Bald stoßen wir auf einen mit einem roten Rechteck markierten Waldweg, dem wir nach links folgen. Der Ausblick von dem Felsen ist grandios!

Abschließend folgen wir demselben Waldweg in entgegengesetzter Richtung bis zum „Col Hohenbourg". Von dort kehren wir auf dem bereits bekannten Weg zur Burg Fleckenstein zurück. Die Terrasse am Forsthaus lädt zu einer abschließenden Rast ein.

Le P'tit Fleck
Site du Fleckenstein
F-67510 Lembach
Tel. +33 (0)3 88 94 28 52

Cleebourg

Über die „Tannenbrück" fahren wir zurück bis Lembach und biegen dort auf die D 65 Richtung „Col du Pfaffenschlick" ein. Die Pass-Straße führt durch den Hochwald nach Drachenbronn (els. Dràchebrunn; 860 Einw.), wo wir nach links in die D 77 Richtung Weißenburg (frz. Wissembourg) einbiegen. Bald taucht rechterhand Cleebourg (els. Cleeburri, dt. Kleeburg; 640 Einw.) auf. Das Ortsschild weist darauf hin, dass wir uns hier auf ehemals schwedischem Gebiet befinden: Von 1654 bis 1787 wurden Cleebourg und elf seiner Nachbardörfer von schwedischen Amtleuten verwaltet (Schleithal, Oberhoffen, Hoffen, Rott, Steinseltz, Ingolsheim, Hunspach, Birlenbach, Keffenach, Schœnenbourg, Bremmelbach). Man spricht daher auch von den „Schwedendörfern" und nennt ihre

Einwohner „Schwedenbauern". Der schwedische König Karl X., dessen Eltern Casimir von Zweibrücken und Katharina Wasa (König Gustav Adolfs Schwester) waren, wurde sogar hier geboren!

Nach Cleebourg ist auch der nördlichste Weinberg des Elsass benannt, der sich zwischen den vier Dörfern Rott, Oberhoffen, Steinseltz und Cleebourg erstreckt. Der Weinbau im Elsass geht auf das 3. Jahrhundert zurück und ist ein Geschenk der Römer. Bereits vor einem halben Jahrtausend pries Matthias Ringmann (1482-1511) den Wein des Landes in dem lateinischen Gedicht „Carmen de Vogeso" (1506), von dem hier ein Auszug in deutscher Übersetzung zitiert wird:

> *Hier wächst lieblicher Wein*
> *auf sonnengesegneten Hügeln,*
> *Den man den Elsässer heißt,*
> *Elsässer weil von der Ill,*
> *Hier holt Bazer und Schwabe*
> *den Sorgenverscheucher, ja schier ganz*
> *Deutschland löscht sich den Durst*
> *gern in dem süßen Geschenk.*
> *Hier rauscht Moder und Breusch und*
> *die Sauer herab aus der Quelle,*
> *Hier fließt Ill, fließest auch du*
> *mit dem Dörfchen, o Scher,*
> *Aus den Vogesen geschickt*
> *in die lachende Matte als Dorfbach,*
> *Der mein väterlich Haus*
> *streift in dem grünenden Tal!*

(Guntz, S. 146)

Der aus dem elsässischen Dorf Reichsfeld (els. Rísfàld) gebürtige Ringmann, auch bekannt unter dem Namen „Philesius Vogesigena", war ein Schüler der berühmten Lateinschule von Schlettstadt (frz. Sélestat). Nach Studien in Heidelberg, Freiburg i. Br. und Paris arbeitete er als Lehrer in Colmar und am berühmten „Gymnasium Vogense" im lothringischen St-Dié. Von seinem didaktischen Talent zeugt eine lateinische Grammatik, die nach dem Modell eines Kartenspiels gestaltet ist. Zusammen mit Martin Waldseemüller gab er die „Cosmographiae Introductio" (1507) heraus, in der die neue Welt – in Anlehnung an Amerigo Vespucci – erstmals „America" genannt wird.

Aber kehren wir noch einmal zum Wein zurück. Auch Ringmanns Zeitgenossen Johann Fischart und Sebastian Münster sangen sein Loblied und verhalfen somit dem elsässischen Wein auf literarischem Wege zur Weltgeltung. Doch 1863 brach die Reblauskatastrophe über Europa herein und ließ in den folgenden Jahrzehnten auch im Elsass den Weinanbau fast völlig zusammenbrechen. Erst nach 1918 gelang es, ihn wieder neu aufzubauen.

Nach 1945 schlossen sich die Winzer der vier Dörfer um den Weinberg von Cleebourg zu einer Genossenschaft zusammen. Die Verkaufsstelle befindet sich direkt an der D 77. Weinliebhaber können hier Weine aller im Elsass angebauten Rebsorten verkosten und natürlich auch kaufen. Außerdem laden drei Lehrpfade (Sentiers Découvertes) dazu ein, das Rebgelände zu erkunden.

Vignoble de Cleebourg
Route du Vin
F-67160 Cleebourg
Tel. +33 (0)3 88 94 50 33

Geisberg

Wir folgen der D 77, bis rechts die D 3 abzweigt. Wo sie auf die D 264 stößt, biegen wir nach rechts und kurz darauf nach links ab. Die schmale Straße führt auf den Geisberg (els. Gaissberri bzw. Gaisbàrch), der durch das Gefecht vom 4. August 1870 in die Geschichtsbücher einging. Zwei Tage vor der Schlacht von Wœrth (s. dort) wurde hier eine kleine französische Division unter Führung von General Abel Douay von den zahlenmäßig um das Achtfache (!) überlegenen preußischen und bayerischen Angreifern unter Führung des Kronprinzen Friedrich Wilhelm überrannt. Während der nur zwei Stunden dauernden „Schlacht am Geisberg" fanden 1.500 Deutsche und fast ebenso viele Franzosen den Tod, unter ihnen auch Douay. Seine Leiche wurde im Schafbusch aufgebahrt, einem Gehöft rechts von der Straße. Bis zum heutigen Tag heißt das Zimmer links neben der Haustür „Chambre Douay". Sein Grab befindet sich auf dem Weißenburger Friedhof, seine einstigen Untergebenen teilen sich dort ein Massengrab.

Rechts vom Weg erinnern bayerische und preußische Denkmäler an diesen ersten deutschen Sieg im Krieg von 1870/71. Als die Siegesnachricht im bayerischen Würzburg eintraf, schrieb der damals viel gelesene Romancier Felix Dahn (1834-1912) eine patriotische Siegeshymne, die den Zeitgeschmack gut widerspiegelt:

> *Nun laßt die Siegs-Fanfaren schmettern*
> *Und fallet ein im Jubel-Chor:*
> *Denn hell aus dunkeln Schlachten-Wettern*
> *Steig Deutschlands goldner Stern empor.*
>
> *Der falsche Zauber brach in Stücke*
> *An unsres Speeres Eichen-Schaft,*
> *Dort welscher Trug und welsche Tücke,*
> *Hier deutsche Treu und deutsche Kraft [...]*

(Kürschner, S. 156)

Das französische Pendant zu den deutschen Denkmälern ist das „Monument du Geisberg" (1960). Wir erreichen es, indem wir an der nächsten Kreuzung links abbiegen. Es erinnert an vier verschiedene Schlachten, die am Geisberg geschlagen wurden, drei davon gewannen die Franzosen. Das Denkmal spielt auch eine gewisse Rolle in dem Kriminalroman „Eclipse rouge" (2002) des Straßburger Autors Michel Stourm (1948-2004): Die Kommissarin Karine verfolgt darin eine neonazistische Vereinigung, die glaubt, unter einem der Denkmäler am Geisberg seien Dokumente aus dem Zweiten Weltkrieg versteckt. Der Leiter des Weißenburger Stadtarchivs klärt Karine über die Vorgeschichte dieses Ortes auf:

Wissen Sie, dieser Ort am Geisberg hat seine eigene Geschichte. Zur Erinnerung an die während der Schlacht vom

4. August 1870 für Frankreich gefallenen Soldaten wurde 1909 ein Denkmal errichtet. Es war ein 14 Meter hoher Obelisk aus weißem Vogesensandstein, dessen Nordseite das Wappen der Heimat schmückte und an dessen Sockel in allen vier Ecken Skulpturen angebracht waren, die an die verschiedenen Epochen erinnerten, in denen hier Kämpfe stattgefunden haben: 1704, der Spanische Erbfolgekrieg, 1744, der Österreichische Erbfolgekrieg, 1793, die Revolutionskriege, bei denen sich der junge General Hoche auszeichnete, und schließlich 1870.*
  – Und es ist das gleiche, das heute noch existiert?
  – Nein, es wurde während der Annexion im Jahr 1940 zerstört, abgesehen von dem gallischen Hahn, der während des ganzen Krieges versteckt worden war und den man den „ersten Widerstandskämpfer von Wissembourg" genannt hat. Er fand übrigens seinen Platz auf dem neuen Denkmal, ein Werk des Straßburger Architekten Grumbach, das 1960 eingeweiht worden ist. (Stourm, S. 88; Ü: S. W.)

Wir kehren zur Kreuzung zurück und fahren nun geradeaus in den zu Weißenburg gehörenden Weiler Geisberg. Er geht auf ein 1711 durch Kaspar von Haspel errichtetes Schloss zurück. Seit jener Zeit wird der Geisberg von Mennoniten bewohnt, so benannt nach dem niederländischen Reformator Menno Simons (1495-1560), der dieser Glaubensrichtung ihre heutige Form gab. Bekannter ist die ältere, aber missverständliche Bezeichnung „Täufer" bzw. „Wiedertäufer". Sie unterscheiden sich von den Anhängern anderer evangelischer Freikirchen durch eine strenge Trennung von Staat und Kirche, die Erwachsenentaufe, die Waffenlosigkeit und die freie Wahl der Prediger durch die Gemeinde. Die mennonitische Bewegung entstand 1525 in der Schweiz, ein Ereignis, das den Schweizer Schriftsteller Alfred Fankhauser (1890-1973) zu seinem Mennoniten-Roman „Brüder der Flamme" (1925) inspiriert hat. Neben bedeutenden Theologen schlossen sich auch Dichter dieser Glaubensrichtung an, etwa der Basler Johannes Denck (ca. 1500-1527). Ende des 17. Jahrhunderts wurden alle Schweizer Mennoniten gezwungen, ihre Heimat zu verlassen, insgesamt wohl an die 700 Familien. Der in Weißenburg ansässige Deutsch-

Das „Monument du Geisberg" fand durch den Straßburger Autor Michel Stourm Eingang in die Literatur.

ritterorden gewährte ihnen Zuflucht. Da ihnen Landerwerb nicht gestattet war, arbeiteten sie als Pächter auf den umliegenden Ordensgütern beiderseits der heutigen Grenze: in Schafbusch und Diefenbach im heutigen

Frankreich sowie in St. Germanshof und Deutschhof im heutigen Deutschland. Bis 1945 bildeten sie eine Einheitsgemeinde.

Da sich die Mennoniten als gute und fleißige Landwirte bewährten, lud Kaspar von Haspel sie ein, sich auf dem Geisberg niederzulassen und den Ort zum Zentrum ihres Gemeindelebens zu machen. Der vermutlich um 1760 angelegte Friedhof existiert bis auf den heutigen Tag und befindet sich am Osthang des Geisbergs, links von der Straße. Die ältesten erhaltenen Grabsteine stammen aus der Mitte des 19. Jahrhunderts. Auffallend sind drei große, aus rosa Sandstein gearbeitete Grabsteine (sog. „Russensteine") einer russischen Mennoniten-Familie, die sich um 1900 auf dem Geisberg niederließ.

In der Literatur des 19. Jahrhunderts tauchen Mennoniten häufig als etwas skurrile Gestalten auf, so zum Beispiel in dem Roman „Godwi oder Das steinerne Bild der Mutter" (1801) von Clemens Brentano (1778-1842). Die Titelfigur Godwi ist ein adliger Kaufmannssohn, dessen Vater seine Güter bereits in dritter Generation an eine Mennoniten-Familie verpachtet. In Briefen tauschen Godwi und dessen Jugendfreund (und, wie sich später herausstellt, Halbbruder) Karl Römer ihre Eindrücke über sie aus. Auch in Heinrich Heines Romanfragment „Aus den Memoiren des Herren von Schnabelewopski" (1833) und Theodor Fontanes Roman „Quitt" (1891) spielen Mennoniten eine Rolle.

Wir folgen der Straße, bis sie einen Linksknick macht. An dieser Ecke steht das „Haus am Tor", das einzige Wohnhaus am Geisberg, das den Zweiten Weltkrieg überstanden hat. Der Ansatz eines Torbogens, der den Eingang zum Schlossbezirk markierte, ist noch zu erkennen. Dahinter steht das alte Taubenhaus des Schlosses, von 1840 bis 1972 Gebets- und Versammlungsraum der Mennonitengemeinde. Auf dem Gelände des einstigen Schlosses steht heute das Haus des Gemeindevorstehers, das Gemeindezentrum und der neue Gebetssaal. Bis 1945 wurden die Gottesdienste in deutscher Sprache abgehalten, heute findet noch alle drei Monate ein deutscher Gottesdienst statt. Bis heute ist der Geisberg (ca. 140 getaufte Gemeindemitglieder) für die ca. 2.000 Mennoniten

Frankreichs (1 Mio. weltweit) einer der bedeutendsten Orte ihrer Geschichte.

Weißenburg

Wir kehren zurück zur D 264 und folgen ihr in nördlicher Richtung nach Weißenburg (els. Wissebori bzw. Weisseburch, frz. Wissembourg; 8.500 Einw.). Nach der Ortseinfahrt taucht links der jüdische Friedhof auf, gefolgt vom christlichen Friedhof mit den Gräbern von General Douay und anderen Gefallenen von 1870/71 (s. Geisberg). In einer alten Kaserne auf der rechten Straßenseite (15 Rue de la Pépinière) hat die PAMINA-Volkshochschule ihren Sitz, eine Einrichtung der grenzüberschreitenden Erwachsenenbildung, die u. a. zahlreiche Literaturreisen anbietet.

Die Straße mündet auf die „Place Stichaner", benannt nach einem Kreisdirektor aus wilhelminischer Zeit. Unter anderem verdanken wir ihm die touristische Erschließung der Burg Fleckenstein (s. Vier-Burgen-Weg). Seine Villa im Nachbardorf Lobsann steht bis heute. Hinter dem Denkmal sind die Stadtmauern aus dem 13. Jahrhundert zu sehen. Sie erinnern an die mittelalterliche Blütezeit der Stadt, aber auch an den Spitznamen der Weißenburger: „Rambarschisser" (von frz. „Rempart" = Wall, Stadtmauer). Darunter soll ein märchenhafter Schatz verborgen liegen, den das „Letzekäppel" bewacht. Nachts schleicht sich dieser geheimnisvolle Zwerg in die Häuser und setzt sich den Schlafenden auf die Brust. Durch seine magische Zipfelmütze („s' Käppel") schickt er den Menschen Träume: Neigt sich der Zipfel nach hinten, sind sie gut, hängt er vornüber, sind sie schlecht („letz").

Hinter der Post biegen wir nach rechts in die „Rue du Tribunal" ein und stellen den Wagen auf dem großen Parkplatz auf der linken Straßenseite ab. Von dort gehen wir über die „Rue du Général Leclerc" zur „Place du Marché aux Choux" und biegen dort in die „Rue de la République" ein. Gleich nachdem wir die Lauter überquert haben, sehen wir rechts den alten Gasthof „Restaurant de l' Ange" (2 Rue de la République), in dem

einst Regina Wirth mit ihren Kindern Zuflucht fand. Ihr Mann war der Schriftsteller und Politiker Johann Georg August Wirth (1798-1848), einer der bedeutendsten deutschen Demokraten des 19. Jahrhunderts. Unter anderem gab er die „Deutsche Tribüne" heraus, für Heinrich Heine (1794-1856) ein Hauptorgan des demokratischen Deutschland. Daneben war er als Buchautor tätig, schrieb eine Autobiographie („Denkwürdigkeiten aus meinem Leben"), eine historische Novelle („Walderode") und eine „Geschichte der deutschen Staaten". Als einer der Hauptredner des Hambacher Festes (1832) wurde er in Zweibrücken eingekerkert. Am 5. März 1834 schrieb er seiner hier lebenden Frau diesen Liebesbrief:

Meine liebe, gute Regina!
Hoffentlich bist Du gut in Weißenburg angekommen. Seitdem ich glaube, daß Du in Sicherheit bist, bin ich viel heiterer. Ich glaube noch immer, daß du bald zurückkommen kannst; allein bis wir Gewißheit haben, mußt Du dort bleiben. Miete Dir ein Quartier auf ein paar Wochen und suche den Max in einer Unterrichtsanstalt in Weißenburg einstweilen als Gast unterzubringen. In 14 Tagen wird es sich dann entscheiden, ob ihr nach Straßburg zieht, um dort zu bleiben, oder ob ihr zurückkommt. Sei nur heiter. Ich bin ganz glücklich und zufrieden, wenn ich nur denken darf, daß Du Dich nicht grämst, sondern heiter bist. Es gibt nichts, was mich betrübt machen könnte als der Gedanke, daß Du schwermütig seist. Erzeige mir daher die Liebe, daß Du Gesellschaft und Unterhaltung suchst, Dich zerstreust und vergnügt lebst. Wenn Du mir aufrichtig und wahr schreibst, daß Du heiter und vergnügt bist, dann habe ich nichts mehr zu wünschen. (Wirth, S. 23)

Wie von ihrem Mann vorgeschlagen, suchte Regina Wirth in Weißenburg ein Quartier, das sie schließlich in der „Neuen Gasse 174" fand. Doch sie blieb dort nicht nur „auf ein paar Wochen", wie ihr Mann vermutet hatte, sondern zweieinhalb Jahre. Die Kinder gingen in dieser Zeit auf das Weißenburger Collège. Erst 1836 fand die Familie wieder zusammen, nachdem Johann Wirth bei einem Gefangenentransport die Flucht gelungen war. Noch im selben Jahr zog die Familie weiter nach Lothringen, ins sichere Nancy.

Fast wäre Wirth in Weißenburg mit einem anderen prominenten Flüchtling zusammengestoßen: Georg Büchner (1813-1837). Nach französischem Vorbild hatte dieser in Darmstadt eine Gesellschaft für Menschenrechte gegründet, wurde denunziert und angeklagt. Doch der Richter ließ ihm zwei Tage Zeit und ermöglichte damit seine Flucht nach Weißenburg. Allerdings hielt sich Büchner nur kurz in der nordelsässischen Grenzstadt auf und reiste rasch weiter nach Straßburg, wo ihn seine Verlobte Wilhelmine Jaeglé erwartete.

Die Gründe, die Otto Flake (1880-1963; s. Bastberg, Liebfrauenthal, Niederbronn, Morsbronn) ein Jahrhundert später veranlassten, ebenfalls im „Restaurant de l'Ange" einzukehren, waren weniger politisch, aber für ihn selbst dennoch von großer Bedeutung: Hier fand – kurz nach der Trennung von seiner ersten Frau Minna – sein erstes offizielles und doch heimliches Rendezvous mit Johanna statt, die von diesem Zeitpunkt an drei glückliche Jahre (1911-1913) mit ihm teilen sollte. Sie starb am 8. Juni 1913 an einer falsch behandelten, eitrigen Blinddarmentzündung:

Wir waren uns näher gekommen, sie hatte mich gern, aber meine Einwände gegen den raschen Sprung in die zweite Ehe nicht vergessen; sie war entschlossen, sich zu bewahren [...]. Wir trafen uns in Weißenburg an der pfälzischen Grenze, in einem wahrhaft schwindschen Gasthof, mit dem Bogentor für die Postkutschen, den Holzgalerien, die um den Hof liefen, und altem, echtem Großvätermobiliar. Ich merkte, wieviel sie mir gab, und habe den sanft-eigenwilligen Brief aufbewahrt, den sie mir danach schrieb. Ich wußte nicht, daß ihr keine drei Jahre mehr beschieden seien. (Flake: Abend, S. 162)

Wir kehren zurück zur „Place du Marché aux Choux", wo wir rechts in die schmale „Rue de l'Ordre Teutonique" einbiegen. Sie ist benannt nach dem vom 13. Jahrhundert bis zur Französischen Revolution in Weißenburg ansässigen Deutschritterorden, dessen ehemalige „Commanderie" (1749-1752) heute das Finanzamt beherbergt (2 Rue de l'Ordre Teutonique). Von der Französischen Revolution bis 1807 war darin der Weißenburger Gerichtshof untergebracht. Vermutlich arbeitete hier von 1800 bis 1807 der Jurist und Publizist Friedrich Cotta (1758-1838) als Gerichtsbote. Der Bruder des berühmten Verlegers aus Tübingen kam während der Französischen Revolution nach Straßburg, wo er sich mit Eulogius Schneider (s. Hagenau, Bouxwiller, Oberbronn) anfreundete. Einige von Schneiders Texten veröffentlichte Cotta in dem von ihm herausgegebenen „Straßburgischen Politischen Journal". Nach Schneiders Verhaftung und Hinrichtung heiratete Cotta 1796 dessen Witwe Sara. Im Epilog seines Revolutionsromans „Der Traum der Vernunft" würdigt

Michael Schneider diese beiden bedeutenden Persönlichkeiten:

Am 13. Dezember 1796 heiratete Sara den Mann, dem schon ihre erste Neigung gegolten: Friedrich Cotta. [...]. Am 6. August 1798 kam Sara mit einem Sohn nieder, der auf den Namen Emil getauft wurde. Ihr zweites und letztes Kind Amalia gebar sie kaum anderthalb Jahre später. Im Januar 1807, mit knapp 36 Jahren, starb diese schöne kluge und charaktervolle Frau in Weißenburg. Sie gehört zu den vielen vergessenen republikanischen Frauen, die ihren Überzeugungen und den hoffnungsvollen, befreienden Anfängen einer Revolution treu geblieben, als diese längst im militaristischen System Napoleons und des französischen Großbürgertums, in Karrierismus, Korruption und Gewinnsucht versunken war.

Friedrich Cotta blieb mit dem neunjährigen Emil und der siebenjährigen Amalia allein. Er empfand das napoleonische Frankreich nicht mehr als seine Heimat [...]. Im Unterschied zu seinem jüngeren Bruder Johann Friedrich Cotta, der als Verleger der Werke der Weimarer Klassiker zu großem Ansehen und Wohlstand gelangte, war und blieb der kämpferische Demokrat und Jakobiner, der zum Botschafter des modernen Verfassungsstaates und zum Grenzgänger zwischen dem revolutionären Frankreich und dem gärenden Südwesten Deutschlands wurde, den deutschen Gelehrten und Geschichtsschreibern ein Dorn im Auge. Sie haben ihn [...] mit Vergessen bestraft. (M. Schneider, S. 625f.)

Gegenüber dem Finanzamt führt ein schmaler Weg in das „Klein-Venedig" oder „le Schlupf" genannte Viertel, ein Postkartenblick, den wir uns nicht entgehen lassen.

Zurück auf der „Rue de l'Ordre Teutonique" biegen wir an der nächsten Abzweigung links in die „Rue Stanislas" ein. Der weitläufige Bau mit der Nr. 7 ist bekannt als „Hôtel Stanislas". Der Mitteltrakt wurde 1722 für den Deutschritterorden errichtet, die Seitenflügel wurden später hinzugefügt. 1724/25 lebte hier der abgesetzte polnische König Stanislas Leszczynski (1677-1766) mit seiner Familie und seinem (bescheidenen) Hofstaat. 1725 traf hier der Herzog von Antin ein und verkündete, der (damals 15-jährige) französische König Ludwig XV. habe Stanislas' (damals 22-jährige) Tochter Maria Leszczynska zu seiner künftigen Gemahlin erwählt. Und so kam es, dass Maria als Königin nach Paris ging, während ihr Vater zum Trost das Herzogtum Lothringen erhielt. Dort starb er hochbetagt auf Schloss Lunéville.

Wir biegen nach rechts in die „Rue du Chapitre" ein und betreten den Bezirk der ehemaligen Benediktinerabtei. Sie wurde 623 gegründet und zählt damit zu den ältesten, aber auch bedeutendsten Klöstern nördlich der Alpen. Die ehemalige Abteikirche „Saints-Pierre-et-Paul" (Peter-und-Paulskirche) ist bis heute erhalten. Eine davor aufgestellt Mönchsstatue erinnert an ihren klösterlichen Ursprung. Ebenfalls erhalten geblieben ist die „Grange-aux-Dîmes" (1284), die alte Zehntscheuer des Klosters. In deren Wand ist ein Relief eingelassen, das an den wohl bedeutendsten Mönch des Klosters erinnert: Otfrid von Weißenburg (ca. 800-875). Marguerite Haeusser (1910-1999), die Jahrzehnte lang als Lehrerin in Weißenburg tätig war, hat diesem ersten Dichter ihrer Stadt in dem Band „Kläng aus de Häämet" (1982) einige Verse gewidmet:

> *Fer s geistlich Licht, wu d bei uns agezindt,*
> *fer d Frääd, wumit du s christlich Heil verkindt,*
> *fer d Muttersprooch, wu du verklärt im Land,*
> *Ehrwirdcher Otfrid, nemm unsre Dank!*

(Haeusser, S. 19)

Otfrid kam zur Zeit der Kaiserkrönung Karls des Großen zur Welt, in der Blütezeit des Karolingerreiches. Doch nach Karls Tod (814) entbrannte unter dessen Söhnen und Enkeln ein Bürgerkrieg, der immer neue Reichsteilungen zur Folge hatte und dessen Auswirkungen auch in Weißenburg zu spüren waren: In jener Zeit wurden die ersten Mauern um das Kloster errichtet. Doch auch sie boten keinen ausreichenden Schutz: Wenige Jahre nach Otfrids Tod wurde das Kloster zerstört. Otfrid wird seine Epoche daher wohl als Endzeit erlebt haben, auch wenn wir sie heute als Karolingische Klassik kennen.

An der Stirnseite der Zehntscheuer zeigt ein Relief Otfrid von Weißenburg. Bereits im 9. Jahrhundert übersetzte er die Evangelien ins Althochdeutsche.

Otfrids Herkunft ist unbekannt, nicht einmal seine Muttersprache kennen wir. Seine erste Lebenshälfte scheint er im Kloster Fulda verbracht zu haben, seine zweite in Weißenburg. Obwohl eine Synode die deutsche Sprache als Staats- und Kirchensprache verboten hatte, machte sich der rebellische Mönch zwischen 863 und 871, mehr als ein halbes Jahrtausend vor Martin Luther (1483-1546), daran, die Evangelien ins Althochdeutsche zu übersetzen, genauer gesagt: in einen fränkischen Dialekt („frénkisga zungun"). Fränkisch war damals die Umgangssprache am Königshof, wurde aber auch in der Gegend von Weißenburg gesprochen. Das heutige „Weißeborcher Deitsch" ist ein spätes Echo darauf.

Immerhin vier Exemplare von Otfrids Evangelienbuch sind erhalten, zumindest teilweise dürften sie von Otfrids eigener Hand stammen. Es handelt sich dabei um das größte erhaltene Übersetzungswerk aus karolingischer Zeit. Erstmals in der deutschen Literatur verwendete Otfrid den Endreim statt des germanischen Stabreims, erstmals benutzte er eine von ihm selbst erarbeitete einheitliche Orthographie und Grammatik – entscheidende Elemente für das spätere Entstehen einer deutschen Schriftsprache. Und schließlich begründete er mit seiner Arbeit die mittelalterliche Allegorese, d. h. die Auslegung der Heiligen Schrift nach dem dreifachen Schriftsinn (moraliter, spiritualiter, mystice).

Das Evangelienbuch ist auch eines der letzten deutschsprachigen Werke des frühen Mittelalters, bevor diese Sprache für eineinhalb Jahrhunderte wieder vom Latein verdrängt wurde. So ist Otfrids Werk Pionierleistung und Schwanengesang zugleich. Es zeugt von einem großen Vertrauen in die alleinige Kraft des Wortes, in einer Zeit des politischen Niedergangs. Vielleicht sind deshalb die Übersetzung und der Kommentar zum Anfang des Johannes-Evangeliums („Am Anfang war das Wort") so wortgewaltig geraten:

Er allen wóroltkreftin joh éngilo gescéftin,
so rúmo ouh so in áhton mán mag gidráhton,
Er sé joh hímil wurti joh érda ouh so hérti,
ouh wíht in thiu gifúarit, thaz siu éllu thriu rúarit:
So was io wórt wonanti er állen zitin wórolti;
thaz wír nu sehen óffan, thaz was thanne úngiscafan.
Er alleru ánagifti theru drúhtines gesceéfti,
so wés iz mit gilústi in theru drúhtines brústi.
Iz was mit dr'htine sar (ni brást imos ío thar),
joh ist ouh drúhtin ubar ál, wanta ér iz fon hérzen gibar.

Vor allen Urkräften und vor den Engelwesen
– in einer Ferne, in die der Mensch mit seinen Gedanken nicht dringen kann –
bevor Meer und Himmel und auch die feste Erde entstand, und bevor diese drei mit all dem ausgestattet wurden, was jetzt in ihnen existiert,
da war das Wort schon immer gegenwärtig – vor aller Weltzeit.
Was nun offen vor unseren Augen liegt, das war damals noch ungeschaffen.
Vor allem Beginn der göttlichen Schöpfung
existierte das Wort schon voller Freude im Herzen Gottes.
Es war immer mit Gott – niemals war er ohne es –
und ebenso allmächtiger Herr, da Gott es aus seinem Herzen gebar.

(Otfrid, S. 70f.)

Es fällt schwer, sich heute die Welt vorzustellen, in der und für die Otfrid diese Verse geschrieben hat. Die Klosterkirche „Saints-Pierre-et-Paul" kannte er jedenfalls nicht, denn mit ihrem Bau wurde erst 1262 begonnen, vier Jahrhunderte später. Bewusst integrierte ihr Baumeister Teile des romanischen Vorgängerbaus aus dem 11. Jahrhundert in den gotischen Neubau: den romanischen Turm an der Stirnseite, das achteckige Taufbecken im linken Seitenschiff, ein Glasfenster mit einem romanischen Christuskopf (heute in Straßburg) und einen berühmten Kronleuchter, der bis zur Französischen Revolution das Langhaus schmückte und dann eingeschmolzen wurde. Auf ihn geht der alte Name der Stadt „Kron-Weißenburg" zurück.

Doch auch der gotische Bau wirkt merkwürdig altertümlich: Das Langhaus ist niedrig und düster, das rechte Seitenschiff doppelt so groß wie das linke, so dass der ganze Bau „Schlagseite" hat. Ein Bau „mit Ecken und Kanten" also, und doch ein Meisterwerk. Nicht im Medium des Wortes wie bei Otfrid, sondern in dem des Bildes sind darin die Geheimnisse des Glaubens für künftige Generationen aufbewahrt. Wer es versteht, kann diese zeichenhafte Architektur wie ein Buch lesen.

Wir verlassen die Kirche und gehen über die „Rue du Chapitre" auf die Nordseite der Kirche. Hier befindet sich der spätgotische Kreuzgang des Klosters, der unvollendet geblieben ist. Des Nachts hört man hier bisweilen den Geist des früheren Abts Philipp (1434-1467) stöhnen, der die Klosterschätze veruntreut haben soll. Philipp steht symbolisch für den beginnenden Niedergang der Abtei, der sich zu Lebzeiten des Ritters Hans von Trotha (1467-1503) fortsetzte. Als Marschall des pfälzischen Kurfürsten Friedrich I. hatte sich der zwei Meter große Haudegen einen Namen gemacht und erhielt zur Belohnung 1485 die südpfälzische Burg Berwartstein als Lehen. Die benachbarte Abtei von Weißenburg war ihm ein Dorn im Auge. Um sie zu schwächen, besetzte er St. Remigius (St-Rémy), eine zum Schutz von Abtei und Stadt errichtete Burg, zerstörte den Katzenbachwald, der für Weißenburg als Rohstoffquelle von großer Bedeutung war, und ließ die Wasser der Lauter aufstauen, um so die Stadt zunächst auszutrocknen und dann – nachdem er die Dämme wieder geöffnet hatte – zu überschwemmen. Obwohl er mit Kirchenbann, Reichsacht und Exkommunikation bestraft wurde, gab er nicht nach. Sein Grab in der St.-Anna-Kapelle bei Niederschlettenbach ist bis heute erhalten. In der Sage lebt er bis heute unter dem Namen „Hans Trapp" weiter. Jedes Jahr in der Adventszeit hält dieser Finsterling als eine Art elsässischer „Knecht Ruprecht" zusammen mit dem „Krischtkindel" Einzug in Weißenburg und wird am Ende wieder aus der Stadt gejagt.

Die in Weißenburg geborene und gestorbene Dichterin Emma Scherer (1868-1956) hat Hans Trapp ein langes Gedicht gewidmet, das sie in dem Lyrikband „Noch ä paar Gedichtle vun're alte Weisseburgerin" (1937) veröffentlichte. Als überzeugte Pädagogin – sie war lange Jahre Lehrerin und schließlich Rektorin der hiesigen Grundschule – hat sie dem Text eine erläuternde Notiz vorangstellt. Ihre fränkisch geprägte Sprache ist reinstes „Weißeborcher Deitsch":

Im ganze Unter-Elsass, un bsundersch in Weisseburg isch d'r Hans Trapp bekannt. Er kummt in d'r Weihnachtsnacht mit 'm Krischtkindel. Er hat ä ganz schwarzes Gsicht, ä Stock in d'r Hand oder ä Rut, rasselt mit seinere Kett un sucht d'bese Kinder zu fize un in seine Sack zu stecke. – Sei rechter Namme war awer Hans von Tratt, ä Ritter wu am End' vum 15. Johrhundert uf 'm Bärwelstä geläbt hat. Er war ä beser Ritter wu d' arme Leit im Schlädderbacher Dahl un a d' Weisseburger gschunde hat. Er hat z. B. d' Lauter eigedämmt dass se kä Holz hänn flotze känne un dass d' Miller hänn nit mahle känne. Un wann die arme Leit gseifzt un geklacht hänn, hat 'r ä deiflischi Fred dra g'hat. Er isch Anno 1503 gstorwe, un heit noch, droht d' Mutter wann d' Kinder bes sin: Wart, d'r Hans Trapp kummt!" (Wackenheim, Bd. 3, S. 196f.)

Hans von Trothas Sohn erlebte noch die Auflösung des Klosters Weißenburg nach Einführung der Reformation (1524). Erst eineinhalb Jahrhunderte später – das Elsass war mittlerweile französisch – kehrte der Katholizismus zurück. An Stelle des früheren Klosters wurde nun ein Stift eingerichtet, dessen elegante Gebäude im Stil des französischen Klassizismus die „Rue du Chapitre" säumen (Nr. 6, 8, 10). Der eleganteste Bau ist der 1784 errichtete Sitz des „Doyen" (Dekan). Mit der Revolution wurde auch das Stift aufgelöst. Heute ist darin die „Sous-Préfecture" (Unterpräfektur) untergebracht.

Wo die „Rue du Chapitre" auf die „Rue du Rempart" trifft, gehen wir nach links zur ehemaligen Vorstadt „Bruch". Am Stadtgraben rechts befindet sich ein alter Waschplatz (frz. Lavoir), dem der im pfälzischen Kandel lebende experimentelle Lyriker Lutz Stehl (geb. 1948) das Gedicht „Waschplatz am Bruch" gewidmet hat. Das Gedicht ist dem Band „thaz lant thaz heizit paradis" (1990) entnommen. Der Titel ist ein Zitat aus Otfrids „Evangelienbuch". Er enthält eine Reihe von Gedichten in deutscher und französischer Sprache, die verschiedenen Orten in Weißenburg gewidmet sind:

Eine Hand schlägt Wäsche
Im Waschhaus Der Himmel
Schäumt über
Wird weiß und rein

Ein Fensterladen im Wind
Öffnet schließt sich
Als sei dahinter
Ein noch bewohntes Haus
Ein Wink
Kommt
Besetzt es
Bevor es Winter wird
Und die Käufer kommen

Die Fensterscheiben im Badhaus
Sind von innen geweißt
Ein Blinder ist eben rein
Gegangen Immer erst
Zu später Stunde geht er rein
Er zeigt sich nicht gerne
Nackt

Das Weiße im Auge

(Stehl, S. 21)

Das in obigem Gedicht erwähnte ehemalige Badehaus aus dem 14. Jahrhundert erreichen wir, indem wir durch die „Rue du Rempart" zurückgehen und dann nach links abbiegen (1 Rue du Presbytère).

Von dort sind es nur wenige Schritte bis zur „Place Martin Bucer". Wahrzeichen des Platzes ist die evangelische „Eglise St-Jean" (Johanneskirche), die zwischen dem 11. und 16. Jahrhundert als Bürgerkirche errichtet wurde. An der Südfassade erinnert eine Bronzetafel daran, dass der elsässische Reformator Martin Bucer (1491-1551) hier im Winter 1522/23 predigte.

Bucer wurde in Schlettstadt (frz. Sélestat) geboren, wo er – wie vor ihm bereits Ringmann (s. Cleebourg) – die berühmte Lateinschule besuchte. Als Student begegnete er Martin Luther, dessen Gefolgsmann er wurde. Auf dem Weg nach Wittenberg kam er durch Weißenburg, wo ihn der Ortspfarrer Heinrich Motherer einlud, die neue Lehre vorzustellen. Die Gemeinde war bald gewonnen, doch nachdem Bucer eine Nonne geheiratet hatte, belegte ihn der Bischof von Speyer mit dem Kirchenbann. Auf Wunsch des Stadtrates mussten Bucer und Motherer daraufhin Weißenburg verlassen.

Im Mai 1523 wandte sich Bucer nach Straßburg, wo er bis 1549 als Prediger und Lehrer an der Hohen Schule (Universität) tätig war. Unter seiner Leitung wurde Straßburg zu einem Bollwerk des Protestantismus. Zugleich bemühte er sich aber auch um einen ökumenischen Ausgleich. Vom Kaiser des Landes verwiesen, musste er schließlich ins Exil nach England gehen, wo er als Autor, Prediger und Hochschullehrer am Aufbau der dort noch jungen reformatorischen Bewegung mitwirkte. 1556 wurde sein Grab in Cambridge von katholischen Eiferern verwüstet.

Bucers Auftritt war nicht das einzige historisch bedeutsame Ereignis in der Johannskirche. 1725 wurde hier die Hochzeit von Maria Leszczynska und Ludwig XV. bekannt gegeben. 1791 predigte hier der Theologe, Dichter und Revolutionär Eulogius Schneider (s. Hagenau, Bouxwiller, Oberbronn).

Kurz vor Ende des Zweiten Weltkrieges wurde die Kirche von Fliegerbomben getroffen und fast völlig zerstört. Aus den Trümmern erstand ein Neubau, dessen äußeres Erscheinungsbild sich am Original orientiert, während der Innenraum modern gestaltet wurde.

Wir kehren zurück an die Lauter und folgen dem „Quai Anselmann" in südlicher Richtung. Der Weg führt an schönen Renaissancebauten vorbei, darunter die „Maison Vogelsberger" (Nr. 2) aus dem Jahr 1540. Neben dem Familienwappen ist überraschenderweise die französische Lilie abgebildet, obwohl das Elsass damals noch zum „Heiligen Römischen Reich Deutscher Nation" gehörte. Der einstige Hausherr Sebastian Vogelsberger drückte damit seine Verbundenheit mit dem französischen König Heinrich II. (Regierungszeit: 1547-1559) aus, an dessen Krönung in Reims er teilgenommen hatte. 1548 ließ der deutsche Kaiser Karl V. Vogelsberger deshalb in Augsburg als Verräter hinrichten!

Von 1859 bis 1863 wuchs im selben Gebäude Charles de Foucauld (1858-1916) in einem streng katholischen Elternhaus auf. 1861 kam hier seine Schwester Marie zur

Welt. Doch das Familienglück war nur von kurzer Dauer: 1864 starben in kurzer Folge zunächst der Vater, dann die Mutter und schließlich auch noch die Großmutter. Nach der Angliederung des Elsass an das Deutsche Reich übersiedelte der Waisenknabe mit seinem Großvater und seiner Schwester nach Nancy und später nach Paris. 1880 ging er als Offizier nach Algerien. Der Kolonialkrieg widerte ihn an, doch die Kultur der Einheimischen beeindruckte ihn tief. So beschloss er, künftig als Missionar unter den Tuareg zu leben und ihr einfaches Leben in den Bergen zu teilen. Dort verfasste er das erste französisch-tuaregische Lexikon und übersetzte die Bibel in ihre Sprache. Während des Ersten Weltkrieges wurde er von einem tuaregischen Unabhängigkeitskämpfer erschossen. Die algerische Schriftstellerin Assia Djebar (geb. 1936) erinnert an ihn in ihrem Roman „Les nuits de Strasbourg" (1997). 2005 wurde er selig gesprochen.

Ein paar Häuser weiter steht die „Maison Schaaf" (Nr. 6). Der Name dieses Hauses erinnert an einen aus dem „inneren" Frankreich eingewanderten „welschen Bäcker", dessen Sohn Nicolas Schaaf von den Ortsansässigen „Nickel" oder „Pumpernickel" genannt wurde. Emma Scherer (s. o.) erzählt, wie er zu diesem Namen kam:

Wan m'r friher ä Weisseburger gfrocht hat wu'r her isch, no hat m'r oft die spasschisch Antwort g'hert: „Vun Weisseburg wo m'r d'r Pumpernickel in der Kerch singt!" – D'r Pumpernickel, sacht' m'r, war ä Kloschterdiener, ä luschdiger Bruder un hat Nicolas g'hässe. Wie d' Weisskerch in ä Brauerei isch verwandelt worre, isch 'r drinne gebliwe un hat d' Gäscht amesiert. D'r Rescht vum Esse, un wann s' Bier nit arich gut war, hänn se näwe naus gschowe un derzu gsacht „C'est bon pour Nickel!" – Dohäre d'r Namme Pumpernickel. Er soll nit satt worre sei im Esse un Trinke. (Wackenheim, Bd. 3, S. 197)

Vor der „Maison du Sel" (Salzhaus, ursprünglich städtisches Spital) mit ihrem eindrucksvollen Gaubendach biegen wir nach links ab und stehen nach wenigen Schritten auf der „Place de la République". Immer samstags findet hier der Wochenmarkt statt. Der Platz wird vom „Hôtel

Im Zentrum von Weißenburg: Rechts im Bild das ehemalige Gästehaus der Abtei (Maison des Chevaliers), dahinter die Zehntscheuer und das Salzhaus. Links fällt der Blick auf das Rathaus an der „Place de la République".

de Ville" (1741-1752) dominiert, das nach Plänen des französischen Architekten Joseph Massol errichtet wurde. Die lateinische Inschrift erinnert daran, dass sein Vorgängerbau 1677 einem Brand zum Opfer gefallen war. Die Architektur ist typisch für die Ära König Ludwigs XV.

Ein Kind dieser Zeit ist der gebürtige Weißenburger Ludwig Bilderbeck (1764-1856), ein typisch elsässischer Grenzgänger. Vor der Französischen Revolution lebte er als deutschsprachiger Verleger und Theaterdichter in Mannheim, danach zog er als nunmehr französischsprachiger Autor und Übersetzer nach Paris. Seine Werke – diverse Singspiele und populäre Roman-Schnulzen – sind heute weitgehend vergessen.

Dass die Zweisprachigkeit im Elsass bis heute Tradition hat, zeigt die Tageszeitung „Dernières Nouvelles d'Alsace" (DNA), deren Weißenburger Redaktion an der „Place de la République" ihren Sitz hat. Bis zum heutigen Tag veröffentlicht sie neben der französischsprachigen auch eine zweisprachige (deutsch-französische) Ausgabe. In dem Weißenburg-Krimi „Eclipse rouge" von Michel Stourm spielt diese Redaktion eine wichtige Rolle. Eines

Morgens erfährt der Journalist Fabrice Kiener, dass 1999 während der totalen Sonnenfinsternis am Fuße des Geisbergs ein Mord begangen wurde. Die Schlagzeile, die er dafür findet, liefert zugleich den Titel des Romans:

Im Weißenburger Büro der DNA, unweit der Mairie, legte Fabrice Kiener den Hörer auf die Gabel. Wie er erwartet hatte, war seine Redaktion am Überkochen. Ein Verbrechen während der totalen Sonnenfinsternis, begangen von einem Bogenschützen, im Schutze der Dunkelheit, das konnte die Leser fesseln, vor allem im August, wenn oft auch die Nachrichten Ferien machen. Gleich am Morgen würde sich einer seiner Kollegen, ein Spezialist für die Rubrik „Vermischtes", an Ort und Stelle begeben. Zweifellos würden der Regionalsender France 3 und die lokalen Radios bald folgen, und auch die Sonderberichterstatter der nationalen Presse aus Paris. Einen ersten Artikel hatte er fertig, aber der Redaktionschef hatte ihm bestätigt, dass der Platz, der für die Affäre vorgesehen war, für ihn reserviert war und dass er noch bis in den späten Abend Informationen nachliefern konnte.

Zufrieden las er den Titel des Artikels, den er gerade unterschrieben hatte:

Die rote Sonnenfinsternis von Weißenburg. (Stourm, S. 30; Ü: S. W.)

Links vom „Hôtel de Ville", etwas nach hinten versetzt, steht der Gasthof „Au Cygne" (3 Rue du Sel). Der deutsche Liedermacher und Volkssänger Hannes Wader (geb. 1942) hat sich hier verschiedentlich aufgehalten. Mit dem Lied „Kleine Stadt", das er erstmals auf der CD „Wünsche" (2001) veröffentlichte, hat er Weißenburg und dem „Cygne" ein musikalisch-poetisches Denkmal gesetzt. Für seine CD „Es wechseln die Zeiten" (2004) hat er den Text ins Französische übersetzt. Die deutsche Version dieses Liedes (nach einem Originaltext von Phil Coulter) soll unseren Rundgang beschließen:

Kleine Stadt, hinter Wäldern und Bergen versteckt
damals noch fern der Welt und von ihr unentdeckt
Deine Mauern umwuchert von blühendem Wein

bis tief in deine Gassen hinein
Ich war jung, oft berauscht, Freunde,
    mehr als vom Wein
von euren Lügengeschichten und Liedern
Einen Tag meines Lebens gäb' ich dafür her
wenn es noch einmal wieder so wär'

Kleine Stadt, seitdem gingen viele Jahre ins Land
und auch du bist längst von Fremden
    besetzt, überrannt
Der Gast ist geduldet, geliebt wird sein Geld
so wie überall auf der Welt
Aber ich fühlte mich immer von dir begrüßt
und noch jedesmal freundlich empfangen
Wie ein verlorener Sohn, der seit langem vermisst
nun endlich heimgekehrt ist

Kleine Stadt, von wohl allen hier aus diesem Kreis
fordern das Schicksal und die Zeit ihren Preis
Und ich denke an die, die nicht mehr bei uns sind
sehe, dass auch mein Leben verrinnt
Wieder andre erlöschen wie Lichter im Wind
wie vom Leben besiegt und gebrochen
Nun fehlt mir ihr Lachen, nun fehlt mir der Klang
ihrer Stimmen in unserm Gesang

Kleine Stadt, unser Kreis wird bald noch kleiner sein
doch bleibt uns noch immer im Cygne der Wein
von Cleebourg. Und wir füllen dort ein letztes Mal
mit unseren Stimmen den Saal
Und wir werden singen, doch wir fragen uns auch
wird es nach uns wohl noch jemand geben
der, wenn unser Gesang erst für immer verklingt
dann noch unsre Lieder singt?

(Wader: Wünsche)

Musée Westercamp
3 Rue du Musée
F-67160 Wissembourg
Tel. +33 (0)3 88 94 18 82

PAMINA-Volkshochschule
15 Rue de la Pépinière
F-67160 Wissembourg
Tel. +33 (0)3 88 94 95 64

Pauliner Schlösschen und St. Germanshof

Im 12. Jahrhundert ließen die Weißenburger Äbte vier Vorwerke errichten, welche die im Entstehen begriffene Stadt schützen sollen: St. Pantaleon (bei Roth), St. Remigius (bei Altenstadt; frz. St-Rémy; die Ruinen wurden in den Siebzigerjahren des 20. Jahrhunderts entdeckt und freigelegt), St. German (frz. St-Germain; am Ort des heutigen Weilers St. Germanshof) und St. Paul, genannt „Pauliner Schlösschen" (frz. St-Paul; bei Schweigen-Rechtenbach). Die beiden Letzteren existieren bis auf den heutigen Tag. Wir wollen sie zum Abschluss unserer literarischen Reise durch das Nordelsass besuchen.

Das „Pauliner Schlösschen" liegt unmittelbar an der deutschen Grenze, aber noch auf französischem Boden. Man erreicht es am besten über Schweigen-Rechtenbach, den deutschen Nachbarort von Weißenburg (ca. 140 ha der Schweigener Weingüter liegen auf der französischen Seite der Grenze). Wir verlassen die Stadt, indem wir der Beschilderung Richtung Landau folgen. In Schweigen biegen wir links ab und lassen das Auto am Rand der Weinberge stehen. Die letzten Schritte gehen wir zu Fuß.

Das Schloss selbst ist in Privatbesitz und kann nicht besichtigt werden. Seine wunderschöne Lage und die Sagen, die sich darum ranken, machen es jedoch zu einem lohnenden Ausflugsziel. Beim Brunnen hinter dem Schloss soll ein Gang in den Berg führen, der allerdings stets verschlossen bleibt. Nur am Karfreitag liegt hier mittags ein Hund mit einem Schlüssel im Maul. Wer mutig genug ist, ihm diesen zu entreißen und damit die Pforte zu öffnen, ohne dabei ein Wort zu sprechen, findet am Ende des Gangs eine Kiste, in der ein sagenhafter Schatz lagert. Leider wird sie von einem zweiten, noch furchterregenderen Hund bewacht.

Eine andere Sage berichtet von einer weißen Dame, die hier nachts umgeht. Blickt sie freundlich drein, gibt es ein gutes Weinjahr, weint sie, so gibt es ein schlechtes. August Stoeber hat noch eine andere Erklärung für ihre Traurigkeit:

Wenn man zu nächtlicher Stunde am Pauliner Schlößchen vorübergeht, so hört man oft ein leises Seufzen und Weinen. Tritt man näher, so sieht man ein weißgekleidetes Mägdlein, das vor einem Lindenbäumchen kniet, und reichliche Thränen fließen aus seinen Augen.

Die Winzer erklären, daß das Mägdlein sich schwer vergangen und sein neugebornes Kind an diesem Platze getödtet und verscharrt habe; es müsse nun daselbst so lange umgehen, bis die Linde groß geworden sei, daß man daraus ein Todtenbäumchen für das Kind machen könne und dasselbe in geweihter Erde ruhen würde.

Wohl steht die Linde schon lange, lange Jahre an diesem Orte, allein sie wird immer wieder abgehauen, wenn sie nur ein wenig erstarkt ist, und es schießt dann wieder ein neues Stämmchen aus dem Wurzelstocke empor, und das arme Mägdlein muß noch bis auf den heutigen Tag wandeln. (Stoeber, S. 352)

Dass das Pauliner Schlösschen auch heute noch zu unheimlichen Geschichten anregt, zeigt der Kriminalroman „Warte nur, balde ruhest du auch" von Eva Klingler (s. Sessenheim). Eines Tages erfährt die Romanheldin Hanna, dass das Pauliner Schlösschen einige Zeit einer Gruppe elsässischer Autonomisten als Versammlungsort gedient hat (was natürlich frei erfunden ist):

Also, Georg hatte sich einmal einer Organisation angeschlossen, die sich Elsass-National nannte. Wirrköpfe, ein paar halb deutsche Terroristen aus der rechten Szene, Kontakte zur internationalen Separatistenszene. Sitz dieser waffenstarrenden Organisation war Wissembourg. In den Weinbergen gibt es da ein kleines Schloss aus dem 18. Jahrhundert, zwischen Deutschem Weintor und dem Ortsausgang von Wissembourg, mit dem Auto kaum erreichbar. Dort trafen sie sich und träumten ihre Träume von einem unabhängigen Elsass. So wie die Schotten und die Nordiren! (Klingler, S. 272f.)

Zum Abschluss fahren wir in den Grenzort St.-Germanshof. Wir kehren dafür ins Zentrum von Weißenburg zurück und fahren von der „Place Stichaner" über die D 334 Richtung Weiler. Der kleine Ort war im 15. Jahrhundert wiederholt den Überfällen des Hans von Trotha ausgesetzt (s. Weißenburg). Am Ortsausgang, kurz vor der Grenze zu Deutschland, liegt rechterhand eine kleine Wallfahrtskirche, die der Hamburger Schriftsteller Hans Erich Nossack (1901-1977) in seinem Nachkriegsroman „Spätestens im November" (1955) erwähnt:

Gleich hinter dem Schlagbaum machte der Bergrücken eine scharfe Wendung, so daß er alles zusperrte und ebenso die Straße, die unten entlanglief [...]. Genau an der Ecke aber war ein großer roter Steinbruch und davor eine Wallfahrtskapelle, ein winziges Ding, wie ein Spielzeug. Manchmal sah man einen hellblauen Autobus dort stehen, der die Wallfahrer gebracht hatte, und man sah auch die kleinen Figürchen, die in die Kapelle gingen. Es gab dort eine heilende Quelle, hieß es. Doch wir durften ja nicht hinüber. Ab und zu kam ein Mönch von drüben mit einem schwarzen Bart und mit nackten Füßen in Sandalen. Er sprach unsere Sprache, wenn wir ihn begrüßten. (Nossack, S. 113)

Wenige Meter weiter verläuft die Grenze, gleich dahinter liegt St. Germanshof. In den unmittelbaren Nachkriegsjahren, als Nossack seinen Roman schrieb, wurde der damals nur 41 Einwohner zählende Grenzort europaweit bekannt. Seit 1826 hatte er zur (damals bayerischen) Pfalz gehört, seit 1870 zu Deutschland. Am 23. April 1949 wurde er jedoch wieder Frankreich angegliedert. Da der damalige französische Außenminister Robert Schuman aber versprochen hatte, keine deutsche Gemeinde zu annektieren, wurde dies am 9. September desselben Jahres wieder rückgängig gemacht. Zum Ausgleich annektierte Frankreich nun allerdings sieben Quadratkilometer des oberen Mundatwaldes – und die Ruine einer im Bauernkrieg zerstörten Reichsburg aus dem 12. Jahrhundert: die Guttenburg, 3,5 km nordnordöstlich von St. Germanshof gelegen. 1986 gab Frankreich auch dieses Gebiet wieder an Deutschland zurück.

Unabhängig von der gerade aktuellen Grenzziehung ist die Guttenburg für deutsche wie französische Literaturfreunde ein bedeutender Ort. Vermutlich handelt es sich dabei um den Stammsitz des Minnesängers Ulrich von Gutenburg (ca. 1150 bis ca. 1200) – nach einer anderen Theorie befand sich dieser in der Nähe des „Lac Noir" im Oberelsass. Da Ulrich in italienischen Urkunden bezeugt ist, liegt die Vermutung nahe, dass er sich längere Zeit am Hof Kaiser Heinrichs VI. in Italien aufgehalten hat. Dort begegnete er wohl dem Minnesänger Friedrich von Hausen, dessen Schüler er wurde (s. Hagenau). Prägend war für ihn ferner der Kontakt zur provenzalischen Troubadour-Lyrik, die damals auch an norditalienischen Fürstenhöfen gepflegt wurde. Sein stark von diesen südfranzösischen Vorbildern beeinflusstes Werk – erhalten sind ein Lied und ein „Leich" (gotisch „laiks" = Tanz) – bietet ein Feuerwerk an rhetorisch geistreichen Wendungen und kennzeichnet den Autor als herausragenden Vertreter der Staufischen Klassik. Hier die erste Strophe seines Liedes und deren Übersetzung:

Ich hôrte wol ein merlikîn singen
mich dûchte der sumer wollte enstân.
Ich waene ez alder werlt fröide sol bringen,
wan mir einen mich'n triege mîn wân.
Swie mîn frowe will, sô solz mir ergân,
Der ich zallen zîchten bin undertân.
Ich wânde ie man hete sô missetân,
suchte er genâde er sollte si vinden:
Daz muoz leider an mir einen zergân.

Ich hörte wohl eine Amsel singen,
mir schien, der Sommer wollte beginnen.
Ich glaube, er soll die ganze Welt erfreuen,
wenn ich mich nicht täusche.
Es soll mir so ergehen, wie meine Geliebte verlangt,
der ich stets gehorche.
Ich dachte immer, man hätte falsch gehandelt,
wer Erfüllung sucht, sollte sie finden:
Doch mir blieb dies leider versagt.

(Holderith, S. 10f.; Ü: S. W.)

Doch kehren wir noch einmal nach St. Germanshof zurück. Der auf den Ruinen des „Château St-Germain" errichtete Gutshof gleichen Namens ist heute ein Hotel-Restaurant – und Schauplatz des oben erwähnten Romans „Spätestens im November". Nossack schildert darin das Schicksal der Ich-Erzählerin Marianne Helldegen, die Mann und Kind verlässt, um dem Schriftsteller Berthold Möncken zu folgen. Die beiden Liebenden flüchten aus ihrem Alltag in den Grenzort „Ludwigshof", bei dem es sich offenkundig um St. Germanshof handelt. Zwei glückliche Aprilwochen werden die beiden in dem Gasthof verbringen:

Wir setzten uns in einen kleinen gelben Postautobus, der gerade auf dem Marktplatz stand, und fuhren weiter. Durch enge Waldtäler mit sumpfigen Wiesen und einem Bach in der Mitte. Wir waren die einzigen Fahrgäste. Das Auto hupte mit fröhlichem Doppelklang, wenn wir uns einem Flecken näherten. Bis wir nach Ludwigshof kamen, da war Schluß; denn da ist die Grenze.
„Weiter geht es nicht", sagte Berthold vergnügt, „und hier ist es gut." Wir hatten keine Pässe. [...]. Ludwigshof ist nicht einmal ein Dorf, nur eine winzige Grenzstation mitten im Gebirge. Es stehen nur drei oder vier Häuser längs der Straße, in denen die Grenzwächter und Waldarbeiter wohnen. Eines davon war im letzten Krieg zerschossen und noch nicht wieder aufgebaut. Und ein Sägewerk. Man hörte die Sägen kreischen und die Stämme donnern, wenn sie von den Wagen herabrollten. Und dann natürlich der Gasthof, zweihundert Meter vom Schlagbaum, an dem nachts ein rotes Licht brannte. Wir sahen es von unserm Fenster. (Nossack, S. 110)

Um auch Reisenden ohne Pass den Grenzübertritt zu ermöglichen, fand am 6. August 1950 an der Grenze zwischen Weiler und St. Germanshof eine europäische Demonstration statt. Etwa 300 Studentinnen und Studenten aus Frankreich, Deutschland und anderen Ländern Europas versammelten sich hier, um vor den Augen von etwa 70 Journalisten, die vorab informiert worden waren, die Einigung des Kontinents zu fordern. Um dies zu unterstreichen, zersägten sie in einer spektakulären Aktion symbolisch die deutsche und die französische Zollschranke und hissten die grün-weiße Flagge der Europa-Union. Seit dem 9. September 2007 erinnert daran ein Denkmal, bestehend aus zwölf kreisförmig angeordneten Sandsteinstelen.

Mit der Einstellung aller Grenzkontrollen im Jahr 1991 ist dieser Traum nun Wirklichkeit geworden. In dem von Nossack erwähnten Gasthof sitzen heute Deutsche und Franzosen friedlich beieinander. Hier mag unsere Literaturreise stimmungsvoll ausklingen. Für den Heimweg seien noch folgende Gedanken von Ludwig Börne (1786-1837) mitgegeben, einem großen Vermittler zwischen Deutschland und Frankreich. Sie sind fast 200 Jahre alt und doch ungebrochen aktuell:

Die Geschichte Frankreichs und Deutschlands ist seit Jahrhunderten nur ein beständiges Bemühen, sich zu nähern, sich zu begreifen, sich zu vereinigen, sich in einander zu schmelzen, die Gleichgültigkeit war ihnen immer unmöglich, sie müssen sich hassen oder lieben, sich verbrüdern oder sich bekriegen. Das Schicksal weder Frankreichs noch Deutschlands wird nie einzeln festgesetzt und gesichert werden können. Deutschland und Frankreich finden sich überall vermischt, ohne sich je zu verschmelzen. Der wäre ein geschickter Diplomat, dem es gelänge, den Frieden zwischen den Nationen zu vermitteln, dadurch, daß man sie bewegte, ein neues gleichartiges Ganzes zu bilden, ohne ihre bezeichnenden Eigenschaften aufzuopfern.

[...] Deutschland und Frankreich näher zu bringen ist unsere Aufgabe, und die Vergleichung der französischen Literatur mit der deutschen unser Ausgangspunkt. (Lützeler, S. 161 u. 168)

Register

Orte

Altenstadt 298
Amsterdam 103
Antwerpen. 54
Augsburg 293
Baccarat. 100
Bad Liebenzell 129
Baden-Baden 27, 37, 224, 227, 273
Badenweiler. 20
Basel. 25, 95, 248
Bastberg. 115, 131, 152
Beinheim 39
Berlin 28, 102, 178, 203
Berwartstein 290
Betschdorf. . . . . .45ff.
Bienwald 17
Birkenfeld. 76
Birlenbach. 274
Bischwiller . . . . .44, 46, 66ff.
Bitche 218f.,
Blérancourt. 97
Böhmerwald 143
Bouxwiller. . . . . .80, 115ff., 132f.
Bremmelbach. 274
Brotschberg. 182
Bruchsal. 95
Buhl 32
Bust 192
Cambridge 293
Champagne. 213
Cleebourg. 274ff., 297
Col du Goetzenberg 259
Col du Pfaffenschlick. 274
Col du Puberg. 202
Colmar. 145, 205, 243, 275
Darmstadt. 119, 283
Dengolsheim 55
Deutschhof 280
Diefenbach 279
Diersburg. 62
Dimbsthal. 186
Donau. 88
Donnenbach 201
Dossenheim-sur-Zinsel . . . . 135, 139, 149f.
Drusenheim. 51, 55, 59f., 63
Eberbach-Woerth. 231
Elbeuf 70
Elsasshausen 241, 245

Ernolsheim	150
Eschbourg	195
Ettenheim	170
Fénétrange	181
Fleckenstein	32, 264ff., 281
Forbach	73
Fort-Louis	38ff., 51, 94
Four-à-Chaux	254
Frankfurt am Main	47
Frœschwiller	241, 243ff., 247
Fulda	287
Gambsheim	63f., 66
Geisberg	276ff., 296
Goersdorf	250f.
Grand-Wintersberg	218, 222
Graufthal	8, 192ff.
Gries	82
Griesbach-le-Bastberg	132, 136
Gros Chêne	104ff.
Groß-Geroldseck (Grand-Geroldseck)	180f.
Gunstett	231, 236
Guttenburg	301
Hagenau (Haguenau)	35, 39, 66, 71, 76, 82, 84, 85ff., 104, 106, 112, 117, 137, 248
Hamburg	101, 300
Hammerweyer	192ff.
Hatten	31ff.
Hohbarr (Haut-Barr)	135, 179ff.
Herrlisheim	63, 66
Hesselbusch	34
Hexenwald	217
Hinsbourg	199
Hoffen	274
Hohenburg (Hohenbourg)	267ff.
Hohkönigsburg (Haut-Koenigsbourg)	140, 267
Hunspach	274
Imbsheim	136
Ingolsheim	274
Ingwiller	117, 206ff.
Isle-sur-la-Sorgue	200
Jaegerthal	229, 231
Jerusalem	70, 74
Kaltenhouse	82
Kandel	291
Karlsruhe	36, 64, 248
Kirrwiller	114f.
Klein-Geroldseck (Petit-Geroldseck)	182
Klingenfels	259
Kopenhagen	78
Krappenfels	187, 274
Kutzenhausen	249

La Petite-Pierre . . . . 196ff.
Landstuhl 272
Lauter 17, 21f., 236, 281, 290f., 293
Lauterbourg. . . . . 17ff.
Lembach . . . . 85, 211, 253ff.
Lichtenberg. 117, 133, 135, 204ff., 208, 213
Liebfrauenberg . . . . 250f.
Liebfrauenthal . . . . 252f.
Lobsann 281
Löwenstein (Loewenstein) . . . . 272ff.
Mainz 37
Mannheim. 295
Marienthal . . . . 82ff.
Marmoutier . . . . .47, 166, 180, 183ff.
Mattstall 210, 253
Médan 241
Meißenheim. 62
Merkwiller-Pechelbronn. 249
Metz . . . . 47, 136f.
Moder 39f., 90, 94, 96, 107, 275
Monswiller 150
Mont St-Michel. . . . . 132, 150ff.
Mont Ste-Odile 187
Morsbronn-les-Bains. . . . . 112, 231ff.
Mothern . . . . 26ff.
Munchhausen. 31
Mutzig. . . . . 174f.
Nancy 47, 73, 212, 248, 283, 294
Neubourg 107
Neulauterburg 17, 25
Neuwiller-lès-Saverne . . . . 136ff.
Niederbronn-les-Bains. . . . . 218f., 222ff., 232f.
Niedermodern 96
Niederrœdern. 31
Niederschlettenbach 290
Niedersteinbach 259, 264
Oberbronn. . . . . 213ff.
Oberhoffen-sur-Moder 81
Obermodern 109, 114
Obersoultzbach. 121, 207, 210
Odessa. 77
Offendorf . . . . 63ff.
Offwiller. 213
Ottenheim 117, 128
Outre-Forêt . . . . 17, 23, 249f.
Padoux. 100
PAMINA 19, 25f., 30, 37, 127, 281, 298
Paris 39, 44f., 47, 52, 90, 97, 100, 103, 109,
112, 139, 156f., 161f., 165f., 168, 180,
185, 188, 191, 199, 226, 230, 236, 239ff.,
251, 275, 286, 294ff.

Petersbach 199
Pfaffenhoffen . . . . 107ff.
Phalsbourg . . . . 135, 140, 191, 196f.
Pickelstein. 217
Plittersdorf 37
Preuschdorf 249
Reichsfeld 275
Reichshoffen . . . . 223, 228ff.
Reims 293
Reinhardsmunster 186
Reipertswiller 204
Rittershoffen 33
Roeschwoog. 39, 45
Rosteig 202
Roth 298
Rothau 53, 62
Rothbach 204f., 209ff., 215
Rothbaechel 79
Rott. . . . . 274f.
Sarreguemines 102
Sarre-Union 192
Sarrewerden 168, 192
Sauer 236, 257, 275
Schafbusch 279
Schelklingen 72
Schillersdorf 210
Schiltigheim. 65, 78
Schirlenhof 22, 231
Schirrhoffen . . . . 46f.
Schleithal 274
Schlettenbach . . . . 188ff.
Schlettstadt (Sélestat) 206, 275, 292
Schlossberg . . . . 270ff.
Schnaizwald. 207
Schwarzwald 30, 127, 129, 148
Schweigen-Rechtenbach 298
Schweighouse-sur-Moder 107
Seelberg 207f., 210
Selhofen 208
Seltz . . . . 35ff.
Sessenheim 40, 48ff., 63
Sindelsberg 183
Soufflenheim . . . . 45f.
Soultz-sous-Forêt 248
Speyer 17, 24, 257, 293
Spitzling 115
St. Gallen 262
St. Germanshof . . . . 280, 298, 300ff.
Stambach 182
Steinbach 259
Steinbourg . . . . 153ff.

Steinseltz . . . . 274f.
Stettenfels 149
St-Jean-Saverne 150, 152
Stoltzheim 170
Straßburg (Strasbourg) 17, 21, 25, 33, 41ff., 50f., 54f.,
59, 61ff., 64ff., 68, 72f., 77f., 87,
95ff., 103, 105, 109, 120, 145, 148,
153, 155f., 160, 164, 168, 171, 173f.,
178, 180, 189, 205f., 212, 214f., 219,
221, 223, 227, 230, 237, 257, 269,
272, 277f., 283f., 289, 293
Struth 199
Stuttgart 20, 142
Taennchel 187
Thann 161
Thionville 78
Trier 100, 272
Tübingen 125, 284
Uberach 107
Waldhambach 141
Waschbach 217
Wasenburg (Wasenbourg) . . . . 218ff.
Wasigenstein 258ff., 270
Wasenkoepfel . . . . 217f.
Wegelnburg . . . . 267ff.
Weiler 300
Weimar . . . . 54, 119f.
Weißenburg (Wissembourg) 21, 82, 104, 195, 237, 239, 262,
274, 277f., 281ff., 298, 300
Weitbruch 82
Westhoffen 203
Wien . . . . 87f.
Willstätt 64
Wimmenau 203
Wingen-sur-Moder . . . . 202f.
Wintzenbach 31
Wittenberg 95, 292
Wœrth 117, 207, 230f., 236, 237ff., 252, 276
Worms 259, 261
Wuestenberg 187
Zinsel . . . . 135, 192f.
Zinswiller 213
Zorn 153, 182
Zweibrücken 67, 76, 236f., 250, 275, 282

Personen

About, Edmond . . . . 126, 188ff.
Acker, Paul 161
Adelheid (Kaiserin) 35ff., 263
Adrian, Henri 26

Albert, Henri 226
Alexandre, Maxime. 44
Aragon, Louis 44f., 48, 79, 81, 110
Arbogast, heiliger. 105
Arndt, Ernst Moritz. 28
Arnim, Joachim von 27
Balzac, Honoré de 47
Barrès, Maurice. 161, 213, 226
Bäumer, Gertrud 36
Bazin, René 161
Beauvoir, Simone de 112, 157f., 167, 185, 235
Becker, Nikolaus 28
Bernecker, Fernand . . . . 85f.
Bertololy, Paul . . . . .254ff., 265f.
Bilderbeck, Ludwig. 295
Börne, Ludwig 303
Born, Bertran de 219
Boussingault, Jean-Baptiste 251
Bratt, Harald 22
Brentano, Bettine. 27
Brentano, Clemens. 27, 280
Breton, André. 44
Brion, Friederike 31f., 39, 48f., 53f., 62
Brion, Johann Jacob . . . . 32, 40, 54, 57f.
Bucer, Martin . . . . 95, 292f.
Buchert, Raymond 145
Büchner, Georg. 216, 283
Bürger, Gottfried A.. 31
Byron, George Gordon Noel 27
Cagliostro, Alessandro di . . . . 159, 169f.
Candidus, Karl August 77
Capito, Wolfgang Fabricius 95
Char, René . . . . 198ff.
Chatrian, Alexandre . . . . 8, 140, 175, 194f.
Christian, Jean 108
Clarke, Henri-Jacques Guillaume. 138, 140, 144, 149
Conrad, Charles 77
Cotta, Friedrich. . . . . 284f.
Cuvier, Georges de 133
Dahn, Felix 277
Damm, Sigrid 40f., 42, 51, 58
Denck, Johannes 278
Diest, Wilhelm von. 168
Djebar, Assia 81f., 294
Döblin, Alfred . . . . 37f., 101ff.
Ducher, François 230
Dumas, Alexandre (Père) . . . . 28, 165f.
Dumas, Alexandre (Fils) . . . . 126f., 188f.
Dürckheim-Montmartin, Eckbrecht von 243
Eckardt, Ludwig 62
Embser, Johann Valentin 236

Eppinger, Elisabeth 228
Erckmann, Emile. 8, 175, 188, 191, 194f., 197
Exter, Abraham. 76
Fankhauser, Alfred. 278
Férard, Marie Elise. 175
Fischart, Johann 237, 276
Flake, Otto 135, 145, 175, 191, 223ff.,
                                                                    232f., 251ff., 283f.
Flaubert, Gustave. 123
Fontane, Theodor. 219, 239, 280
Forster, Georg. 30
Forstner, Günther von . . . . 32, 177ff.
Foucauld, Charles de. . . . . 293f.
Franck-Neumann, Anne . . . . 33f.
Frey, Jakob 183
Friedrich I. Barbarossa (Kaiser). . . . . .86, 92f., 105f.
Friedrich II. (Kaiser). 94, 270
Friedrich II. der Einäugige (Herzog) 90
Friedrich III. (Kaiser) 238f., 246, 276
Friedrich von Hausen 93, 301
Fuchs, Albert 52
Gautier, Théophile 47
Gillig, Wilhelm 59
Glaeser, Ernst. . . . . 18ff., 25f.
Goethe, Johann Wolfgang (von). . . . 21, 32, 35f., 39ff., 48ff., 96,
                                     110, 120, 123, 128f., 133, 135,
                                     160, 163ff., 190f., 198, 220ff.,
                                             229f., 234, 236, 272f.
Goldsmith, Oliver. 54
Goll, Yvan 21, 44
Gontard, Théophile. 78
Gottfried von Neifen 271
Gottfried von Straßburg 87
Gottfried von Viterbo. 93
Grimm, Jakob. 105f., 216, 262
Grimm, Wilhelm . . . . 105f.
Grimmelshausen, Hans Jakob Christoph von 269
Groeber, Gustav 208, 213, 216
Haeusser, Marguerite 286
Hansjakob, Heinrich 127f., 174, 183ff., 241, 245, 264
Hart, Marie . . . . 120ff., 134f., 162, 172f.
Haug, Hans 227
Hebel, Johann Peter 27
Heine, Heinrich. 30, 47, 110, 280, 282
Herder, Johann Gottfried 35, 41f., 54, 236, 273
Hertzog, Bernhard 117, 237
Herwegh, Georg 239f., 246
Hoffmann, E. T. A. 138
Holderith, Georges. 24
Hölderlin, Friedrich 30
Hugo, Victor. 30, 47, 62, 110, 191, 212

Huser, Michel . . . . 210f.
Isemann, Bernd . . . . 145, 193, 197f.
Jung, Edmond 122
Karl X. (König) 275
Karoline von Hessen-Darmstadt 119, 125
Katz, Nathan 27
Klein, Carl 22, 243, 247
Kleist, Ernst Nikolaus von 40, 43
Kleist, Friedrich Georg von 40, 43
Kleist, Heinrich von 246
Klingler, Eva 49f., 299
Kolb, Annette 20
Konrad (Puller) von Hohenburg . . . . 259, 270f.
Lamartine, Alphonse de 28, 47, 212
Langgässer, Elisabeth 43
Lauber, Diebold 98
Lenz, Jakob Michael Reinhold 40ff., 48, 51f., 54, 56ff., 122
Leszczynska, Maria 82, 162, 251, 286, 293
Leszczynski, Stanislas . . . . 82, 285f.
Lévy, Alphonse 186
Lienhard, Friedrich 121f., 134f., 180, 190,
                                        192, 207, 210ff., 245, 253f.
Loebell, Erich 142f., 147
Loegel, Philippe 209
Louis-Philippe I. (König) 172
Ludwig XIV. (König) 18, 21, 39, 76, 94f., 118
Ludwig XV. (König) 82, 229, 286, 293
Ludwig XVI. (König) 162
Mac-Mahon, Marie Edme Patrice Maurice . . 230, 238f., 243, 245
Malraux, André 52
Mascagni, Pedro 140
Matthis, Adolphe 227
Matthis, Albert 227
Matthis, Charles 221, 224ff., 228
Maurois, André 70f., 80, 88f, 168
Melanchthon, Philipp (Schwarzerd) 95, 203
Mentelin, Johannes 206
Mérimée, Prosper . . . . 138f.
Mertz, Henri 257
Meyer, Léopold 73
Minaty, Wolfgang 29
Moscherosch, Johann Michael . . . . 64, 76, 180ff.
Moscherosch, Quirinus 63, 118, 124
Mühl, Gustav 65
Mühsam, Erich 177
Müller, Gustav Adolf 59
Münster, Sebastian 159, 276
Musil, Robert 73
Musset, Alfred de 28
Nadler, Josef 88
Nietzsche, Friedrich 226, 248

Nossack, Hans Erich . . . . 300, 302f.
Oberkirch, Henriette-Louise d' 164f., 169
Odilo de Cluny 36
Oschmann, Friedrich. 72, 80
Otfrid von Weißenburg. . . . . 286, 288f.
Ottokar von Böhmen (König) 270
Paracelsus (Philippus Aureolus Theophrastus
       Bombastus von Hohenheim) 95
Pfeffel, Gottlieb Conrad 30, 205
Picard, Hermann 23
Raffan von Kirchheim 219
Reff, Sylvie 80
Reinhard, Josef 22
Reinmar von Hagenau . . . . 87f.
Reutenauer, Roland. 203, 232
Rilke, Rainer Maria. 161
Ringmann, Matthias 275, 292
Romains, Jules 234
Roos, Karl 147, 149
Roth-Zimmermann, Marie-Louise 72f., 75
Rousseau, Jean-Jacques 27, 236
Rudolf I. von Habsburg (König) 94
Saint-Just, Louis Antoine 97
Sand, Georges. 47
Sartre, Jean-Paul 89f., 98ff., 109ff., 157,
                              166ff., 185f., 233ff.,
Schaller, Gottfried Johann 108, 114
Schaumann, Ruth. 101
Scheffel, Joseph Victor. 261ff.
Scherer, Emma 290, 294
Schickele, Jacques Antoine 174
Schickele, René 5, 20, 30, 78, 88, 145, 170f.,
                            173f., 179, 227, 251
Schiller, Friedrich 110, 119, 168f., 194
Schmidt, Arno. . . . . 100f.
Schmitthenner, Paul 20, 142, 147
Schneckenburger, Matthias .28
Schneider, Eulogius 96ff., 214f., 230, 284, 293
Schneider, Michael 97, 285
Schnell, Karl 22
Schuler, Ernst Albert. . . . . 247f.
Schweitzer, Albert 109, 113
Schweitzer, Philippe-Chrétien. 109
Schwind, Moritz von 27
Scudéry, Madeleine de 76
Seume, Johann Gottfried. 191
Seybold, David Christoph 125
Shelley, Mary 27
Sickingen, Franz von. 272
Simons, Menno 278
Spieser, Friedrich. 141ff., 193

Stehl, Lutz . . . . 291f.
Stein, Charlotte von 48, 60
Steinmetz, Philippe 75
Stifter, Adalbert . . . . 142f.
Stoeber, Adolf 35, 215
Stoeber, August 35, 51, 72, 114f., 122, 208f., 215ff., 269f., 299
Stoeber, Ehrenfried 27, 215
Stoskopf, Gustave . . . . 226f.
Stourm, Michel .277ff., 295f.
Thoma, Ludwig 242
Tieck, Ludwig 52
Toxites, Michael 95
Triolet, Elsa 45
Trotha, Hans von . . . . 290f.
Turenne, Henri de 230
Twinger von Königshofen, Jakob 273
Uhland, Ludwig 259
Ulrich von Gutenburg 94, 301
Valade, Jean 78
Valfons, Marquis de 161
Veldenz, Georg Hans von 160, 196
Vigée, Claude 46, 66ff., 73ff., 78f., 82ff., 98, 130
Voeltzel, Edouard 80f
Voeltzel, L. W. 78
Wackenheim, Auguste 103
Wader, Hannes . . . . 296f.
Waldseemüller, Martin 276
Waldteufel, Emile 224
Weckmann, André 85, 150ff., 153ff., 187, 257
Weill, Alexandre 47
Weiss, Louise 168
Weiss, Paul 74
Weyland, Friedrich Leopold 50ff., 128f., 163
Wilhelm I. (Kaiser) 243, 245
Wilhelm II. (Kaiser) . . . . 102, 245f.
Wirth, Johann Georg August . . . . 282f.
Wolf, Robert 205
Zeppelin, Ferdinand von 21f., 231, 264
Zola, Emile . . . . 226, 240ff.
Zweig, Stefan 230

Bibliographie

Edmond About: L'Alsace 1871-1872, Paris 1873
Louis Aragon: La mise à mort, Paris 1965
Gilles Barnagau u. a.: Hunebourg. Un rocher chargé d'histoire du Moyen Age à l'époque contemporaine (coll. „Recherches et documents" tome 59), Bar le Duc 1997
Simone de Beauvoir: La force de l'âge, Paris 1960
Fernand Bernecker: Die geopferte Generation. Kriegserinnerungen eines Zwangseingezogenen Elsässers 1939-1945, Lemberg 1987
Paul Bertololy: Im Angesicht des Menschen. Erfahrungen und Erlebnisse eines Arztes, Neustadt an der Weinstraße 1964
Charles Braeuner (Hrsg.): Das Schlachtfeld des 6. August 1870, La Petite-Pierre 1991
Joachim Bumke: Höfische Kultur, Literatur und Gesellschaft im hohen Mittelalter, 2 Bände, München 1986
Hermann Eris Busse (Hrsg.): Kehl und das Hanauerland, Badische Heimat. Zeitschrift für Volkskunde, ländliche Wohlfahrtspflege, Heimat- und Denkmalschutz, Jg. 18, 1931
Giacomo Casanova: Mémoires, 3 Bände (Hrsg.: Robert Abirached), Paris 1958-1960
René Char: Œuvres complètes, Paris 1983
Sigrid Damm: Vögel, die verkünden Land. Das Leben des Jakob Michael Reinhold Lenz, Frankfurt 1989
Wolfgang Diehl (Hrsg.): Chaussée. Zeitschrift für Literatur und Kultur der Pfalz, Landau 2002, Nr. 10
Assia Djebar: Nächte in Straßburg (Übersetzung: Beate Thill), Zürich 1999
Alfred Döblin: November 1918. Eine deutsche Revolution, 4 Bände, München 1995
Alfred Döblin: Schicksalsreise. Bericht und Bekenntnis, München 1996
François Ducher/Henri de Turenne: Les Alsaciens ou Les deux Mathilde, ARTE 1996
Alexandre Dumas: Les bords du Rhin, Paris 1991
Erckmann-Chatrian: Gens d'Alsace et de Lorraine, Paris 1993

Alexandre Dumas (Père): Die Halsbandaffäre, Mainz/ Rastatt 1948
Adrien Finck: Littérature alsacienne du XXème siècle, Strasbourg 1990
Otto Flake: Ein Leben am Oberrhein. Essays und Reiseskizzen aus dem Elsaß und Baden, Frankfurt am Main 1987
Otto Flake: Es wird Abend. Eine Autobiographie, Frankfurt am Main 1980
Theodor Fontane: Sämtliche Romane, Erzählungen, Gedichte, Nachgelassenes (Hrsg.: Walter Keitel, Helmuth Nürnberger), Darmstadt 2002
Theodor Fontane: Aus den Tagen der Okkupation. Eine Osterreise durch Nordfrankreich und Elsaß-Lothringen 1871, Berlin 2000
Gudrun Fröba/Rainer Nitsche (Hrsg.): Durchfall in Zabern. Eine Militärdemontage, Berlin 1982
Erneste Fuhrman-Stone: Köstliches Elsaß – Hortus Deliciarum, Landau o. J.
Ernst Glaeser: Das Gut im Elsass. Ein Roman, Berlin 1932
Johann Wolfgang Goethe: Hamburger Ausgabe in 14 Bänden, München 1981
Brüder Grimm: Deutsche Sagen (ediert und kommentiert von Heinz Rölleke), Darmstadt 1999
Emma Gunz/André Weckmann (Hrsg.): Das Elsaß. Ein literarischer Reisebegleiter, Frankfurt am Main/ Leipzig 2001
Freddy Gutbub: Rothbach. Histoire d'un village des Vosges du Nord, Schopfheim 1991
Heinrich Hansjakob: Reiseerinnerungen (5 Bde.), 3. Bd. „Sommerfahrten", Stuttgart 1904
Marie Hart: G'schichtlen und Erinnerungen üs de sechziger Johr, Stuttgart 1911
Marie Hart: D'r Hahn im Korb. Elsässische Novellen, Strasbourg 2003
Henri Heitz: Das Schloss von Saverne (Übersetzung: Ingrid Lévy-Welp), Saverne 1997
Georg Herwegh: „Freiheit überall, um jeden Preis!" (bearbeitet von Heidemarie Vahl und Ingo Fellrath), Stuttgart 1992

Georges Holderith: Poètes et prosateurs d'Alsace. Une anthologie, Strasbourg 1978.
Victor Hugo: Voyages, Paris 1987
Friedrich Hünenburg (d. i. Friedrich Spieser): Tausend Brücken. Eine biographische Erzählung aus dem Schicksal eines Landes, Stuttgart 1954
Bernd Isemann: Das härtere Eisen. Herzog Georg Hans Pfalzgraf von Lützelstein, 2 Bände, Straßburg 1942
Karl Klein: Fröschweiler Chronik. Kriegs- und Friedensbilder aus dem Jahre 1870/71. Illustrierte Jubelausgabe, München 1895
Paul Kittel: Georg Hans (1543-1592), Drulingen 2002
Eva Klingler: Warte nur balde ruhest du auch, Kehl 2004
Annette Kliewer: Interkulturalität und Interregionalität. Literaturunterricht an der Grenze, Hohengehren 2006
Wolfgang Koeppen: Reisen nach Frankreich, Frankfurt am Main 1979
Joseph Kürschner (Hrsg.): Der große Krieg 1870-71 in Zeitberichten, Berlin o. J.
Jakob Michael Reinhold Lenz: Werke und Briefe in drei Bänden (Hrsg.: Siegrid Damm), München 1987
Friedrich Lienhard: Jugendjahre, Stuttgart 1918
Thomas Lindemann (Hrsg.): Adelheid – Kaiserin und Heilige, Karlsruhe 1999
Paul Michael Lützeler (Hrsg.): Europa. Analysen und Visionen der Romantiker, Frankfurt am Main 1982
Paul Michael Lützeler (Hrsg.): Hoffnung Europa. Deutsche Essays von Novalis bis Enzensberger, Frankfurt am Main 1994
Raymond Matzen: Goethe und Friederike Brion. Das Sesenheimer Liebesidyll, Kehl 1995
André Maurois: Les bourgeois de Witzheim, Paris 1920
Wolfgang Minaty: Rambos am Rhein. Der Sängerkrieg zwischen Deutschland und Frankreich im 19. Jahrhundert. In: Süddeutsche Zeitung Nr. 20 (25./26. 01.1997), S.V2/III
Johann Michael Moscherosch: Wunderliche und Wahrhafftige Gesichte Philanders von Sittewald, Stuttgart 1986

Sebastian Münster: Von dem Elsaß und seiner großen Fruchtbarkeit dem kein Lande am Rheinstrom mag verglichen werden, Freiburg im Breisgau 1976
Gérard de Nerval: Lorely, Paris 1995
Hans Erich Nossack: Spätestens im November, Berlin 1990
Henriette Louise d'Oberkirch: Mémoires de la Baronne d'Oberkirch sur la cour de Louis XVI et la société française avant 1789 (Hrsg.: Suzanne Burkard), Paris 1970
Otfrid von Weißenburg: Evangelienbuch, Stuttgart 1987
Ulrich Ott: „O Freyheit! Silberton dem Ohre ..." Französische Revolution und deutsche Literatur 1789-1799, Marbach am Neckar 1989
Louis Pinck (Hrsg.): Volkslieder von Goethe im Elsass, gesammelt mit Melodien und Varianten aus Lothringen und dem Faksimiledruck der Straßburger Goethe-Handschrift, Metz 1932
Hans-Herbert S. Räkel: Der deutsche Minnesang. Eine Einführung mit Texten und Materialien, München 1986
Jean-Paul Sartre: Briefe an Simone de Beauvoir 1926-39 (Übersetzung: Andrea Spingler), Reinbeck bei Hamburg 1984
Jean-Paul Sartre: Carnets de la drôle de guerre, Paris 1995
Jean-Paul Sartre: Ecrits (Hrsg.: Michel Contat, Michel Rybalka), Paris 1970
Jean-Paul Sartre: Les mots, Paris 1964
Walter E. Schäfer: Quirin Moscherosch. Ein Poet der Grafschaft Hanau-Lichtenberg (1623-1675), Kehl 2005
Joseph Scheffel: Ekkehard, Zürich 1984
René Schickele: Werke in drei Bänden, Köln/Berlin 1959-1961
René Schickele (Hrsg.): Das Vermächtnis. Deutsche Gedichte von Walther von der Vogelweide bis Friedrich Nietzsche, Freiburg 1948
Friedrich Schiller: Sämtliche Werke, 5 Bände, München 1987

Helmut J. Schneider (Hrsg.): Der Rhein. Eine Reise mit Geschichten, Gedichten und farbigen Fotografien, Frankfurt am Main/Leipzig 1997
Michael Schneider: Der Traum der Vernunft. Roman eines deutschen Jakobiners, Köln 2001
Karl Schnell: Zeppelins Fernpatrouille mit badischen Dragonern in das untere Elsaß Juli 1870, München 1984
Ernst Albert Schuler: Das Pfarrhaus von Preuschdorf und die Pfarrei während der Kriegsdrangsale im Sommer 1870 (Hrsg.: Wolfgang Heise), Privatdruck 1987
Charles Serfass: Oberbronn, l'ancienne seigneurerie. Reflets de l'Histoire en Alsace du Nord, Drulingen 2003
Harald Steffahn (Hrsg.): Albert Schweizer Lesebuch, München 1984
Lutz Stehl: thaz lant thaz heizit paradis, Eschbach 1990
Adalbert Stifter: Studien, München 1979
Paul Stintzi: Die Sagen des Elsasses, 3 Bände, Colmar 1928-1940
August Stoeber: Die Sagen des Elsasses. Reprint von 1851, Freiburg 2001
Michel Stourm: Eclipse rouge. L'affaire de Wissembourg, Strasbourg 2002
Claude Vigée: Bischweiler oder Der große Lebold. Jüdische Komödie, Berlin 1998
Auguste Wackenheim/Adrien Finck/Raymond Matzen (Hrsg.): La littérature dialectale alsacienne. Une anthologie illustrée, 5 Bände, Paris 1993-2003
Hannes Wader: Wünsche, Pläne CD 218 766 62, 2001
Hannes Wader: Und es wechseln die Zeiten, Pläne/ARIS-CD 766 523 32, 2004
André Weckmann: Edition complète des œuvres poétiques, bisher 3 Bände, Strasbourg 2000ff.
André Weckmann: Schwarze Hornissen. Erzählungen aus dem sonderbaren Land, das Elsass heißt, Blieskastel 2005
Dora Wenger-Hege: Ein Hof, zwei Kriege, drei Generationen. Geschichte des Hofgutes Schafbusch und seiner Bewohner in der ersten Hälfte des 20. Jahrhunderts, Wissembourg 1993

Johann Georg August Wirth: Aus Haft und Exil. Briefe des Publizisten und Vormärzpolitikers aus den Jahren 1833 bis 1837 (Hrsg: Hans Schröter), Speyer 1985

Stefan Woltersdorff: Straßburg für Leser. Ein literarischer Führer durch die Stadt und ihr Umland, Kehl 2000

Stefan Woltersdorff: Chronik einer Traumlandschaft. Elsaßmodelle in Prosatexten von René Schickele 1899-1932, Bern 2000

Thomas Weber/Stefan Woltersdorff (Hrsg.): Wegweiser durch die französische Medienlandschaft, Marburg 2001

Marie-Louise Roth-Zimmermann: Denk' ich an Schelklingen. Erinnerungen einer Elsässerin an die Zeit im SS-Umerziehungslager (1942-1945), St. Ingbert 2001

Emile Zola: La débâcle, Paris 1975

Dank

Für wertvolle Hinweise bedanke ich mich besonders bei Gunnar Blannar (Niederbronn), Christian Günther (Bischwiller), Wolfgang Heise (Rastatt), Antoine Lacroix (Bitche), Charles Schlosser (Lembach), Béatrice Sommer (Bouxwiller) und Bernard Weigel (Weißenburg).

Weitere Titel aus dem Morstadt Verlag
(Gesamtprogramm unter www.morstadt-verlag.de)

Heinz Bischof
Sagenstätten Nordschwarzwald
Ein Führer zu sagenumwobenen Orten zwischen Murg, Kinzig und Rhein
336 Seiten, 34 Abbildungen, 2 Karten, 17,50 Euro

Anton Braun
Lothringen
Die schönsten Routen zu Natur, Kultur, Geschichte, Kunst, Küche & Keller
352 Seiten, 34 Abbildungen, 18 Karten, 19,80 Euro

Mechthild Goetze-Hillebrand
Wanderungen und Spaziergänge zu den schönsten Sagenstätten in und um Heidelberg, Mannheim und Speyer
424 Seiten, 24 Abbildungen, 39 Karten, 19,80 Euro

Ferdinand Mehle
Ein Wegweiser zu geheimnisvollen Sagenstätten im Elsass und in den Vogesen
312 Seiten, 45 Abbildungen, 5 Karten, 19,80 Euro

Karsten-Thilo Raab
Irland und Nordirland
Auf den Spuren von Heiligen, Dichtern und Denkern
336 Seiten, 42 Abbildungen, 4 Karten, 17,50 Euro

Thomas Striebig
Wanderungen durch die Vogesen
16 Rundtouren durch Nord-, Mittel- und Hochvogesen
320 Seiten, 30 Abbildungen, 10 Karten, 17,50 Euro

Nadine Strauß
Unterwegs mit Sisi
Eine Reise auf den Spuren der Kaiserin Elisabeth von Österreich. Von München nach Budapest. Mit einem Vorwort S.K.H. Erzherzog Markus Salvator von Habsburg-Lothringen
256 Seiten, 42 Abbildungen, 9 Karten und Stadtpläne, 16,90 Euro